A Guerra de Clara

CLARA KRAMER
com Stephen Glantz

A Guerra de Clara

A história real da família judia salva do holocausto por um anti-semita

TRADUÇÃO
Alice Xavier

Ediouro

Título original
Clara's war: a young girl's true story of miraculous survival under the Nazis

Editora: Mariana Rolier
Assistente editorial: Fernanda Cardoso
Coordenadora de produção: Adriane Gozzo
Assistente de produção: Juliana Campoi
Preparação: Maria da Penha Faria
Revisão: Agnaldo Alves
Editora de arte: Ana Dobón
Capa: Two Associates
Imagem de capa: Ullstein Bild
Projeto gráfico e diagramação: Dany Editora

Dados Internacionais de Catalogação na Publicação (CIP)
(Câmara Brasileira do Livro, SP, Brasil)

Kramer, Clara, 1927- .
A guerra de Clara : a história real da família judia salva do holocausto por um anti-semita / Clara Kramer com Stephen Glantz ; tradução Alice Xavier. — São Paulo : Ediouro, 2008.

Título original: Clara's war: a young girl's true story of miraculous survival under the Nazis.
ISBN 978-85-00-02410-8

1. Guerra Mundial, 1939-1945 - Judeus - Polônia 2. Holocausto Judeu (1939-1945) - Polônia - Zolkiew - Narrativas pessoais 3. Judeus - Perseguição - Polônia 4. Judeus - Polônia - Zolkiew - Biografia 5. Kramer, Clara, 1927- I. Glantz, Stephen. II. Título.

08-08416 CDD-920.0092924

Índice para catálogo sistemático:

1. Judeus sobreviventes do Holocausto : Memórias autobiográficas 920.0092924

Rua Nova Jerusalém, 345 – Bonsucesso
Rio de Janeiro – RJ – CEP 21042-235
Tel.: (21) 3882-8200 Fax: (21) 3882-8212 / 3882-8313
www.ediouro.com.br

E tu as inculcarás a teus filhos e delas falarás, assentado em tua casa, e andando pelo caminho, e ao deitar-te, e ao levantar-te.

Deuteronômio 6:4-9

Aos meus pais,
que me ensinaram compaixão e decência;
à minha irmã caçula,
que me mostrou a verdadeira bravura;
e aos Beck,
que me salvaram a vida e me devolveram
a fé na Humanidade.

Sumário

A família Reizfeld

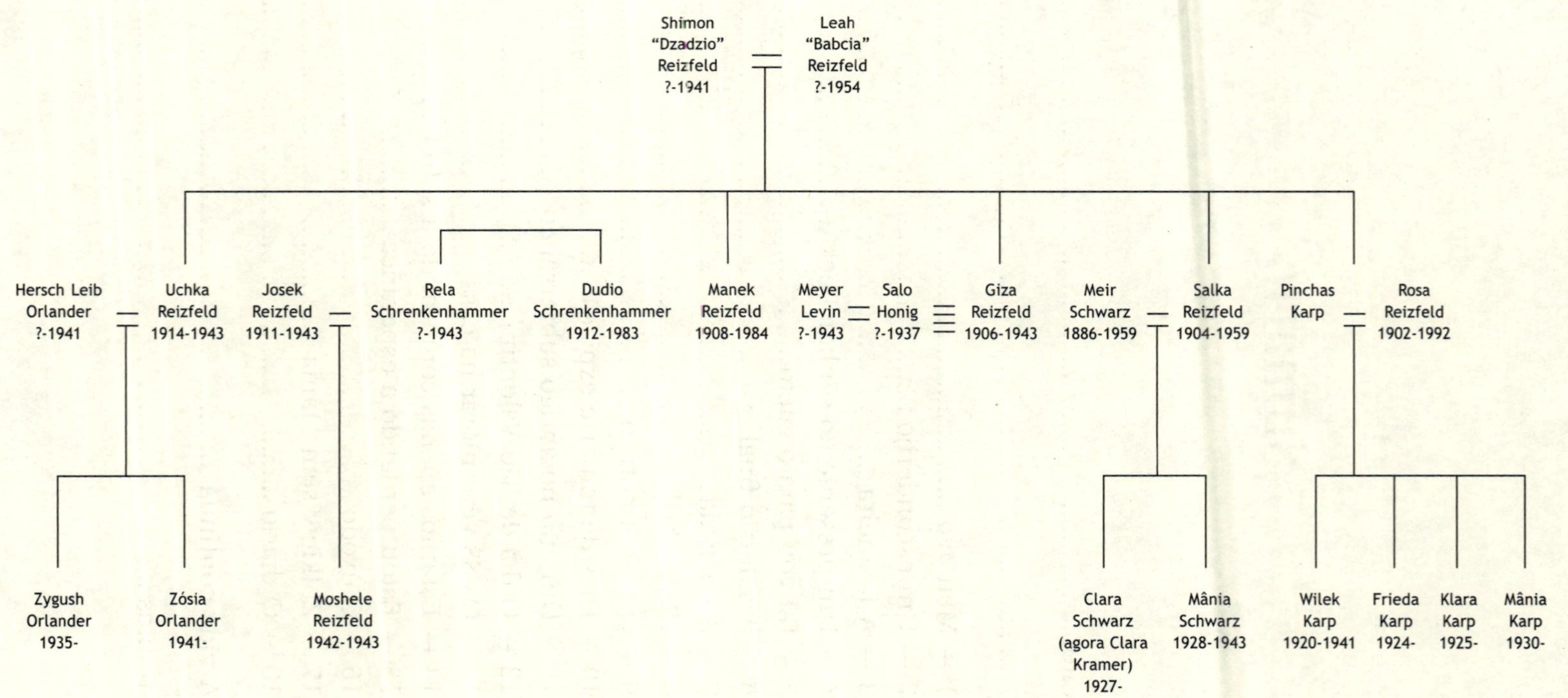

A casa

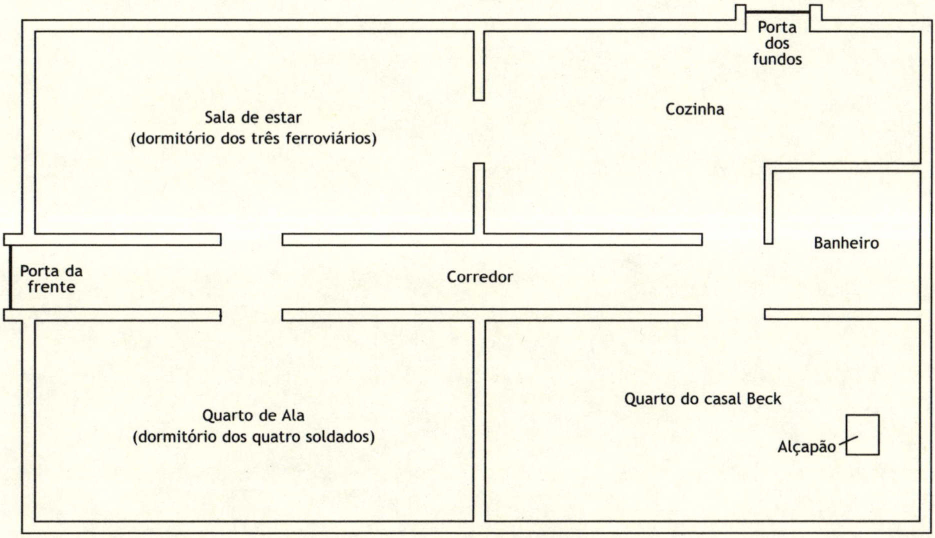

Subsolo da casa

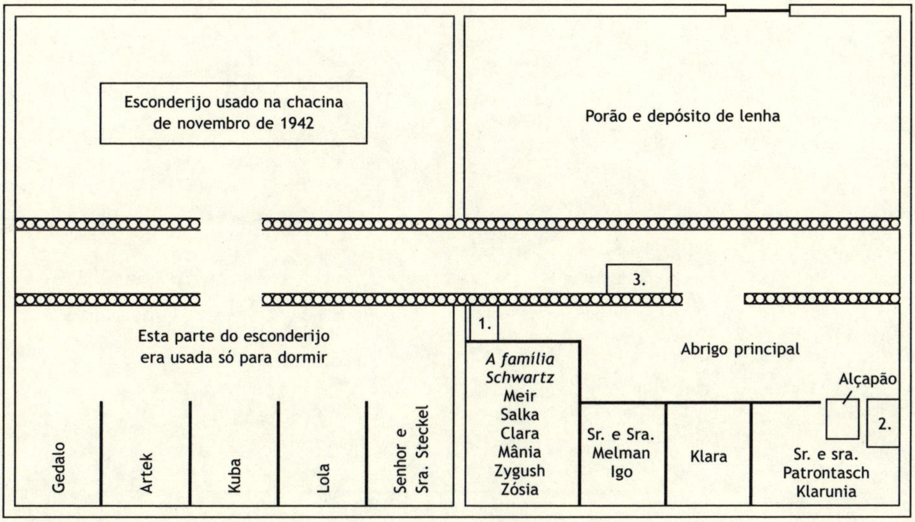

Sem escalas

1. Fogareiro
2. Local de armazenamento e comida
3. Baldes sanitários

Nota ao leitor

ESCREVER ESTE LIVRO FOI COMO sair pela porta da cozinha de minha casa em Elizabeth, Nova Jersey, e entrar direto em minha casa em Zolkiew. Embora os acontecimentos aqui narrados tenham ocorrido há mais de sessenta anos, eles nunca me abandonaram. Como tantos outros sobreviventes, volto a revivê-los no presente.

Tenho oitenta e um anos e sou uma das pessoas que tiveram sorte. Desde o dia em que saí do esconderijo, venho me esforçando ao máximo para viver uma vida digna. Dediquei-me a ensinar sobre o Holocausto. O privilégio de ser sobrevivente acarreta a responsabilidade de divulgar a história de quem não sobreviveu.

Tudo neste livro é narrado como eu vivi e do jeito que recordo, apesar da liberdade que tomei de reconstruir os diálogos com a máxima fidelidade de minhas lembranças. Também usei a grafia e os nomes que me eram mais familiares. Durante os dezoito meses que passei escondida, escrevi um diário que hoje se encontra no Holocaust Memorial Museum em Washington, D.C. Para escrevê-lo, contei com pouca luz, e papel ainda mais escasso, além de um toquinho de lápis. No diário documentei tudo o que foi possível; mas, apesar das freqüentes alusões à minha vida, nunca me ocorreu a idéia de escrever sobre ela. Agradeço a Stephen Glantz o estímulo que me deu, além de sua companhia nesta viagem de volta a Zolkiew. E muito obrigada a você por capturar minha vida no papel com tanta beleza. Estou muito grata porque meus trinetos poderão conhecer aqueles de nós que vieram antes.

De minhas lembranças para as deles e para as suas.

O texto em itálico no começo de cada capítulo é um trecho de meu diário.

Clara Kramer

Prólogo

1º de setembro de 1939

MINHA FAMÍLIA INTEIRA estava acampada ao relento, sobre cobertores e edredons de pena de ganso, em meio às macieiras do pomar, nos fundos da casinha de tia Uchka. De todas as tias, Uchka era minha favorita. Quase dez anos mais velha que eu, e não muito mais alta, ela era mais como uma grande amiga. Zygush, seu filhinho de três anos, corria pelo pomar apanhando as maçãs verdes caídas. O pai dele, Hersch Leib, disparava em seu encalço, mas não conseguia agarrá-lo. Depois de vinte minutos ou mais, Uchka finalmente interveio — entregando o bebê, Zósia, a minha avó Babcia, titia estendeu o braço e agarrou o filho risonho, quando este passou correndo a seu lado.

Zygush não entendia que não deveria estar rindo, nem correndo, nem se divertindo, e só se aquietou depois do tradicional suborno de um biscoito. Para ele, a ocasião era só um piquenique noturno, como os que fazíamos no Morro do Paraíso. Zygush não sabia que a Polônia tinha sido invadida pelos nazistas naquela manhã, enquanto dormíamos. A casa do senhor e da senhora Gorski, coitados, que ficava fora da cidade e cercada apenas pelos campos de cevada e trigo quase maduros, tinha sido bombardeada. Acima de nossas cabeças ainda passavam aviões rumo a Lvov, que distava apenas trinta e cinco quilômetros. Mesmo com o barulho ensurdecedor dos motores, nenhum de nós dizia nada. Eu não conseguia me lembrar de nenhuma outra ocasião em meus doze anos de vida em que minha família tivesse ficado reunida em silêncio. Mas todos nós estávamos petrificados, temendo que os pilotos nos ouvissem e nos atacassem. Quando Mânia, minha irrequieta irmã caçula, saiu correndo debaixo da macieira para ver melhor, mamãe não ousou elevar a voz e precisou recorrer a gestos febris para mandá-la se sentar de novo.

Não sei de quem foi inicialmente a idéia de que todos nós deveríamos dormir ao relento, mas esta se propagou por minha rua mais depressa que uma fofoca. Depois do acontecido com os Gorski, temíamos ficar em casa. Vasculhamos os armários até encontrar nossos antigos edredons de penas, que mamãe e Babcia resolveram que podíamos sujar. Levando pão, frutas e queijo, nosso grupo de nove pessoas que viviam juntas na mesma residência caminhou o trecho de um quilômetro que nos separava da casa de Uchka. Nossa cidade parecia estar dividida em duas. Metade da população, carregada de cobertores e comida, fazia o êxodo, enquanto a outra metade ficava olhando, espantada, imaginando se deveria se juntar a nós. Quando passamos perto da casa dos Gorski, senti uma mórbida curiosidade. Eu nunca vira uma casa bombardeada e pretendia dar uma olhada, mas mamãe não quis saber de conversa. Não queria que nos separássemos. Como de costume, Mânia ignorara mamãe e saíra correndo na frente rumo à casa de Uchka; eu fiquei para trás, caminhando a passo de lesma. Meus avós, Babcia e Dzadzio, que eram corpulentos e só a duras penas percorriam distâncias a pé, ficavam insistindo em que não nos preocupássemos com eles e fôssemos andando na frente. Mas mamãe não queria que os pais estivessem sozinhos se houvesse outro bombardeio.

O apelido de mamãe era Salka, o Cossaco, pois ela vivia como se estivesse montada a cavalo, brandindo uma espada contra os problemas da vida. Da mesa de sua cozinha, conseguia resolver qualquer assunto. Mas não importava o quanto falássemos, na tentativa de encontrar uma lógica na nova realidade: aquele era um dia de perguntas sem respostas.

Pelos campos afora e em todas as pastagens e fazendas que cercavam a cidadezinha de Zolkiew, dezenas de outras famílias se preparavam para dormir sob as estrelas. Embora fosse uma noite morna de setembro, com o ar perfumado da fragrância do feno recém-cortado, ninguém conseguia dormir. Mas a exaustão acabou vencendo o medo e, sozinhos e em dupla, todos sucumbiram, menos eu. Nunca fui uma menina nervosa e ansiosa; era a filha calada e estudiosa. Porém, ao observar e apurar os ouvidos para ouvir mais aviões chegarem, eu me senti como se nunca mais fosse conseguir conciliar o sono.

Ao longe, divisava a silhueta das torres pontiagudas da igreja barroca de Zolkiew, com seus pináculos em forma de bulbos e suas cúpulas douradas. Não havia nenhuma luz acesa, e minha cidade familiar parecia espectralmente deserta, quase mal-assombrada. Tinha a sensação de que a sombra da guerra havia toldado fisicamente a cidade. Nossa família sempre vivera nesse rincão da Galícia, no sudeste da Polônia. Eu não conseguia me imaginar vivendo em outro lugar. Estivéramos enraizados ali por mais tempo que a maioria das bétulas e dos pinheiros russos que formavam as ilhas de floresta da estepe. Eu nunca ouvira meus avós falarem de outro local, em nossa história de família.

Até onde posso recordar, a família se movia e vivia em bando. Em nossa casinha de pedra era impossível a pessoa se mexer sem esbarrar em alguém. Naquele momento, espalhados sob as macieiras, dormindo empilhados, no aconchego de nossos edredons de penas, usando uns aos outros à guisa de travesseiro, mais que nunca parecíamos um bando. Só faltava tia Rosa, que vivia nas densas florestas da Polônia central. Quando ela aceitou se casar com Pinchas, Babcia ficou de luto. Rosa era a mais bonita das irmãs, e vovó sempre lhe dissera que poderia escolher o homem que quisesse, na cidade. Não que Pinchas, um negociante de madeira, não fosse um bom partido, de dar orgulho a qualquer mãe; a questão é que ele vivia no outro lado da Polônia, em Josefow, e Rosa teria que ir embora de Zolkiew.

Junto a mim, queimada do sol do verão, estava adormecida minha irmãzinha, Mânia; era a primeira a pegar no sono, e tinha dormido antes mesmo dos pequeninos. Só quando dormia ela ficava quieta. Aos dez anos, Mânia era mais ligeira que a maioria dos garotos de sua idade, e seus braços e pernas, mesmo delgados, eram tão fortes quanto o arame entrançado que os camponeses usavam para amarrar os fardos de feno. A corda de pular que sempre enrolava no pescoço como um colar estava a seu lado, no chão. Do outro lado de Mânia se encontrava minha tia Giza, a segunda irmã mais nova de minha mãe. Atriz de teatro amador, ela parecia a estrela de um filme mudo. Quando Giza estava em cena, representando alguma figura trágica, pintava com rímel os olhos de cílios fartos, e com batom vermelho os lábios. Mas a verdadeira tragédia atingira Giza fora de cena. Enviuvara aos trinta e três anos. Indo à cidade natal do marido, Viena, para o *yahrzeit*, o rito de um ano de falecimento, ficou por lá um ano inteiro.

Quando Giza enfim voltou a Zolkiew e foi morar com meus avós no outro lado da casa que compartilhávamos, Babcia só queria que ela arranjasse outro marido. Mas, em vez de lhe dar netos, Giza começou uma confecção de roupas íntimas.

— De todas as idéias *fachoted*, malucas, logo esta! — queixava-se vovó. — Você vai *fradrai dich den kop*, arranjar dor de cabeça! Quando o vestido novo não assentar bem, elas vão botar a culpa em você!

Babcia ficara especialmente horrorizada e constrangida quando Giza pendurou uma placa na janela da frente da residência. As mulheres não vinham apenas comprar uma cinta. Elas se sentavam. Tomavam chá. Comiam doces. Conversavam. Então compravam. Depois continuavam sentadas mais um tempo. Para Giza, nossa casa se transformara em fábrica, salão de vendas e café, tudo reunido numa coisa só. Na época, Zolkiew tinha um grande regimento de cavalaria polonês estacionado no castelo, e não tardou que a sala da frente da residência ficasse lotada de mulheres de oficiais. Assim que correu a notícia de que até as mulheres da nobreza polonesa estavam usando sob os vestidos os produtos de Giza, ela não conseguiu mais dar conta das encomendas. Naturalmente, apesar das reclamações, Babcia se tornou a melhor freguesa de Giza, seguida de perto pelas irmãs. E logo vovó passou a se gabar, dizendo que toda aquela que fosse alguém em Zolkiew usava uma cinta confeccionada por Jizela — o verdadeiro nome de batismo de Giza, e muito mais sofisticado que o diminutivo pelo qual era conhecida.

Estendido junto de Babcia, Dzadzio roncava alto. Meu avô me parecia saudável e robusto, embora fosse idoso. Eu o adorava. Quando recebia o boletim da escola, vinha correndo para casa e mostrava primeiro a ele. Dzadzio me sentava em seu colo e, fazendo um muxoxo, balançava a cabeça, dizendo:

— Clarutchka, Clarutchka, o que vou fazer com você? Zeros de novo?

Eu, que em minha vida nunca tirei menos que nota dez, sabia que aquele era seu jeito de me elogiar. Dzadzio ainda ia compor o *minyan** todos os dias, mas o restante do tempo ele ficava sentado em sua grande poltrona, junto à janela, observando o mundo passar.

Dzadzio passara a meu pai sua parte em uma indústria extratora de óleo vegetal, na qual era sócio de duas famílias vizinhas, os Melman e os Patrontasch. As mulheres dos dois sócios, Fanka Melman e Sabina Patrontasch, eram amigas de mamãe. Elas partilhavam tudo, inclusive uma faxineira, Júlia Beck, que preparava comida judaica tão bem quanto mamãe. Minha mãe e Klara, a irmã mais nova do senhor Patrontasch, que era viúva, tinham sido amamentadas pela mãe de Júlia, que foi ama-de-leite das duas e faxineira de nossos avós. Klara e Júlia foram criadas juntas, como irmãs, e eram grandes amigas.

Debaixo da árvore, ao lado de Dzadzio, estavam meus tios Manek e Josek, que também moravam conosco. Eu adorava os dois. Mamãe dizia que Josek, com seus profundos olhos azuis e cabelos dourados que à luz da lâmpada lembravam seda, era o dom-juan da família. Dzadzio vigiava Josek como se fosse a consciência dele. O senhor Patrontasch tinha uma filha adorável, de dezessete anos, Pepka, com quem Josek ficava conversando por cima da cerca; certa vez, falaram-se durante horas. Em nossa cidadezinha, quando um rapaz conversava com uma moça mais de duas vezes, os pais de ambos saíam correndo para buscar a *shadkhyn*, a casamenteira, e começavam a elaborar o contrato de casamento. Quando Dzadzio, sentado em seu lugar habitual junto à janela, não conseguia mais se conter, deixava a casa para afastar Josek, gritando para o filho:

— Você vai acabar com a boa reputação dessa moça ou irá se casar com ela?

Ele não queria ver o filho levar desonra à filha do vizinho.

Manek era o perfeito oposto de Josek, um ardoroso sionista que dava apoio a um pequeno *kibutz* formado por alguns jovens em

* No judaísmo, quórum mínimo de dez homens adultos para realização de orações e rituais coletivos. (N. da T.)

Zolkiew. Mânia adorava segui-lo por todo lado e o acompanhava a muitas reuniões dos integrantes do *kibutz*. Passava tanto tempo ali que certa vez alguém lhe perguntou se quando crescesse queria ser uma *kibbutznik*. Ela dava risada diante do absurdo da questão.

— Você está maluco? Existe um mundo inteiro para explorar!

Manek foi quem nos ensinou a dançar. Sempre que havia um casamento, mamãe, as irmãs dela, todas as moças de Zolkiew tinham sorte se conseguissem uma dança com Manek, porque tentávamos mantê-lo só para nós.

O casamento de Uchka fora bonito. Por se tratar da mais jovem das irmãs Reizfeld, a tradição mandava fazer uma grande festa. Meus avós não pouparam despesas. Rosa compareceu com seu marido, Pinchas Karp, e seus quatro filhos, Wilek, Frieda, Klara e Mânia. Por tradição, os pais homenageavam seus falecidos pais e avós dando a netos e bisnetos os nomes daqueles, o que freqüentemente resultava em repetição de nomes entre primos. Em nossa família tínhamos dois Zygushs, dois Wileks, duas Gizas, e até uma terceira Mânia. Mas nenhum parente jamais se confundia, e nenhuma das crianças se sentia como se estivesse usando roupas herdadas. Como tudo mais em minha vida antes da guerra, aquilo tinha muita lógica.

Uchka e Hersch não pareciam ter mais de dezesseis anos quando se postaram sob o *chuppah*, o pálio matrimonial. Sempre que havia um casamento judeu, os pobres de Zolkiew, ou de qualquer cidade da Polônia, sabiam que seriam bem recebidos. Em um dos lados do salão havia uma longa mesa reservada para todos que quisessem uma boa refeição. Mamãe contratou um moderno conjunto musical de Lvov que tocava tangos e valsas. Dancei com todos os meus tios e primos. Mas Mânia e eu monopolizamos Manek pela maior parte da noite. Deixamos que ele dançasse uma ou duas vezes com a noiva e as irmãs dele. Antes do final da noite, os irmãos de Uchka e alguns dos outros rapazes dançaram ao redor do salão levando a noiva sentada no trono de vime que eles carregavam sobre os ombros. Os recém-casados então partiram, muito antes dos outros convidados. Eles não iam viajar; estavam indo para casa passar a noite de núpcias no quarto de Dzadzio e Babcia, onde mamãe e papai, e todas as outras irmãs e seus maridos, passaram sua primeira noite como casal. Meus avós tinham uma imensa cama de mogno escuro na qual todos nós nascemos: mamãe, os irmãos e as irmãs dela, Mânia, eu, e mais recentemente Zygush e Zósia. Pontualmente nove meses depois do casamento, veio ao mundo Zygush.

Isso aconteceu apenas três anos atrás. Nesse momento, em vez de nos prepararmos para o ano letivo vindouro e as fofocas com os coleguinhas, estávamos nos preparando para uma guerra.

A guerra levou um longo tempo fermentando. Passamos anos ouvindo os discursos vociferantes de Hitler no rádio de vovô. Mesmo entendendo cada palavra, mamãe e papai não acreditavam que uma pessoa tão radical pudesse governar por muito tempo. Estavam convencidos de que o povo alemão se levantaria para derrubá-lo do governo. No entanto, contra as expectativas deles, Hitler continuava a ganhar poder. Apesar do crescente anti-semitismo em todas as regiões da Europa, meus pais duvidavam que a tragédia da Alemanha nazista fosse nos alcançar em Zolkiew. Nossa cidade tinha uma tradição de tolerância que remontava aos tempos de Jan Sobieski, o lendário rei da Polônia, salvador da Europa, que derrotara os turcos na batalha de Viena. Sua família transformara Zolkiew em residência oficial no século XVI.

Eu me orgulhava de ser parte da tradição de Sobieski e gostava de pensar que seus ideais iluministas ainda estavam vivos na cidade. Zolkiew tinha dezenas de organizações políticas e religiosas: sionistas, hassídicos, ortodoxos, comunistas, militantes do Bund,* socialistas e outros. A vida judaica em Zolkiew era uma vida de *shtetl,*** uma sopa espessa de escolas, sinagogas, organizações humanitárias, clubes e irmandades. Os costumes e tradições nos alimentavam, mas também nos davam um bocado de indigestão. Papai sempre dizia que nós éramos cinco mil judeus com dez mil opiniões! Sempre estávamos em pé-de-guerra uns com os outros por causa de alguma coisa, mas ainda assim nossa cidade era uma espécie de oásis no anti-semítico Leste Europeu.

---

* O bundismo é um movimento de judeus da Rússia revolucionária. (N. da T.)

** Vilarejo da Europa Oriental com parcela expressiva de população judaica. (N. da T.)

Àquela altura, havia cerca de um ano que a cidade começara a se encher de refugiados, desde pouco depois da anexação da Áustria pela Alemanha. Praticamente não existia mais nenhum quarto ou apartamento desocupado. O Comitê Conjunto de Bem-Estar amparava mais de duzentas famílias refugiadas. Eram duas refeições diárias para mais de seiscentas e quarenta crianças. Nós também dávamos nossa contribuição. Toda quarta-feira ao meio-dia vinha a nossa casa almoçar um casal de refugiados de Viena, os Herzberg, pessoas muito agradáveis. Enquanto tomavam a sopa de galinha de mamãe, servida na louça especial, os Herzberg relataram o pesadelo que deixaram para trás. Falaram de como as sinagogas tinham sido destruídas. Do modo como os judeus eram espancados nas ruas, e as lojas e empresas, saqueadas. Eles tinham muita clareza sobre o que Hitler desejava para os judeus.

No ano passado tio Manek havia sugerido que todos emigrássemos para a Palestina. Ele dizia que o mundo estava em chamas. Quando uma grande empresa ucraniana quis comprar a fábrica, Manek pedira a papai e a Dzadzio que a vendessem, dizendo que aquela era nossa chance, mas os dois se recusaram. Dzadzio ficou tão zangado com Manek por ter querido se desfazer da obra de sua vida que meu tio foi obrigado a morar por uns tempos em nossa ala da casa. Manek jamais voltou ao assunto. E nem foi preciso.

Fazia menos de uma semana que os russos e os nazistas tinham assinado o tratado de não-agressão Molotov-Ribbentrop. Papai me explicou que a partir de então a Alemanha nazista podia invadir a Polônia e abrir uma frente oriental, e os russos nada fariam para impedir. O pacto deixou perplexa toda a gente na Polônia. Ninguém conseguia entender por que a Rússia queria abrir mão de seus desígnios históricos em nosso país. Foi como se Stálin estivesse entregando a Hitler a Polônia como um pato recheado pronto para o forno. Depois de nosso país ter sofrido a brutal ocupação por quase duzentos anos, de forma intermitente, pelo czar e pelo império russo, temíamos mais aos russos que aos alemães. Mas com Hitler isso estava mudando. Em sua maior parte, as defesas polonesas se achavam voltadas para a fronteira oriental com a Rússia. Não teríamos tempo nem recursos para defender nossa fronteira ocidental.

× × ×

Devo ter caído no sono. Quando acordei na manhã seguinte, levei um momento para lembrar por que estávamos ali. Recolhemos os cobertores e fizemos a longa procissão para casa, onde nos reunimos em torno do rádio de Dzadzio, na esperança de ouvir notícias de um contra-ataque polonês. Mas só havia más notícias. Os alemães estavam avançando tão depressa quanto os tanques conseguiam viajar. A cavalaria montada polonesa lutava bravamente por cada metro do território polonês, mas foi superada em número. A Polônia não tinha tantos tanques nem aviões, e a maior parte da produção de armas modernas foi vendida a outros países.

Cada dia a partir daí parecia trazer só notícias negativas. Toda noite fazíamos a viagem até o pomar e observávamos os aviões nazistas voando acima de nós, enchendo o céu como gafanhotos. Toda manhã refazíamos o trajeto para nosso lar e ouvíamos o rádio. Em 4 de setembro as tropas nazistas isolaram Varsóvia. Em 5 de setembro cruzaram o Vístula para a Polônia oriental. E em 6 de setembro a Cracóvia se rendeu. Com a chegada de mais refugiados fomos inundados de boatos. Os nazistas estavam avançando. Em algumas cidades polonesas, os *Volksdeutsche*, os alemães étnicos que tinham sido mandados colonizar a Polônia nos séculos XVII e XVIII, estavam recebendo os alemães com bandeiras e flores. Assim também faziam muitos poloneses e os nacionalistas ucranianos. Não existia mais oposição.

Em 18 de setembro de 1939 os nazistas chegaram a Zolkiew. Mas foi apenas a Wehrmacht, as forças armadas, e nem um tiro foi disparado. Os soldados alemães eram gentis quando passeavam pelas ruas como turistas, subindo as escadas de madeira das muralhas do castelo, fotografando as igrejas, comprando as caixas de madeira de bétula incrustadas, toalhas de mesa e guardanapos de renda para mandar de presente às esposas, namoradas e mães. Eles exibiam suas armas à criançada curiosa e flertavam com as moças. Eu soube de tudo isso de segunda mão, contado por Manek, Josek e papai. Mânia e eu estávamos apavoradas e não ousávamos nos aventurar para além dos quintais protegidos de nossa rua.

Menos de uma semana depois, soubemos da emenda secreta que fora feita ao pacto original Molotov-Ribbentrop. Hitler agora teria o controle da parte ocidental da Polônia, e Stálin manteria a oriental. Zolkiew ficava a menos de cem quilômetros da fronteira russa. Todas as famílias judaicas de Zolkiew caíram de joelhos e agradeceram de mãos erguidas a Deus por sua misericórdia.

Em questão de dias, jovens soldados russos provenientes da Criméia, de faces rosadas como pêssego, marcharam cidade adentro para substituir os alemães. Durante séculos os russos tinham lidado com dissidentes, deportando-os para as extremidades congeladas de seu país, onde eles jamais se fariam ouvir novamente. Foram tantos os poloneses deportados para a Sibéria pelo czar que em cidades inteiras, maiores que Zolkiew, só se falava polonês. Mas se nos metêssemos com nossos assuntos, sem ofender nem nos opor aos soviéticos, eles nos deixariam em paz. Sentíamos que dava para tolerar a vida sob os comunistas. Claro que teríamos que praticar a religião em sigilo, e talvez tivéssemos que abandonar nossos negócios, mas seríamos poupados da perseguição dos nazistas.

Somente Dzadzio gritou como um profeta:

— Vocês não sabem o que está vindo aí! Vocês não sabem!

Ele desprezava os russos. Odiara os czaristas e passara a odiar os comunistas. Em 1914, quando era oficial do exército polonês, foi capturado e passou seis anos num campo de concentração russo — quatro sob o czar e dois sob os comunistas. Vivera no inferno stalinista. Dzadzio sabia que os soviéticos eram mágicos, capazes de transformar o mundo só com as palavras. Transformar convites em ameaças. Fartura em fome. Lealdade em medo. Sorrisos em mentiras. Ele nunca revelou, nem mesmo à esposa, o que sofreu no campo de concentração russo. Mas mamãe me contou que vovô ainda tinha pesadelos. Ele acordava gritando, coberto de suor, a ponto de Babcia ter que trocar a roupa de cama.

Dias depois da chegada dos soviéticos, tia Rosa, o marido e os quatro filhos apareceram na porta de nossa casa com as roupas do corpo. Nossa família voltara a se reunir. Não importava o que nos acontecesse, ficaríamos juntos como um bando. Essa era nossa esperança.

1
Meu avô

De março de 1940 a junho de 1941

PARA AQUELES DE NÓS que não fomos mandados à Sibéria, os russos trouxeram a Sibéria até nós. Tudo que fosse combustível, tudo que pudesse queimar, até mesmo ninho de passarinho, foi mandado para a frente de batalha. Eu praticamente morava dentro de meu grosso casaco cinza do Afeganistão forrado de pele de coelho. Aquele casaco foi meu salvador. Graças a Deus por tia Uchka ter se casado com um peleteiro. Hersch Leib mandara fazer casacos de pele para a família inteira. Nós podíamos ter escolhido qualquer coisa, até mesmo uma famosa pele de Zolkiew, tão popular em Paris. Mas, com os ventos gelados que sopravam da estepe, nada aquecia mais que carneiro do Afeganistão. Portanto, era isso que minha família usava.

Seis meses depois de os soviéticos terem ocupado Zolkiew, nós ainda estávamos nas garras geladas de nosso primeiro inverno de ocupação. As notícias no rádio de meus avós era igualmente de congelar. Ficamos desesperados quando os Estados Unidos anunciaram sua neutralidade. Embora a Inglaterra e a França tivessem declarado guerra à Alemanha, nada fizeram quanto à ocupação da Polônia. A única iniciativa da França foi invadir uma área da Alemanha levemente defendida. Eles percorreram doze quilômetros antes de retroceder. Tínhamos sido abandonados.

Era meu costume, ao sair da escola, parar na residência de tia Uchka, a caminho de casa. Aguardava ansiosa os biscoitos açucarados, o chá e as brincadeiras com meus primos Zygush e Zósia – principalmente Zósia. Eu abandonara as bonecas pelos livros aos seis anos de idade, mas não conseguia me cansar dela. Zósia gostava de colar a bochecha na minha e agarrar meu rosto quando eu a carregava no colo. Quando ela fazia isso, eu me derretia toda; aquilo era o paraíso. Segundo Uchka, eu era a mãe pequena de Zósia, sua *mammeleh*.

Um dia, quando cheguei à casa de minha tia, encontrei o lugar vazio. Antes eu não teria inferido nada de sua ausência, mas naquele momento pensei logo no pior. Saí correndo pelas vielas das vizinhanças de volta à minha casa, rezando para encontrá-los ali. Atrás da moageira e beneficiadora de grãos de minha família havia como um labirinto coberto de neve. Cortei caminho até minha rua pelo beco atrás das paredes rosadas do convento. Subi correndo os degraus e entrei no saguão que separava nosso apartamento do de meus avós, batendo os pés para tirar o máximo da neve. Mesmo com meu gorro de pele ainda sobre os ouvidos, a gola do abrigo levantada e o cachecol amarrado com força sobre ela, conseguia ouvir o barulho que vinha do cômodo vizinho. Alguma coisa tinha acontecido. Todos falavam ou mesmo tempo.

Ninguém notou minha entrada na sala. Fiquei aliviada ao ver Uchka sentada no canto, segurando as crianças no colo. Levei algum tempo para perceber que todos estavam radiantes.

Mamãe, enfim, me avistou, e correu em minha direção com os braços abertos.

— Quem diria? Quem diria?

Perguntei:

— Quem diria o quê?

Eu não conseguia imaginar o que tinha colocado aquele sorriso no rosto deles. Mas todo o mundo parecia realmente feliz, o que decerto significava que ninguém morrera nem fora deportado. Então mamãe entendeu que eu de fato não sabia do que ela estava falando.

— Você quer dizer que ninguém na cidade toda ainda sabe, Clarutchka? — ela disse, as palavras carregadas de orgulho. — De todas as crianças de Zolkiew, sua irmã não só foi a escolhida para cantar a ária no concerto de primavera como ainda por cima é a mais nova! Pode imaginar? Mânia! A mais nova! E a ária principal! Quem diria?!

Nunca em um milhão de anos eu teria pensado que veria minha mãe se gabar disso. Nem naquele instante nem nunca! Mânia estava sempre tirando coelhos da cartola da vida dela. Nós nem sequer sabíamos que ela havia sido convidada para o ensaio! Eu estava tão eufórica quanto o restante da família. Quem poderia ter imaginado que minha irmã, aquele gravetinho, de fato sabia cantar? Nós cantávamos aos domingos. Cantávamos também nossas canções infantis, na escola. Mas uma ária? De uma ópera de verdade? Que bênção possuir semelhante talento. Nós até esquecemos por momentos que o concerto se destinava a celebrar a superioridade do sistema soviético. Até Dzadzio, meu avô, que nunca tinha uma palavra amável para os russos, declarou:

— Pelo menos desta vez eles acertaram.

Pelo visto, os russos sabiam algo sobre minha irmã caçula que nós ignorávamos. No outro lado da sala, Mânia estava sentada na cama infantil em que dormia. Só de olhar para seu rosto eu podia dizer o que ela estava pensando — minha irmãzinha preferia estar lá fora andando de trenó, enquanto ainda havia neve no chão, e já se arrependera de ter conseguido cantar no concerto. Mas aquela era como todas as outras coisas que Mânia tinha de admitir — melhor seria livrar-se logo daquilo. De todo modo, em algum momento mamãe lhe teria arrancado a confissão. Mânia não conseguia ver o lado glorioso da questão — tinham-lhe dito que cantasse, então ela cantaria.

Pelos três meses seguintes, tudo o que conseguimos foi ouvi-la cantarolar de boca fechada. Mânia o fazia quando pulava corda e ao entrar e sair de casa correndo. E enquanto mamãe a obrigava a fazer o dever de casa que ela detestava. A única vez que mamãe lhe pediu que cantasse, Mânia se recusou. Era tão teimosa quanto mamãe, Babcia e Dzadzio. Nós teríamos que esperar pelo recital.

Temporariamente a cidade inteira se distraiu da ocupação russa. Esperando nas longas filas que se estendiam para fora das lojas da galeria de colunatas, as mães se gabavam das canções folclóricas ucranianas e russas que os filhos iriam cantar. Não se encontrava um pão para comprar, mas o ar zumbia com os mexericos. Eu sabia que elas estavam contabilizando em segredo. Que música era mais longa? O filho de quem iria cantar as favoritas? Quem faria um solo e quem iria fazer parte do coro? O que as mães iriam vestir?

Pouco importava que Zolkiew fosse um pontinho no mapa do mundo, ou que nossa casa estivesse numa estrada de terra coberta de poeira no verão e de lama com neve no inverno. Mamãe e suas irmãs sempre se vestiram como se vivessem numa capital, como Varsóvia ou Viena. Tia Giza era a única que de fato morara em Viena, e assim mesmo foi só por um ano. Embora Giza fosse a rainha da roupa íntima, até mesmo Dzadzio reconhecia mamãe como a verdadeira Coco Chanel da família. Sempre que seu único suéter ficava gasto nos cotovelos, minha mãe, Salka, tinha que ser quem escolhia um novo suéter para ele.

Setembro trazia o Yom Kippur,* o Rosh Hashanah** e os catálogos que chegavam pelo correio, procedentes de Paris, Berlim e Viena. Nós nos sentávamos à grande mesa da cozinha, com catálogos para todos os lados, armadas de tesouras. Mamãe pedia que eu cortasse o corpete de um vestido, o tecido de outro, a saia de um terceiro, a gola de um quarto, as fitas de um quinto e juntasse tudo num modelo só. Ela e sua costureira, a senhora Hirschorn, uma boneca minúscula, eram unha e carne. Juntas planejavam o guarda-roupa da família para os casamentos como se estes fossem campanhas militares. Sempre que Mânia e eu comparecíamos de vestidos novos ao salão social, em questão de semanas víamos nossas amigas usando cópias. mamãe nunca disse uma palavra sobre o quanto aquilo a agradava.

Mas isso foi antes dos soviéticos. Seda, cetim, tafetá, paetês, plumas e rendas, tudo isso virou uma passagem de ida sem volta para a Sibéria. O tecido da estação era a tosca lã verde-oliva dos uniformes. O visual de camponesa era mais que uma moda — era questão de sobrevivência. Algumas amigas de minha mãe tinham até começado a usar roupas que outrora pertenceram a suas faxineiras. Os lindos vestidos de seda de mamãe estavam agora trancados no imenso armário de mogno, que sobrevivera à maioria dos governos da Europa. Mas, como qualquer outra mãe cuja filha estivesse fazendo sua

* Dia do Perdão judaico. (N. da T.)

** Ano-Novo judaico. (N. da T.)

estréia, Salka queria deixar transparecer o orgulho que sentia. Portanto, depois de muitas horas e muitas xícaras de chá, as irmãs Reizfeld decidiram que era *kosher** usar seus mais belos *schmatas*, andrajos.

Mânia e eu nem mesmo tivemos tal opção; ária principal ou não, minha irmã não tinha saída senão usar o conjunto marinheiro azul-marinho que era o uniforme de nossa escola. Eu também não tinha opção. E tampouco alguma outra menina em Zolkiew. Para compensar, mamãe passou nossos uniformes com tanta goma que eles podiam ter caminhado sozinhos até o local da apresentação. Nossos cabelos receberam o mesmo tratamento. Mamãe lavou e tornou a lavar os cabelos escuros de Mânia até eu quase conseguir ver meu rosto refletido no brilho deles. Uma coisa era discutir com Stálin; outra coisa era discutir com mamãe.

Quando enfim chegou o dia do concerto, nossa casinha parecia uma chaleira repleta de água fervente. A porta se escancarou. O pequeno Zygush chegava, com Zósia em seu encalço. Ninguém jamais lhe ensinou a bater na porta. Isso era um insulto — significava que na família alguém não estava falando com alguém. Uchka chegou bem a tempo de ver seus filhos saltarem sobre mim, como sempre faziam. Mas dessa vez não havia brincadeiras e jogos. Antes que eu conseguisse beijá-los, mamãe estava gritando comigo do outro lado da sala:

— O que está acontecendo? Você precisa de um convite por escrito? E traga as crianças junto!

Isso queria dizer que eu devia me vestir e levar Zygush e Zósia comigo. No entanto, fazia horas que eu já estava pronta.

A pequena Zósia, com seus cachos loiros, olhos negros e boa índole, dava tanto trabalho quanto uma bonequinha que a gente sentasse na cama. Mas para Zygush, pequeno e de cabelos escuros como o pai, eu precisava de uma cadeira, um chicote, uma jaula e uma trela. Àquela altura ele subia em mim como se eu fosse sua castanheira favorita do quintal.

Dzadzio, com terno preto e camisa branca, o uniforme do judeu ortodoxo que ele usava todos os dias de sua vida, era a única pessoa

---

* Produtos ou alimentos que obedecem à lei judaica. (N. da T.)

calada no recinto. Por muito que se orgulhasse de minha irmã, ele se recusou a comparecer ao recital. Vovô e minha vovó ficariam em casa. Dava para ver em seus olhos o quanto lamentava, mas seus pesados sapatos pretos estavam plantados no tapete persa, e ele não iria se mexer. Desde que fora capturado pelos russos em 1918, recusava-se a respirar o mesmo ar que eles. Mamãe tinha o bom senso de não discutir com o pai dela sobre questões de princípios. Ela o respeitava e sabia que seus atos eram verdadeiros.

De tantos em tantos minutos mamãe deixava o que estava fazendo para ir cuidar de Mânia. Seus dedos lhe endireitavam a gola e se deixavam ficar sobre seus ombros. Eu podia ler a mente de mamãe. A cada carícia de sua mão, ela rezava para incutir em Mânia cada grama de sua própria vontade, como se tal fosse possível. Pois naquela ocasião, pela primeira vez na vida, Mânia estaria por conta própria. Minha irmã sabia o que estava em jogo. O espetáculo era para "homenagear" a capacidade dos russos de transformar a nós, filhos de capitalistas corruptos e fanáticos religiosos, em adequados Stálins e Lênins. E, se realmente fôssemos bons alunos, em espiões, informantes e militantes do partido. Mânia compreendia que seus professores haviam passado por um martírio para escolher os cantores; e que eles estariam assistindo, torcendo as mãos e trincando os dentes. Ela sabia de tudo isso, mesmo aos onze anos. Ninguém precisou dizer-lhe nada.

Mânia teve que atravessar um corredor polonês de abraços, beijos e beliscões na bochecha antes de conseguir sair. Mamãe estacionara na porta da frente. Mais uma vez ajeitou-lhe o vestido. Conferiu para ver se seu nó francês estava firme. Afofou-lhe as pontas do lenço vermelho passado em torno do pescoço.

— Pare de se mexer! — gemeu mamãe.

Mânia era como um cavalo de corrida no portão de largada. Ela precisava chegar mais cedo à ópera.

— Já chega! Pare de ser tão impertinente! — Babcia tirou as mãos de mamãe dos ombros de Mânia e despachou minha irmã com um beijo.

Fiquei olhando Mânia ir caminhando pela rua afora. Mas a caminhada só durou até ela chegar ao orfanato das meninas judias, duas casas depois. Lançando um olhar para trás, um sorriso e um aceno,

Mânia saiu correndo. Em qualquer outro dia mamãe teria corrido atrás dela com um trapo e uma lata de graxa de sapatos. Salka ficou boquiaberta, mas as palavras lhe morreram na garganta com um suspiro. Nessa noite ela ficou ali, parada, observando a filha descer a rua em disparada e sumir de vista.

Uma hora depois, no suave anoitecer de primavera, uns vinte e cinco de nós nos encaminhamos em pelotão ao teatro lírico. Os russos não tinham conseguido tirar o perfume dos lilases e despachá-lo para a frente de batalha, junto com tudo o mais. Se Mânia e eu estivéssemos sozinhas, a caminhada teria levado só doze minutos. Mas então éramos um rebanho que caminhava sem pressa, em ritmo de bois pastando. Olhei para trás e vi mamãe e suas três irmãs andando de braço dado, como era o costume delas. Havia meia dúzia de conversas entrecruzadas. Minha família não conseguia caminhar e falar ao mesmo tempo. Nós andávamos alguns passos, um de nós parava para cumprimentar um amigo e o grupo inteiro de vinte e cinco também parava. Para percorrer trezentos metros, levamos uns quinze minutos.

Quando chegamos perto do campo esportivo, avistamos um oceano de garotas em trajes de marinheiro e lenços vermelhos, o uniforme do movimento escoteiro das jovens russas, do qual participava com orgulho cada menina fisicamente capaz de Zolkiew, quer gostasse, quer não. A cidade inteira parecia estar escorrendo pela rua como um rio em direção às portas. Todos tiveram a mesma idéia: chegar cedo para pegar bons lugares.

Nossa casa de espetáculos, o Teatro Águia, fora pintada recentemente. Grandes estandartes anunciando o concerto pendiam do friso. Eu nunca tinha visto tantos automóveis num mesmo lugar. As ruas estavam cheias de carros que tinham sido encerados e polidos como espelhos. Cada um trazia seu próprio destacamento de soldados para garantir que os meninos como Zygush não cometessem atos de sabotagem, deixando impressões digitais sobre a superfície lustrosa. Os veículos pertenciam aos comissários, que tomaram todas as casas grandes da rua da Estação, situadas no exterior das muralhas do castelo e em frente ao parque. Os ex-proprietários estavam mortos ou na Sibéria. Se não me preocupasse com a segurança de Zygush, eu teria deixado que fizesse marcas de dedos sobre todas as latarias.

Papai cumprimentava amigos nos quais já não se podia confiar. Amigos que delatavam outros amigos. Judeus que delatavam outros judeus e mandavam crianças morrerem na Sibéria. Havia até crianças que delatavam os próprios pais. Meu pai apertou-lhes as mãos e riu de suas piadas enquanto discutiam a glória daquela noite. Papai dizia que tratar com frieza aqueles "velhos amigos" correspondia a suicídio. Meu avô lhes teria dado bofetadas na cara e os teria mandado para o inferno.

Sob o estandarte, vi os funcionários políticos que de vez em quando palmilhavam os corredores de nossa escola, fumando cigarros com seus camaradas. Eu sabia que nem as crianças conseguiram escapar de serem fichadas. Quando na escola cantávamos a *Internacional*, a *Manhã do primeiro de maio*, *A canção do guerrilheiro*, eu tentava fingir que eram apenas canções. Mas sentia que estava negando minha religião de uma forma que não fazia quando cantávamos canções de Natal.

Vi todos os meus amigos da escola com suas famílias e queria correr para minhas três melhores amigas, Giza Landau, que também era minha prima em segundo grau, Genya Astman e Klara Letzer, mas mamãe me ordenara que ficasse junto de Zygush e Zósia. Mamãe, que sempre me elogiava a inteligência, podia, no segundo seguinte, me tratar como se eu fosse absolutamente infantil.

Os funcionários acenaram para nós, os estudantes, e sem pensar duas vezes jogaram os cigarros nos degraus de pedra que tinham sido varridos, lavados e polidos por uma tropa de camponesas.

Do lado de fora, uma banda militar tocava, enquanto avançávamos pela multidão, tentando não nos dispersar. Do lado de dentro, outra banda militar estava tocando. Zygush e Zósia ficaram hipnotizados pelos candelabros, que lançavam jorros de luzes dançantes. Os melhores lugares tinham sido isolados por um cordão, para uso de oficiais e funcionários, com suas respectivas famílias, do exército russo, do Partido Comunista e do temido NKVD — o Comissariado Popular de Assuntos Internos, que administrava o Gulag para Stálin.

Com esforço, abrimos caminho para o andar de cima e encontramos uma fila de poltronas no balcão. Ao passar, Zygush foi tocando em todas as poltronas de veludo. De onde nos sentamos tínhamos uma visão direta da orquestra e dos camarotes. Algumas das mulheres dos russos usavam lingerie. Não conseguiam sequer ver a diferença entre uma camisola e um vestido. Essas pobrezinhas, muitas provenientes de além dos Montes Urais, várias de aldeias que não tinham telefone e nem mesmo estrada, presumiram que as sofisticadas peças de seda, enfeitadas com decotes rendados, podiam ser usadas nas ruas de Paris, Budapeste ou Berlim. Ali estava eu no balcão, olhando literalmente de cima aquelas mulheres radiantes de orgulho. Quisera poder dizer que meu rosto queimou de vergonha. O comunismo proporcionara a elas uma vida melhor. Muitas eram amistosas; muitas eram amáveis. Eu freqüentava a mesma escola que os filhos delas. No entanto, tínhamos tanto pavor de seus maridos que ninguém na cidade ousou dizer-lhes que estavam usando roupas íntimas.

Antes da música, tivemos que aturar os discursos. Os generais e os comissários fingiam falar sério, e nós fingíamos acreditar neles. "Devemos nos unir em nossa unânime oposição aos reacionários." "As revoluções são as locomotivas da história!" "A jovialidade é o traço mais importante da União Soviética." "Dê-nos seus filhos por dez anos e daremos a você um verdadeiro bolchevique."

Mamãe, Rosa, Uchka e Giza — todas elas — mantinham o mesmo sorriso idiota no rosto. O balcão inteiro lembrava uma coleção de estátuas congeladas no cemitério. Zósia se contorcia, e Zygush me cutucava. De vez em quando o cutucão servia para ele me perguntar quando Mânia iria cantar.

Todavia, no momento em que Mânia entrou no palco, eles se calaram de assombro. Minha irmã parecia tão delgada e frágil quanto um salgueiro. Mânia era apenas uma fração da altura dos cantores que a precederam. Sentada na mesma fila que eu, mamãe estava tendo problemas com a asma. Ela mal conseguia respirar de tanto *kvelling* — seu orgulho inflado cem vezes mais que o normal. E quando minha irmãzinha travessa abriu a boca, dali saiu uma voz tão poderosa e clara que me deu arrepios na espinha. *Os ventos estão uivando. As árvores se dobram ao vento. Sinto uma dor no coração. E as lágrimas caem sozinhas.* Eu quase ouvia minha voz interior me perguntar: "Essa é minha irmã? Será que essa é minha irmã?".

Só por um momento tudo ficou perfeito. Ninguém queria estar em outro lugar, nem pensar em nenhuma outra coisa. Quem me dera Mânia pudesse ter continuado a cantar. Eu sabia que enquanto sua voz, clara como a luz do sol e imbuída de pura emoção, enchesse o auditório, nós todos estaríamos a salvo. E no momento mesmo em que tudo isso me ocorria, me abateu a amarga realidade de que sua canção terminaria e os corações abertos de nossos senhores soviéticos voltariam a se converter em pedra. Ah, quanto amor senti por minha irmã naquele momento...

Os soviéticos não tinham como saber que ouvir o canto de minha irmã fazia com que ansiássemos ainda mais pela vida que eles insistiam que abandonássemos. Nossos inimigos, os oficiais russos e os líderes partidários, implacáveis e sentimentais, que nos matavam, deportavam e torturavam, naquele instante choravam como choram as crianças. Os aplausos soaram por longo tempo. A pequena Mânia fez uma reverência como lhe fora ensinado e aceitou cravos vermelhos de um general russo.

Comentou-se muito, naquela noite, sobre a carreira que nossa Mânia iria ter com o término da guerra. Porém, as palavras sobre o futuro eram vazias. Estavam destinadas a ser como um bálsamo para suavizar o mundo que iríamos enfrentar de novo no dia seguinte, e no outro.

Quando nos deitamos para dormir, mais tarde, eu lhe disse de todo o coração o quanto todos estávamos orgulhosos dela. Disse-lhe que nos havia surpreendido com a beleza de sua voz e com o fato de ter conseguido escondê-la de nós por tanto tempo. Mesmo na escuridão, pude ver que minha irmãzinha sorria. Eu me perguntava quais outros segredos Mânia ocultaria, como os perfeitos frutos do carvalho, pétalas de flores e pedras que mamãe sempre encontrava nos bolsos dos vestidos de minha irmã caçula.

Mânia ficou tão exaurida do frenesi daquele dia que adormeceu antes de poder dizer o "noite" de boa-noite. Mas eu me sentia triste, apesar do triunfo de Mânia. Aquela era minha irmã, e em tantos aspectos era uma estranha para mim. Por muito amor que eu lhe tivesse, ela era um completo mistério. Sabia menos a respeito dela do que dos personagens dos livros que lia. Por muito que tivesse vontade, eu não me atrevia a perguntar a Mânia que sentimentos ela tivera no palco aquela noite. Decerto minha irmã descartaria a questão com um dar de ombros.

No dia seguinte ela iria despertar, apanhar sua corda de pular e sair correndo de casa sem pensar mais no concerto. Um dia de primavera estaria à sua espera na soleira da porta.

Semanas depois da ária de Mânia, os soviéticos não mais nos seduziam com recitais e a promessa de um paraíso proletário. Eles passaram a exigir mais que mera obediência: queriam nossas próprias mentes. Seu aparelho de segurança de polícia secreta (o NKVD), seus espiões e informantes nos faziam temer olhar o próprio reflexo, por medo da delação. O terror da deportação se achava em toda parte.

Um após outro, os amigos e suas famílias desapareceram no meio da noite. Eram acusados de ter dinheiro demais ou de serem leais ao regime polonês. Ou talvez fossem intelectuais, cujas mentes ousassem talvez questionar o que os comunistas faziam em Zolkiew. Ou certa vez, vinte anos antes, numa conversa de café, podiam apenas ter declarado em voz alta sua oposição ao comunismo. A razão não fazia muita diferença, o resultado sempre era o mesmo. Famílias não eram simplesmente deportadas: elas deixavam de existir. Na verdade era como se nunca tivessem existido. No final do mesmo dia em que sumiam, os russos já dormiam em suas camas e comiam a comida que guardavam em suas despensas. Eu reconhecia as roupas de minhas colegas de turma nas filhas dos russos, e via os meninos russos brincando com os brinquedos dos irmãozinhos de minhas amigas. Minha amiga Sônia Maresky, da Silésia, foi uma das primeiras a serem deportadas com uma centena de outros refugiados judeus da Áustria e do oeste.

Mamãe decidira que, se estávamos destinados a partir para a Sibéria no próximo vagão de gado, pelo menos estaríamos preparados. Cada minuto livre era dedicado a costurar mochilas de lona verde e a enchê-las com meias de lã, roupas de baixo e comida, e a esconder rublos e moedas de ouro em compartimentos secretos. E, quando viesse a batida na porta, que sem dúvida viria, talvez na hora do sono mais profundo, nos despertando de um sonho para um pesadelo, nosso clã, todos os dezessete moradores de nossa pequena casa de pedra — pais, irmãos, avós, tias, tios e primos — sairíamos andando com nossas mochilas novinhas.

Apesar da nova ameaça, nós nos ajustamos à vida sob os comunistas. Só Dzadzio continuava o mesmo. Oito meses se passaram, mas ele ainda não aprendera a manter em sigilo o ódio devotado aos soviéticos. Mamãe se mantinha tão ocupada quanto possível, mas estava muito angustiada de que meu pai já não lhe garantisse que não seríamos deportados por causa de nossa moageira.

Meu pobre pai passara a trabalhar quase vinte e quatro horas por dia. Não havia camponeses nem ninguém do exército que fosse capaz de gerir a fábrica, portanto os comissários foram obrigados a deixá-lo na gerência. Porém, deram-lhe Vasiluk, um ucraniano grande e preguiçoso, com mestiçagem de russo, que tinha um espesso bigode caído e não fazia nada além de ficar sentado no escritório de papai para espionar. Quando se sentia industrioso, Vasiluk punha-se a ler jornal.

Papai dizia que os rublos não valiam nada. Portanto, usávamos óleo em lugar de dinheiro. Quando eu olhava pela janela, via longas filas de gente que esperava sua ração de óleo na refinaria ao lado da fábrica. Em nossa cozinha dávamos óleo da fábrica de papai em troca de queijo, hortaliças, leite e ovos trazidos pelos camponeses. Depois então trocávamos esses artigos por farinha, açúcar, chá e outras necessidades no armazém do pai de minha amiga Genya. Pelo menos não nos faltava comida.

Meu avô foi o primeiro de nós a ser levado pelos russos. Eu estava no hospital me recuperando de apendicite quando um carro velho chegou tossindo à nossa casa, com três homens que usavam ternos baratos e chapéus de aba caída sobre os olhos. Quando mamãe me contou como eles desceram com Dzadzio os quatro degraus da frente da casa até um veículo que esperava, a imagem que eu tinha de meu avô pareceu encolher e ficar amassada como uma boneca de papel dobrado. Só me restou chorar.

Após a prisão de Dzadzio, chegaram notícias ainda mais terríveis. Meu avô não foi o único a ser detido. Naquela mesma noite, o

NKVD havia feito outras prisões em cada cidade grande e pequena, em cada povoado e *shtetl* do seu território recém-ocupado. Eles levaram sob custódia todos os antigos oficiais do exército polonês e funcionários do governo, e também dezenas de professores, políticos, intelectuais e empresários.

Dias mais tarde descobri por intermédio de mamãe (que estava subornando os guardas da prisão para conseguir informação) que os rins de vovô não suportaram as condições da prisão, e assim ele fora removido para o hospital onde eu me encontrava. Um dia trouxeram-no para o jardim, sob a guarda de dois soldados armados. A tresloucada tarefa dos dois era impedir a fuga desse velho sentado em uma cadeira de rodas, vestido na camisola do hospital e de pés descalços. Quando meu avô me viu, seus olhos se encheram de lágrimas. Tudo o que conseguiu dizer foi *Gey avek, gey avek* — sai daqui, sai daqui. Vovô fazia um gesto repetido com a mão, mandando-me voltar para dentro. Eu sabia que ele temia o que os soldados pudessem fazer comigo, mas não consegui parar. Fui a seu encontro e nos abraçamos. Mal consegui lhe perguntar como estava. E foi só. Não havia nada a dizer. Nada a fazer.

Mesmo sem podermos conversar direito, só de ficar sentada com meu avô eu já me alegrava. Durante os dias que se seguiram, via-se que nossos momentos de convivência também lhe deram ânimo. Certa tarde em que estávamos sentados em silêncio no jardim, dois oficiais do NKVD vieram em nossa direção. Meu avô devia acompanhá-los. Em suas vozes não havia nenhuma violência, nenhuma má intenção. Para eles, Dzadzio era apenas um pacote com olhos tristonhos. A enfermeira saiu correndo para buscar o médico — Dzadzio não estava em condições de deixar o hospital. Ele sorriu para não me deixar preocupada. Foi o sorriso mais triste que já vi num rosto humano. Então vovô empalideceu e seu corpo começou a tremer. Gritei, mas os guardas e o NKVD não fizeram nada, porque eu não era ninguém. Meu pobre Dzadzio, em desesperado sofrimento, os olhos cheios de temor, foi posto na traseira de uma carroça puxada a cavalo. O médico discutiu, mas só por um momento, e meio sem convicção. Eu me afastei, amedrontada e impotente. Eles colocaram meu avô sobre uma cama de palha, e eu estava grata por isso.

Por muito tempo fiquei ali parada. Como se pelo fato de não me mover o tempo também fosse parar. Eu sabia que mamãe voltaria a subornar o guarda para conseguir notícias. A mim só restava esperar que Salka viesse me dizer o que aconteceu.

Por três longos dias mamãe não me visitou. Quando finalmente ela entrou na capela do hospital, parecia estar de luto. Trouxera-me um pouco de sopa, e, despejando o caldo numa tigela, começou a falar. No dia seguinte a meu avô ter sido levado na carroça, um guarda de prisão correu até nossa casa para contar a mamãe que o pai dela e outros prisioneiros políticos estavam sendo encaminhados para os trilhos da ferrovia. Mamãe e Uchka imediatamente pegaram alguns pães e os levaram para ele. Ela sabia que na longa viagem de trem vovô precisaria comer. Quando as duas chegaram à praça central em frente às muralhas do castelo, viram Dzadzio caminhando numa fila indiana, guardada por soldados soviéticos. Salka e Uchka jogaram para ele os pães, mesmo depois de os guardas terem gritado que não o fizessem. Elas foram detidas e levadas para a cadeia na torre. Naquela manhã mamãe fora posta em liberdade.

Olhou para mim com raiva nos olhos.

— Imagine, Clarutchka. Nem mesmo o deixaram pegar um pão!

A batida na porta veio para o resto da família enquanto eu ainda estava no hospital. Aconteceu no meio da noite, mas papai continuava no outro lado da rua, trabalhando na prensagem de óleo, como sempre. Os agentes traziam um mandado de prisão em nome de Meir Schwarz. Mamãe quase não conseguia pronunciar as palavras. Não precisou dizer mais nada, pois eu entendi. A família de meu pai era tão religiosa que considerou irrelevante registrar os casamentos na autoridade civil. Então, embora no dia-a-dia fôssemos conhecidos pelo nome Schwarz, todos os nossos papéis oficiais, inclusive minha certidão de nascimento, traziam o sobrenome Gottlieb. Minha mãe conseguiu mostrar esses papéis ao NKVD, provando que não éramos aqueles que buscavam. Salka ficou muito envergonhada: os outros não tiveram tanta sorte. O NKVD levou minha Babcia, tio Manek, tia Rosa, seu marido Pinchas e os quatro filhos deles. Tio

Josek e tia Giza conseguiram se esconder no porão. Em seguida, foram se refugiar em Lvov.

Mamãe foi à estação, porque dessa vez os soviéticos permitiram aos parentes e ao Comitê Conjunto Judaico de Distribuição entregar aos prisioneiros alimentos, cobertores e outros suprimentos. Salka conseguiu falar com Rosa e com os demais. Ninguém lhes dissera para onde iriam, quanto tempo levaria a viagem ou o que lhes aconteceria na chegada. Mamãe me falou que foi obrigada a se despedir de vovó como se pela última vez. Não fazíamos idéia se minha pobre avó iria sobreviver à viagem, nem o que os soviéticos teriam reservado para eles quando chegassem ao destino. Rosa tentou consolar sua irmã mais nova, dizendo a mamãe que ela agira bem em salvar a si mesma. Mas aquelas palavras não eram consolo para a aflição e a culpa estampadas no rosto de Salka.

Para minha família as coisas haviam chegado a esse ponto. O impensável. Que alguns de nós iriam sobreviver, talvez não à custa de outros, mas cientes de que não poderíamos salvá-los. Não consegui conter o choro. Só queria voltar para casa com mamãe. Não pretendia passar mais uma noite longe de meus entes queridos. Precisava estar em minha própria cama, dormir ao lado de minha irmã e no mesmo quarto que mamãe e papai. Só assim poderíamos continuar juntos.

Mamãe me ocultou mais um segredo. Ele estava lá à minha espera nos degraus de trás de nossa residência, quando voltei do hospital. Duas crianças brincavam em nosso quintal. Salka me apresentou a Stalina e Volodya Dupak. Stalina tinha quatro anos de idade e cabelos loiros cor de platina, e era tão gorda que a bruxa da história de João e Maria teria adorado jogá-la no forno. Volodya tinha a mesma idade que eu. Nós nos conhecíamos da escola. Volodya nos cumprimentou com formalidade. Ele sabia que eu estivera hospitalizada e perguntou sobre minha saúde.

Uma vez dentro de casa, mamãe sussurrou para mim:

— Os lençóis da cama de Babcia e Dzadzio nem tinham secado quando eles se mudaram para cá. O pai é do NKVD.

Seus olhos acrescentaram: "Nem Deus sabe se foi ele o responsável pela deportação de Dzadzio".

Eu tentara me preparar para o vazio de nossa casa sem meus avós. A presença, as vozes e os risos deles, e também o cheiro da comida de vovó eram coisas com que tinha convivido todos os dias de minha vida. Ainda que tivessem ido embora, eu achava que conseguiria pelo menos sentir alguma coisa deles. Mas naquele momento, a porta entre as duas metades da residência, que nunca se fechava durante o dia, estava trancada. Eu estremecia ante o pensamento de que o NKVD dormia na cama de meus avós.

Apesar de tudo, era um alívio estar em casa. Quando conheci o senhor Dupak, com seu rosto inexpressivo e os ralos cabelos loiros, ele só teve sorrisos agradáveis para mim. E todos nós fomos igualmente amáveis com ele. Eram a família comunista ideal. Tendo se beneficiado da expansão soviética, convenceram-se de que estavam trazendo uma vida melhor a Zolkiew. O senhor Dupak saía de casa pela manhã e só voltava tarde da noite. Sua esposa se mantinha reservada, e nossa interação com eles acontecia sobretudo através das crianças. Da guerra, só sabiam que o pai era poderoso e que todas as crianças da cidade eram especialmente amáveis com elas. Entretanto, nós nos mantínhamos cautelosos. Antes nunca havíamos nos preocupado com o volume de nossas vozes; dali em diante, passamos a falar quase sempre aos sussurros.

Em meados de junho de 1940 chegou finalmente uma carta de tia Rosa. Tendo aguardado notícias por quase dois meses, mamãe pareceu ter medo de abrir o envelope. Nossos piores temores se acalmaram diante das frases de abertura — todos sobreviveram à viagem. Estavam no Cazaquistão, em algum lugar no infinito deserto da Ásia Central, muito mais perto da China que de nossa casa. Rosa escreveu que mal havia sinal da guerra; o lugar era ermo e parado no tempo. Ainda existiam caravanas de camelos que transportavam mercadorias de uma cidade mercantil para outra. Todos ficamos mais tranqüilos. Como Rosa devia se sentir protegida pelos milhares de quilômetros que os separavam da guerra! Prosseguiu explicando que, ao chegar, foram jogados para fora do trem, em companhia dos demais, e lhes disseram que procurassem emprego. Mas não havia emprego. Rosa dizia que chegaram quase a passar fome, até que tio

Manek arranjou colocação numa indústria de extração de óleo em Aktyubinsk, desesperadamente necessitada de especialistas. Eles se mudaram para a cidade estranha, prontos para começar nova vida. Contava o quanto agradecia por todos eles estarem juntos. Tinham comida e abrigo e sobreviveriam como uma família. Quem dera a carta tivesse parado por aí...

Mamãe continuou a ler, e vi seu rosto ficar tenso quando ela chegou às palavras seguintes. Rosa escrevia que o filho dela, Wilek, também achara trabalho numa fábrica. Wilek ficara apreensivo por começar a trabalhar sem um macacão adequado. Rosa lhe prometera comprar o artigo, para que no dia seguinte ele tivesse a roupa necessária. Mas, na primeira hora do primeiro dia do trabalho, o cinto de Wilek ficou preso nas engrenagens de uma máquina pesada. Ele foi arrastado para dentro da barriga da máquina, e engolido como se por um monstro. Rosa revelou que do filho não sobrara o suficiente para o enterro. Wilek tinha apenas dezenove anos. Como a família de Rosa viera morar conosco em 1939, eu pensava em Wilek como um irmão mais velho. Ele sempre fora meigo e protetor. Mamãe ficou de luto pela irmã mais velha e o sobrinho. Quando olhava para Mânia e para mim, eu sabia que não conseguia deixar de agradecer a Deus por aquilo não ter acontecido a nenhuma de suas filhas.

Foram incontáveis as mudanças por que passaram nossas vidas, entre o verão e o outono, sob aquele regime cinzento. Os sinos da igreja não tocavam. O Teatro Águia parara de exibir filmes de Hollywood. Os patriotas poloneses que havíamos estudado antes da ocupação agora eram criminosos. As pessoas temiam de ir à sinagoga; portanto, papai precisava ir escondido à casa do senhor Melman, do outro lado da rua, onde eles mantinham um *minyan* secreto. Papai se tornara empregado. Os russos tomaram o negócio de óleo vegetal que por cinco gerações tinha sido propriedade de minha família. Ninguém falava de coisa alguma em público. As freiras do convento do final da rua passaram a usar saias longas, em vez dos hábitos marrons. Na escola éramos obrigadas a usar uniforme. Não havia mais coisas como carne *kosher*. Todos os jornais foram fechados, exceto os comunistas. Mamãe andava comprando meias de lã e roupa íntima como louca. As olheiras de papai estavam mais escuras que nunca. Salka fechava as cortinas antes do jantar de *shabbat*.*

Eu fingia ser uma boa menina comunista. Sentia medo o tempo todo. Mas a maior de todas as mudanças acontecera com mamãe. Ela praticamente desapareceu de nossas vidas. Quase todo dia tomava o ônibus para Lvov, e, à cata de notícias de vovô, ia ao escritório de cada comissário, cada militante do partido, cada político que conseguia encontrar. Voltava para casa tarde da noite, às vezes depois de alguns dias, mas sempre com o peso da derrota e da exaustão sobre os ombros. Eles pegavam o dinheiro de papai, faziam promessas e depois nem mesmo deixavam mamãe entrar em seus escritórios. Eu sabia que ela amava Dzadzio; só desejava que ele, onde quer que estivesse, pudesse ver até que ponto.

Eu também sabia que papai e mamãe estavam fazendo o máximo para nos proteger não só de danos físicos, mas também de preocupações. Contudo, as palavras deles eram uma pequena consolação diante da falta de oposição aos nazistas encontrada na Europa. Dois anos antes, eu jamais teria cogitado de sequer imaginar o que fosse a guerra. A guerra era um elemento das obras de Tolstói, não de minha vida. Ninguém poderia ter me convencido de que, apesar do ocasional *pogrom*, nossa cidadezinha enfiada num rincão da Galícia, com seus cinco mil judeus, não fosse o melhor dos mundos. Por setecentos anos fôramos jogados de um lado para outro entre meia dúzia de países e impérios que agiam como gatos brincando com um novelo de lã. Nós trocávamos de nacionalidade como, em tempos melhores, mamãe trocava de vestido. Sempre sustentei a convicção, tirada dos livros, de que tudo daria certo no futuro só porque sempre tinha dado certo no passado; mas eu mudei, assim como meus pensamentos e esperanças. Até as pequenas coisas em que antes encontrei tanto prazer, como ler ou ir à escola, já não conseguiam fazer desaparecer a sensação de vazio em meu estômago. Apesar das colheradas de otimismo que meus pais davam a mim

---

* Nome dado ao dia de descanso semanal no judaísmo, sendo observado a partir do pôr-do-sol de sexta-feira até o pôr-do-sol do sábado. (N. da T.)

e a minha irmã, eu andava com a mente confusa. Como podia ler um romance, após Hans Frank, o Gauleiter (governador-geral) da Polônia, ter declarado: "Aos judeus não peço nada senão que desapareçam"? O que acontecera com meu avô? O que aconteceria conosco? Certamente, nossas mochilas verdes não seriam suficientes para nos salvar. Estávamos metidos entre duas nações poderosíssimas, e ambas nos odiavam: os russos, porque não aderimos a seus princípios comunistas; e os nazistas, por causa de nossa religião.

Antes da guerra, quando os adultos falavam cochichando, era porque havia algum presente para um de nós, ou sobre algum mexerico. Eu nunca me preocupava muito em saber de qual dos dois se tratava. Agora eu precisava ouvir cada palavra, mesmo que ela trouxesse demônios para meu sono. A ansiedade de não saber era pior. Eu colecionava notícias, fatos, qualquer coisa que pudesse confiar ser verdadeira.

No ano anterior, a França fora invadida, bem como a Holanda, Luxemburgo e a Bélgica. A Itália e o Japão se uniram à Alemanha para formar as Potências do Eixo. A Hungria, a Romênia e a Eslováquia se tornaram aliadas aos alemães. E quase um milhão de judeus foram enclausurados nos guetos em Varsóvia, Cracóvia e Lublin.

Os Aliados ainda não haviam desfechado um só ataque contra os nazistas, que se pavoneavam da própria invencibilidade. Na cidade, dia após dia apartamentos e quartos iam se enchendo com os refugiados do nazismo. As histórias de horror se propagavam como uma peste; nem os sussurros de meus pais podiam me isolar delas.

O único fator que mantinha minha sanidade mental era a ida à escola. As igrejas, e também algumas escolas, tinham grandes bibliotecas. Também havia as bibliotecas particulares. Quase todo dia eu fazia a ronda. As ex-freiras e o senhor Appel, o velho judeu que administrava as bibliotecas particulares, contavam com minha visita e guardavam para mim livros que acreditavam que me interessariam. Esse foi o ano de Victor Hugo e Charles Dickens; e naturalmente o dos grandes romancistas russos, Tolstói, Turgenev, Dostoiévski e Gogol. Eu escolhia livros pela extensão do texto e pelo peso do tomo. Quanto mais longa a história e mais pesado o livro, melhor. Cada vez mais recorria à literatura para deixar o mundo trancado do lado de fora.

Na primavera de 1941, quase um ano depois da deportação de minha amiga Sônia Maresky, recebi dela uma carta em que descrevia o frio brutal e inclemente, e o trabalho extenuante que a família era obrigada a fazer nas minas de carvão. Dizia que os trabalhadores normalmente morriam no prazo de um ano. A comunidade judaica se reunira para obter permissão para lhes enviar *matzos*, o pão ázimo, para a Páscoa. Sônia terminava a carta dizendo: "Quando essa guerra acabar, só o *korhony*, o cemitério clandestino, será testemunha de que outrora houve um povo aqui".

No começo de maio, mamãe deu jeito de finalmente encontrar a comissária Wanda Vashilevski, que tinha uma alta posição no NKVD. O fato de mamãe se atrever a contatar o NKVD dizia muito de seu desespero em relação ao pai dela. Disse-nos que a Comissária Vashilevski parecia uma pessoa decente. A comissária disse a mamãe:

— Tenho pena da senhora, mas não vou mentir. Deve saber que só o oficial que ordenou a prisão de seu pai pode libertá-lo. Porém, eu vou tentar. Só pela volta dele saberá se tive sucesso.

Aquilo nos trouxe um pouco de esperança, mas papai nos advertiu que não podíamos ter certeza se a comissária era honesta ou uma ladra.

Em meados de junho, Pan Ratusinski bateu à nossa porta. Era um afável campônio polonês que outrora trabalhara para meu pai. Tinham acabado de soltá-lo da prisão Brigitka, em Lvov, para onde fora levado depois de tentar fugir dos soviéticos e ir para a Romênia. Ele nos contou que os prisioneiros haviam sido mantidos em celas por ordem alfabética. A algumas celas de distância da dele estava meu avô. Dzadzio não só estava vivo, mas a apenas trinta e cinco quilômetros de nós. Rezamos e agradecemos a Deus por sua misericórdia. Era um milagre. Mamãe convidou Pan a entrar e pediu que relatasse cada detalhe. Pan nos disse que vovô fora trazido de um campo de concentração no leste para a prisão. Estava magro, mas com boa saúde, e, se mantivéssemos a esperança, talvez em breve fosse libertado. Mamãe abraçou Pan como um irmão havia muito perdido e colocou dinheiro em cada um de seus bolsos, antes que ele partisse. A camarada Vashilevski, de coração generoso ou ambicioso, conseguira seu intento.

Na manhã seguinte, mamãe tomou o primeiro ônibus para Lvov e foi agradecer a ela e tentar acelerar no próprio local a soltura de vovô. Após averiguação, a camarada Vashilevski disse a mamãe que houvera uma confusão com alguns documentos, mas que tudo estava acertado e seria só questão de mais alguns dias. Mesmo com a paciência em frangalhos, sabíamos que dava para agüentar mais um pouco. Mamãe passou o resto do dia em preparativos para o retorno de vovô ao lar, e agradecia por ter um acontecimento auspicioso para o qual se preparar, para variar. Limpou para Dzadzio o pequeno apartamento de nosso subsolo, lavou e passou as roupas dele, e conseguiu num escambo uma galinha para fazer sopa.

Eu a ajudava nas tarefas, sem conseguir pensar em nada além da volta de meu avô. Mamãe sabia que, mesmo depois de meses no exílio e na prisão, o pai dela ficaria furioso de ver que em sua casa estava morando o homem que talvez o tivesse mandado para longe, e deportara a esposa e a filha dele. Mamãe tinha medo do que Dzadzio pudesse fazer. Vinte anos antes, vovô deixara de lado os trajes de judeu ortodoxo e pegara em armas para combater os russos. Só o temor às conseqüências acarretadas por suas ações poderia moderá-las.

No dia seguinte acordamos com um grande rebuliço na outra ala da residência. Passos que corriam pelo assoalho. Portas que se abriam e se fechavam.

De nossa janela víamos os Dupak, frenéticos, a colocar caixas e malas num caminhão do exército soviético; depois, vimos as crianças dentro de um carro. Na moldura da janela aberta do veículo, Stalina e Volodya pareciam tristes e assustados.

Ficamos observando, com uma sensação de alívio, os Dupak retirar todos os seus pertences da casa. Pelo menos Dzadzio seria poupado daquele desgosto e poderia se mudar de volta para seu próprio lar. O camarada Dupak beijou a esposa e os filhos e ficou observando o caminhão e o automóvel se afastarem. Ele veio até nossa porta e nos disse que mandara a família para o leste. Hitler rompera o pacto

Molotov-Ribbentrop e invadira a Polônia ocupada pela Rússia. Pouco depois disso, Dupak se foi.

No intervalo de alguns segundos, passei do temor e desprezo aos russos por destruírem nossa família ao desejo de que eles ficassem. Sua partida só podia significar um desastre para nós. Dessa vez não seria apenas a entrada da Wehrmacht na cidade por poucos dias. Sabíamos em detalhes aterradores o que esperar. Rosa e outros refugiados que fugiram para o leste foram testemunhas de tudo aquilo. Seriam as SS, as deportações e os guetos. A fronteira da Polônia ocupada pelos nazistas distava menos de sessenta quilômetros. E o estado geral de alarme pela rua afora, enquanto os russos despachavam suas famílias, confirmava que nenhum tiro seria disparado em nossa defesa. Estávamos sendo abandonados. Papai cogitou seguir a retirada; foi verificar se era possível acompanhar os russos. Pouco depois voltou, declarando que seria impossível. Vira Malka e Rosa, duas moças judias casadas com soldados russos, sendo colocadas em caminhões pelos maridos, só para serem expulsas dali pelas esposas russas.

Papai ainda falava quando Uchka chegou à porta correndo, em pânico. Meu tio Hersch recebera ordens de se apresentar na praça. O exército russo estava indo de porta em porta, requisitando todos os homens capacitados, de idade entre dezessete e quarenta e cinco anos. Eles seriam enviados imediatamente para a frente de batalha. Uchka se espantou de não terem levado papai também. Nós ignorávamos por que ele não tinha ido. Pensamos que talvez se devesse à influência do camarada Dupak.

Mamãe nos mandou ficar dentro de casa. Não podíamos ir à praça nos despedir. Tio Hersch era pouco mais alto que seu fuzil, e tinha os mesmos olhos escuros e disposição meiga de seu filho, Zygush. A mim custava imaginar um homem como aquele lutando. Uchka nos disse mais tarde que eles tinham passado marchando pelo portão vizinho ao Morro do Paraíso, assim chamado pelo rei Sobieski, que o considerou o lugar mais bonito que já vira. Eu não conseguia imaginar o que tio Hersch devia ter sentido no momento em que foi forçado a ver o local onde quase todo sábado fazia piquenique, e onde seu filho correra livre através de uma floresta densamente ensombrada; o tempo todo titio ia seguindo com o exército que aprisionara seu sogro, mas estava combatendo o inimigo nazista. Era coisa demais para digerir. A pobre Uchka nos contou como as crianças ficaram tristes e alvoroçadas. Zósia e Zygush, com somente dois e quatro anos, acenaram sem saber ao certo para quem ou por quê, enquanto o pai delas, um dentre centenas daqueles rostos atônitos, caminhava em direção ao esquecimento. Uchka tentara disfarçar o quanto estava assustada, apesar de saber que provavelmente dizia adeus ao marido para sempre. Teria sido maravilhoso poder sentir orgulho de Hersch Leib, marchando para proteger a nós e a seu país. Mas só conseguíamos pensar nos nazistas, e no significado daquilo para nós.

Os russos tinham confiscado todos os carros, todas as carroças e todos os cavalos. Zolkiew se transformara num caos. A cada dia mais russos partiam. Carregavam tudo o que pudessem levar consigo: máquinas de costura, pedaços de metal, toras de madeira, banheiras, cereais, escrivaninhas. Era como se todo o conteúdo de nossa cidade estivesse desfilando diante de nossa janela. O camarada Dupak apareceu de novo, para buscar suas coisas, com um cão pastor alemão amordaçado. Os nazistas estavam perto de Lvov, e ele iria embora. Disse-nos que apreciara viver a nosso lado e tinha esperança de voltarmos a nos encontrar depois da guerra. Ele disse *dasv'danya** com sinceridade e apertou a mão de meu pai.

Não muito depois de sua partida, as ruas se encheram de pânico e pranto. No começo pensamos que os nazistas tinham chegado. Mas então soubemos que antes de sair o NKVD esvaziara a cadeia local. Os prisioneiros políticos foram fuzilados, e depois os cães de ataque foram soltos em cima deles. Os cães estavam rasgando a carne dos rostos dos prisioneiros. Eu não podia acreditar que o camarada Dupak tivesse feito algo assim. Ele era um homem inexpressivo, de cabelos ralos e sorriso agradável. Logo que mamãe ficou sabendo das terríveis notícias, começou a temer o pior por seu pai. Depois de passar dias tentando encontrar Wanda Vashilevski, ela descobriu que a comissária fugira com os demais.

---

* Transliteração do russo, que quer dizer "até logo", "até breve". (N. da T.)

Não havia como saber se vovô tinha sido libertado, ou se ao menos estava vivo. Não suportávamos pensar no que lhe poderia ter acontecido. E se tornara impossível entrar em contato com Josek e Giza, que tinham permanecido em Lvov o ano inteiro. Não havia nada que mamãe pudesse fazer, senão esperar. Ela confiava que o irmão iria tentar ao máximo descobrir o que acontecera ao pai deles.

Duas semanas depois, Josek voltou para casa com Giza, sua nova esposa, Rela, e diversos parentes dela, inclusive seu irmão Dudio. Seus rostos aflitos nos revelaram o que acontecera a vovô, e também o que seria nosso próprio destino.

Josek nos disse que Lvov também se tornara um caos. O exército e os comissários atiraram civis para fora dos trens e disparavam contra eles se não se mexessem com a devida rapidez. Os russos se apropriaram de cada carro, caminhão e vagão para a fuga rumo ao leste. No dia seguinte, chegaram os nazistas. Uma das primeiras ações das SS foi percorrer as ruas recrutando judeus para trabalhar nas prisões. Josek se dispôs a ir, na esperança de encontrar vovô.

Ele nos contou que ao entrar na prisão foi avassalado pelo cheiro da morte. Havia cadáveres nos corredores, na celas e no pátio. Exatamente como em Zolkiew, em que o último ato do NKVD, antes de partir, fora assassinar e desfigurar todos os presos políticos, para que os nazistas, que se aproximavam, não conseguissem identificá-los. Estavam protegendo o próprio pescoço, mas soltaram os verdadeiros criminosos, os assassinos, os estupradores, os ladrões.

Nós sabíamos o que viria em seguida. Depois que o NKVD fuzilava os prisioneiros, seus agentes soltavam os cães. As barbas dos ortodoxos tinham sido raspadas quando eles caíram prisioneiros, logo, não podíamos sequer enterrar outro judeu em lugar de meu Dzadzio. Josek e os demais carregaram os corpos para o pátio, onde as famílias vagavam entre os cadáveres tentando encontrar seus seres amados. Jaziam ali mais de três mil corpos. Muitos eram de crianças. Alguns, de mulheres grávidas com as barrigas e os seios cortados. Havia freiras e padres. Josek e os outros judeus cavaram fossas coletivas no cemitério ucraniano, lançaram nelas os cadáveres e jogaram cal virgem antes de encherem de terra a escavação. Mas os enterros estavam indo demasiado devagar para os nazistas. Assim, eles ordenaram a Josek e aos demais que simplesmente cobrissem os corpos com cal virgem, ali mesmo no porão, e emparedassem com tijolos as portas e janelas. Talvez os restos mortais de meu avô estivessem na sepultura coletiva. Talvez no porão da prisão Brigitka. De todo modo, nunca ficaríamos sabendo.

Dias depois, os nacionalistas ucranianos, insuflados pelos nazistas, assassinaram quatro mil judeus em Lvov. Os nacionalistas ucranianos achavam que a Galícia inteira lhes pertencia. Sentiam que os poloneses e os judeus eram invasores de sua pátria. Stálin tinha matado de fome milhões de ucranianos, e por isso os nacionalistas celebraram a retirada russa e receberam os nazistas como seus salvadores e aliados. Josek, Rela e os outros tiveram sorte de sair com vida e alcançar Zolkiew em segurança.

Nossa dor transcendia as palavras. Ela trouxe consigo a progressiva sensação de nossa vida não estar mais em nossas mãos. Sentíamos que uma tempestade se aproximava, com o céu ficando cada vez mais escuro. Parecia que nada neste mundo continuaria a fazer sentido. Mais tarde descobrimos que todos os oficiais da velha guarda como Dzadzio, que tinham sido levados para leste e postos num campo de concentração, foram soltos e se reuniram a suas famílias. Os soviéticos haviam resolvido que eles já estavam demasiado velhos e doentes para lhes causar qualquer transtorno. Se mamãe não tivesse movido céus e terras, e gastado tanto dinheiro tentando salvar o pai, ele poderia naquele momento estar em segurança no Cazaquistão, com a esposa e os parentes.

2

Um esconderijo

De julho de 1941 a novembro de 1942

> *Terror e pânico em nossa cidade. Os judeus estão construindo abrigos de todos os tipos: subterrâneos, de paredes duplas, em todos os lugares onde encontram espaço para esconderijo. Outros procuraram ajuda da parte dos gentios. Outros choram em desespero pela perda dos seres amados... Correm boatos de que eles estão sendo envenenados com gás. Há quem diga que são mortos eletrocutados, queimados ou abatidos a tiros. Uma coisa é certa: dali não se retorna.*

EU COMEÇAVA A CONTAR OS MORTOS.

Wilek. Dzadzio. Os filhos do senhor Malinovski, que moravam em frente ao senhor Melman, a algumas casas de distância da nossa, tiveram o mesmo destino de vovô. Eu sabia que era apenas o começo. Os nazistas chegariam a Zolkiew a qualquer dia, a qualquer hora.

Nós não saíamos mais de casa, com exceção de papai, que continuava a ir à fábrica. Os camponeses tentavam trazer para moer, antes da chegada dos nazistas, todo o cereal que conseguissem. Papai sabia que cada *zloty** poderia salvar nossas vidas; logo, ele operava a

* Unidade de moeda polonesa. (N. da T.)

moenda vinte e quatro horas por dia. Ninguém precisou nos proibir de sair à rua. Até mesmo Mânia continuava dentro de casa naqueles dias gloriosos de verão, olhando pela janela.

Eu não conseguia me concentrar em meus livros. Ninguém tinha disposição para conversar. Mamãe cozinhava. Nós arrumávamos nossas camas. Era só o que conseguíamos fazer. Mesmo sabendo que nos encontrávamos diante de uma catástrofe inevitável, não éramos capazes de fazer nada além de esperar. Os momentos eram dolorosamente intermináveis. Tínhamos a sensação de um sonho, quando a gente tenta escapar de algum horror invisível — quando você começa a correr, o chão engole suas pernas e todos os seus gritos são silenciosos. Todos nos mantínhamos inquietos. À noite, eu sentia minha irmã a meu lado e ouvia meus papais se revirando na cama do outro lado do quarto.

Na madrugada de 5 de julho de 1941 fomos acordados do sono precário pelo roncar de motocicletas em nossa rua. Em seguida vieram os caminhões, e depois os soldados marchando diante de nossa janela, como se nós fôssemos marechais numa parada militar. Era de novo a Wehrmacht. Papai foi lá fora e voltou contando que, como em 1939, eles estavam andando pela cidade, tirando fotos dos castelos e das igrejas como turistas. Distribuíam balas para as crianças e cigarros para os homens, garantindo à ansiosa população que não havia motivo para se preocupar. Ainda assim, não nos aventurávamos a sair de casa.

Dois dias depois, papai veio correndo da fábrica para avisar que a Gestapo e a SS vinham vindo. Soubemos que nosso grão-rabino, reverenciado em toda a Europa Oriental por sua fé e sapiência, planejava esperar por eles com os membros do Conselho Judaico de Zolkiew, na entrada da cidade, à distância de um quilômetro de nossa residência. Estavam dispostos a implorar e barganhar por nossas vidas. Ficamos aguardando os resultados desse encontro sem otimismo algum. Não foi preciso esperar muito para ouvir os tiros. O som da descarga de metralhadora não foi mais alto que o espoucar de rolhas de champanhe. Até mesmo os lamentos e os gritos que se seguiram soavam fracos. Mas foram altos o bastante para nos informar que nosso pesadelo começara.

Soubemos que o grão-rabino mal conseguira dizer uma palavra antes que o oficial da SS o matasse a tiros. Os membros do Conselho que o acompanhavam foram detidos, inclusive o pai de Giza Landau. O oficial da SS seguiu então de carro até a sinagoga e ordenou a seus homens que arrancassem dali todo e qualquer fragmento de ouro e prata, e tudo que tivesse valor. Uma multidão de judeus se juntou nas ruas e ficou olhando horrorizada enquanto as coroas dos punhos da Torá, as capas da Torá bordadas com fios de ouro, os candelabros e os ornamentos das pilastras eram colocados nos caminhões. Os diversos judeus hassídicos e ortodoxos rasgaram suas roupas, em luto pela profanação. Sabiam que deveriam se esconder, mas não conseguiram se controlar. Quando não havia mais nada para roubar, os SS percorreram o santuário derramando gasolina sobre os bancos, balaústres, livros de orações, rolos de Torá, xales de oração, tudo que fosse combustível. As paredes, por dentro e por fora, também foram encharcadas de gasolina. Após acender o fogo com dezenas de tochas, os SS quebraram com rajadas de metralhadora as grandes vidraças, para alimentar as chamas com mais oxigênio, e a Sobieski Schul se incendiou. Foi um espetáculo de chamas que subiam precipitadas pelas paredes e se lançavam para fora das janelas.

Depois de queimar tudo que era de madeira e papel, as labaredas das paredes se extinguiram. A pintura ficara chamuscada, mas o edifício continuou de pé. O oficial da SS ficou tão furioso que ordenou a seus homens lançar nas brasas os judeus que se lamentavam, para alimentar o fogo, como se bastasse o calor da carne judia a queimar para transformar tijolos em cinzas. Um oficial das forças armadas que passava em sua Mercedes reagiu, estarrecido de horror, e ordenou a seus homens que retirassem das chamas os judeus. Porque o oficial da SS foi suplantado pelo outro em termos de hierarquia, alguns judeus foram salvos por Deus sabe quanto tempo. No momento em que a Wehrmacht se retirou, a SS tentou queimar a sinagoga mais uma vez, mas as paredes ainda ficaram firmes.

Em outra época, o fato de a escola ainda se manter de pé teria sido considerado um milagre; mas para mim a sensação não poderia ser mais oposta. Desde o começo da guerra, em 1939, eu vinha secretamente ansiando por um milagre. Não me atrevia a contar isso a ninguém — nem a meus pais, nem a minha irmã mais nova, nem mesmo a uma de minhas amigas. Profunda e devotada religiosa que sou, estive contando com alguma coisa verdadeiramente bíblica. O assassinato do grão-rabino e o incêndio de nossa sinagoga, porém, destruíram em mim toda esperança de que Deus nos salvaria. Senti que o próprio Ser que eu venerava nos havia abandonado. Compreendi que éramos, naquele momento, só nós quatro — mamãe, papai, Mânia e eu — contra o Terceiro Reich.

Antes mesmo que o representante viesse a nossa casa pedir uma contribuição, já havia se espalhado a notícia de que as SS estavam pedindo resgate pelas vidas dos membros do Conselho. Quando mamãe me revelou quantos quilos de ouro e prata eles queriam, não pude acreditar que houvesse tanto dinheiro no mundo inteiro. Mamãe doou nosso *chanukeah*, o candelabro de nove braços, feito de prata, sua aliança de casamento, bandejas e castiçais de prata. O resgate foi levado em carrinhos de mão para o quartel-general da SS. Os homens foram libertados e informados de que teriam de chefiar o Judenrat, o conselho judaico responsável por todos os assuntos judaicos. Mas a principal responsabilidade do Conselho seria providenciar para que todas as ordens da SS fossem cumpridas à risca.

Os nazistas afixaram pela cidade cartazes com as leis raciais impressas nos caracteres góticos que tinham se tornado uma arma do ódio. Mas nós já as havíamos aprendido de cor, antes da chegada dos nazistas. Não estávamos autorizados a ir à escola ou ao parque. Fomos submetidos ao horário do toque de recolher. Não nos permitiam usar a calçada, tínhamos de caminhar pela rua. Meu pai teve seu negócio confiscado, como todos os empresários judeus da cidade. Éramos obrigados a usar no braço direito, acima do cotovelo, a braçadeira branca com a estrela de Davi em azul. Qualquer ofensa estava sujeita a punição pela morte. No dia em que foi baixada a ordem de usar braçadeiras, nenhum de nós pôde sair de casa até minha mãe ter acabado de bordá-las. Mamãe levou duas horas para fazer cada braçadeira. Fiquei furiosa ao ver minha orgulhosa mãe obrigada a fabricar os emblemas de nossa humilhação, e também os de Giza, de Josek e da pobre Uchka, que era incapaz de dar um ponto. Como iria ela explicá-las a Zygush e Zósia?

Minha querida amiga Helena Freymann foi morta um dia ao sair de casa para a rua. Um polonês para quem ela sorria toda vez que passava por ele e que conhecia a família dela havia anos apontou-a para um soldado que não era sequer da SS. Ele se limitou a sacar o revólver e atirar nela como se estivesse acendendo um cigarro. Helena tinha esquecido a braçadeira. Isso aconteceu na quadra ao lado da nossa, um dia depois da divulgação do decreto. Dessa forma nós aprendemos que o polonês ou ucraniano que nos entregaria à polícia não seria um estranho, mas alguém que nos conhecesse. Seus filhos seriam nossos colegas de escola, seus pais conheceriam nossos pais, e seus avós teriam conhecido os nossos. Imagino, no fim das contas, que não faria diferença a pessoa ser traída por um amigo ou um inimigo. No fundo, só significaria que seu coração talvez ficasse um pouco mais ferido momentos antes de sentir a bala.

Era quase impossível ficar ao corrente de todas as ordens e todos os decretos emitidos pelo cento de operações do comando nazista. A todos os homens foi ordenado que se apresentassem na praça da cidade para serem examinados por um médico. Os fisicamente aptos foram designados como A; os capazes de fazer trabalhos leves, B; os doentes, idosos, fracos ou deficientes físicos, C. Mamãe disse a meu pai que muitos de nossos amigos estavam pagando a médicos ucranianos para obter a designação C. Ela sugeriu que ele fizesse o mesmo. A resposta de meu pai foi:

— Acredite, para os nazistas, não quero ser um aleijado.

Na época ele não sabia que isso iria salvar as vidas de todos nós.

Tínhamos nos transformado numa raça de reclusos, deprimidos pelas notícias dos jornais e das emissoras nazistas, tanto quanto pelo que estávamos encarando em nossa amada cidadezinha. Durante o verão de 1941 os nazistas tomaram Kiev, Karkhov, Minsk e toda a Criméia, com pouca oposição da parte do soviéticos. Da janela de nossa sala de estar, escondida atrás das cortinas, eu observava meninos judeus da minha idade e mais jovens se esforçando rua afora, empurrando carroças e carrinhos de mão cheios de pedras quebradas. Ao chegar em casa, papai nos revelou que eram lápides do cemitério judaico que foram feitas em pedaços pequenos para pavimentar as estradas por onde passariam os tanques alemães. Algumas das pedras lapidares tinham mais de trezentos anos. Eles chegaram a tomar a primeira pedra tumular, que tinha sido dada aos judeus por Sobieski. A mais sagrada responsabilidade da fé judaica era encontrar solo sagrado no qual enterrar nossos mortos. Tinha precedência sobre a construção de escolas, ou de uma *mikvah*, a piscina ritual, ou até de uma sinagoga. Dezenas de parentes nossos estavam enterrados ali. Mamãe não pôde conter as lágrimas.

Mesmo sabendo que não haveria mais cartas de Rosa e de Babcia, pelo menos sabíamos o que lhes acontecera. Uchka tinha certeza de que não haveria mais mensagens do marido. As crianças perguntavam pelo pai o tempo todo. "Quando ele volta para casa? Por que não chega carta?" Zygush tinha idade suficiente para atormentar Ushka. O mais triste foi quando ele parou de fazê-lo.

No momento em que papai se preparava para sair, no dia e na hora designados para os homens cujos nomes começassem com "S", um soldado veio a nossa casa e lhe ordenou que fosse à prefeitura. Ficamos aterrorizados. Acho que nem respirei até vê-lo retornar. Tinham dito que papai continuaria a administrar a prensagem de óleo, sem nenhuma remuneração, lógico. Não era uma oferta, e sim uma ordem. Nem bem terminou de nos contar, papai atravessou correndo a rua para a fábrica, onde os trabalhadores lhe apertaram a mão. Disseram-lhe que sem ele estariam perdidos, pois não conseguiam fazer funcionar as malditas máquinas. Como tinham pavor de que os SS os julgassem incompetentes e os executassem, todos eles assinaram uma petição. Papai disse que o mais importante era que o universo nazista precisava de óleo; a polícia precisava de óleo; a SS precisava de óleo. Ele contava que com seu trabalho ganharia para nós o tempo necessário para encontrar uma saída.

Assim como papai, o senhior Melman e o senhor Patrontasch também foram sido poupados por causa do trabalho deles na fábrica. Os homens se reuniram e começaram um negócio de contrabando de óleo. Papai e o senhor Melman mantinham a fábrica aberta várias noites por semana enquanto o senhor Patrontasch fazia contatos no mercado negro. A notícia se espalhou rápido entre os camponeses. Os agricultores, que por gerações tinham trazido os grãos da família para serem beneficiados, passaram a vir à noite. Eles pagavam com um saco de batatas, ovos, queijo, cebolas, qualquer coisa que se pudesse vender no mercado negro. Os russos tinham mudado parte da fábrica de sua antiga localização, em frente de nossa casa, para um imóvel seis casas adiante, na mesma calçada. Papai saía pela porta dos fundos e cortava caminho pelos quintais para chegar lá.

A braçadeira de Ushka não tinha sido usada por tempo suficiente para se sujar quando ela apareceu chorando à nossa porta. Chorava tanto que soubemos que alguma coisa devia ter acontecido com Hersch. Contou-nos que um camponês de um vilarejo, que trouxera seus grãos para papai moer, ouviu dizer que Hersch Leib fora morto alguns dias depois de ter saído marchando de Zolkiew. Sua unidade se dirigia a Tarnopol quando foram bombardeados pelos caças alemães. Se não fosse o camponês nos contar, jamais teríamos sabido coisa alguma de seu destino. Na foto de noivado deles, Ushka e Hersch mostravam a mesma expressão sonhadora, o mesmo meio sorriso nos lábios, os mesmos olhos escuros. O casamento se dera poucos anos antes. Eu via Hersch no rosto de Zygush, enquanto ele se esforçava para entender esse novo mundo no qual não teria pai.

Eu começava a entender que, quando a gente está de luto, não é só pela perda de um ser amado, mas também pela parte de nós que se perde com ele. Os judeus hassídicos dizem que recitamos o Kaddish durante os onze meses prescritos porque as almas dos que partiram ficam rondando, ainda sedentas daqueles que deixaram para trás; com palavras que não foram ditas e ações que não foram feitas; com a centelha de suas transgressões ainda queimando. É apenas por intermédio do Kaddish, durante aquele período de tempo, que elas compreendem que nosso amor e devoção bastam para lhes libertar as almas, permitindo sua subida ao céu. Estávamos todos em estado de choque. Hersch Leib era o terceiro integrante de nossa família a morrer, e nós sabíamos que haveria mais. Ushka estava de coração partido, mas era corajosa. Sem o marido e com duas crianças pequenas para sustentar, teria de ganhar a vida. Assim, fez um empréstimo com papai para começar um negócio de roupas usadas. Iria vender roupas de judeus para os gentios.

Com o fim do verão começamos a emergir de nosso estado de torpor. Ushka criou tão boa fama que as mulheres começaram a vir de outras cidades para comprar roupas dela. Mânia e eu ficávamos juntas muito mais que antes, mas raramente saíamos pela porta da frente. Como papai, viajávamos de um quintal para outro cruzando cercas das quais havíamos removido alguns pregos, para poder tirar as tábuas do lugar. Íamos à casa de minha amiga Genya ou ao orfanato a trezentos metros de distância, onde brincávamos com as crianças. Eu lia tudo em que conseguia pôr as mãos.

Por grande que fosse nosso desespero, eu sabia que éramos privilegiados: estávamos juntos, tínhamos o que comer, vivíamos numa cidade rica. Os anciãos do Judenrat tinham chegado a um acordo com o comandante da SS em Lvov. Quase todos os sábados, mês após mês, o comandante vinha de carro a Zolkiew recolher seu tributo. Jóias. Ouro. Moedas. Lingotes. Prataria das famílias. Relógios. Tecidos. Peles. Madeiras. Roupas. Selos. Obras de arte. Livros raros. Sempre dávamos jeito de juntar o suficiente para nos comprar mais um mês. Outros não tinham tanta sorte. Uma após outra, as cidades a nosso redor iam sendo dizimadas; e os habitantes, chacinados ou transferidos para guetos em Lublin ou Lvov. Sabíamos que nossa segurança dependia de um capricho. Achávamo-nos no olho do furacão.

No outono, mamãe resolveu que precisávamos estudar, e organizou uma escola. Havia cinco ou seis meninas: Mânia, eu e minhas amigas Giza, Genya, Klara e Lipka. Para nossa segurança, a cada dia nos reuníamos numa residência diferente. Estudávamos hebraico com Gershon Taffet, e matemática com um famoso professor universitário de Varsóvia que fugira para Zolkiew. Tínhamos aulas até de latim. Acho que na vida inteira nenhuma de nós estudou com tanto empenho quanto naqueles meses.

× × ×

Quando os Estados Unidos entraram na guerra, depois de Pearl Harbor, em dezembro de 1941, houve uma explosão de otimismo que morreu em questão de semanas. O envolvimento americano não mudou nada para nós em Zolkiew. Em fevereiro de 1942 não havia na cidade mais nada com que subornar a SS. O comandante nos sangrara por completo. Em 25 de março, todos os homens da categoria C e suas famílias foram arrebanhados como porcos e conduzidos pela rua das mansões que levava à estação ferroviária. Os vagões de gado os esperava. Os nazistas estavam nos enviando para os campos. Mamãe viu tudo. Ela nos contou que as ruas ficaram vermelhas de sangue. Quem não caminhasse com a devida pressa era executado ali mesmo. Na sacada da maior mansão da rua, a esposa de um comandante da Gestapo arrancava os cabelos e gritava:

— Quem vai pagar por isso? Quem vai pagar por isso? — Ela sabia que haveria um dia da retribuição.

Naquela remessa estavam pelo menos doze garotas que eu conhecia da escola. Eu já começava a prantear a morte delas.

Mais cedo ou mais tarde todos compartilhariam o destino dos membros da categoria C. Mas nós não sabíamos exatamente o que aquilo significava. Ninguém sabia para onde o trem se dirigia. Alguém, não sei dizer quem, contratou alguns camponeses para seguirem o trem. Eles mandaram a informação alguns dias depois, afirmando que o trem parara perto de Belzec, onde os nazistas tinham construído um campo no fundo da floresta. Disseram não ter conseguido se aproximar do campo, porque havia grande quantidade de soldados. Embora se encontrassem a quilômetros de distância, conseguiram sentir o cheiro de corpos queimados.

Para nós acabaram-se as ilusões. Cada família que eu conhecia tentava encontrar um jeito de sair de Zolkiew, quer usando documentação falsa, quer escapando para a Romênia ou a Hungria, que não tinham sido dominadas pelos nazistas. Continuávamos a viver nossa vida diária, mas sabíamos que o prazo estava se esgotando.

A fábrica não iria nos salvar para sempre. Mânia não dava trégua a mamãe e papai, e os deixava enlouquecidos.

— Papai, papai, por favor, pare e me escute. Nós precisamos nos esconder. Temos de achar um jeito de sair daqui. Papai, por favor, me diga que iremos embora desta cidade...

Meu pobre pai se esforçava por conseguir documentos, encontrar um esconderijo ou uma saída, mas em vão. Eu podia ver o sofrimento em seu semblante, quando ouvia a exigência incessante de minha irmã caçula.

— Chega, Mânia, por favor!

— Conseguiu achar alguma coisa? Conseguiu? Diga que nós vamos sair.

— Estou fazendo tudo que posso.

— O que quer dizer isso? O que significa, papai? Que iremos embora ou que morreremos tentando?

Quando papai chegava a casa, vindo do trabalho, lá estava Mânia à sua espera, com um olhar de expectativa, esperançosa. Cada vez que alguém conseguia fugir, ela contava a meus pais. Não era informação, mas uma acusação.

Esconderijo, fuga, documentos, tudo custava uma fortuna. Eu ignorava quanto recurso tínhamos, mas sabia que os negócios clandestinos estavam enriquecendo as três famílias. Os Melman e os Patrontasch guardavam o dinheiro deles. No entanto, mamãe vinha gastando tão depressa quanto papai conseguia ganhar, comprando víveres e organizando um dispensário de sopa para alimentar os refugiados e também os judeus pobres cujo dinheiro já havia se acabado. A cidade passava fome. O Judenrat possuía um dispensário de sopa, mas isso não bastava para mamãe, que, por sua própria iniciativa, pusera mãos à obra. Tínhamos um caldeirão gigantesco, quase tão grande quanto o fogão, que usávamos normalmente para ferver os lençóis e alvejá-los. Todo dia mamãe fazia sopa nessa panela gigantesca, com trigo sarraceno da moenda de papai e qualquer outra coisa que conseguisse comprar, e servia a refeição na varanda dos fundos, acima da escada. Mânia e eu éramos suas ajudantes. Os famintos chegavam e ficavam horas na fila, esperando a sopa ficar pronta.

A senhora Mandlova, uma das melhores amigas de mamãe, ao ver a multidão do lado de fora de nossa porta e gritou:

— Salka, cuidado com a Gestapo!

Mamãe dizia apenas:

— Se Deus quiser me matar fulminada por dar comida aos famintos, que me mate!

Meu pai implorava, explicava, argumentava, mas ela era tão teimosa quando vovô, embora sempre o negasse.

Mânia e eu, então, dedicávamos todo nosso tempo a ajudar outros judeus. A escola se transformara num luxo desde a deportação da categoria C. Havia uma guerra, e nós não poderíamos ficar sentadas, na falsa segurança de nossa casa, enquanto outros judeus sofriam. No decorrer do inverno e da primavera o número de deportações se tornava cada vez maior. Não demorou para um trem que atravessava Zolkiew na linha Lvov—Lublin passasse a fazer viagens diárias. Depois de cada trem, os *skoczki* — gente que se atirava do trem — entravam na cidade. Garotos e adolescentes patrulhavam os trilhos perto da estação procurando os feridos que tinham saltado. Os semimortos, às vezes com fraturas expostas, eram levados para Pepka Fisch. Mas com freqüência os que saltavam morriam na queda; famílias inteiras eram encontradas espalhadas ao longo de centenas de metros; às vezes mulheres mortas eram encontradas com crianças vivas em seus braços.

Mânia e eu começamos a trabalhar com Pepka. Eu aprendera muita coisa no ano anterior, durante minha estada no hospital. Tão logo consegui me levantar, comecei a andar para todo lado atrás das enfermeiras, tentando ser útil, observando e aprendendo. Assim, quando comecei a trabalhar com Pepka, não tinha tantos melindres quanto algumas das outras meninas. Em breve estava fazendo o trabalho de uma enfermeira. As histórias contadas pelos que saltavam eram demasiado tenebrosas para se acreditar ou de entender. No entanto, a verdade estava sentada diante de mim, ensangüentada, aterrorizada, com os ossos quebrados. Havia um campo de extermínio em Oswiem, uma cidadezinha a menos de cento e cinqüenta quilômetros a noroeste da nossa. Um informe no rádio alegava que um milhão de judeus já tinham sido assassinados. Os esquadrões da morte especiais da SS matavam milhares de judeus ao mesmo tempo. Eu ouvia as narrativas que caíam dos lábios deles como se fossem profecias envenenadas.

Pepka era incansável, e logo ganhou fama. Algumas das pessoas que saltavam nos diziam terem sido avisadas de que tentassem a sorte nas vizinhanças de Zolkiew, pois parecia existir na cidade uma enfermeira corcunda que era tão boa em endireitar ossos quebrados quanto qualquer médico. Nós aprendemos a preparar talas, a fazer curativos e limpar feridas. Um dia, minha amiga Genya Astman veio correndo para casa e me avisou que fosse imediatamente à casa de Pepka. Encontrei lá uma mulher chamada Hela Ornstein e sua mãe, que tinham se jogado do trem. Eu não podia crer que estivessem vivas depois de terem pulado do trem em movimento. Para se ter uma idéia, metade do rosto da senhora Ornstein tinha sido arrancada. A família de Genya acolheu em casa as duas mulheres.

Em junho de 1942 Josek e Rela tiveram um filho. O belo Josek, o dom-juan da família, primeiro nos surpreendera ao se casar com uma moça comum de coração enorme; depois, no inverno anterior, tornaram a nos surpreender ao anunciar que Rela estava grávida. Ficamos atônitos por alguém sequer cogitar ter um filho. Mas ninguém disse a ela uma palavra. O bebê se chamava Moshele. Era saudável, loiro e de olhos azuis. Não resistimos à tentação de fazer uma pequena celebração em família, e um *bris** oito dias depois para circuncisar a criança, conforme prescrito em nossa lei. Minha mãe fez um bolo de mel, o doce tradicional para celebrar nascimentos. Uma doce vida — isso era o que se esperava que o bolo de mel garantisse. A festa foi caprichada. Se tivéssemos sabido, se ao menos imaginássemos o que viria, jamais teríamos celebrado seu *bris* e marcado o bebê como judeu. Ele poderia facilmente ter passado por ariano, e teria sido poupado.

---

* Ritual de circuncisão. (N. da T.)

Nós todos amávamos o bebê, e não conseguíamos nos cansar dele, sobretudo Mânia e eu. Havia algo especial no jeito como Mochele nos olhava, feliz em ser abraçado por alguém que o amava, tão contente e inconsciente do inferno em que nascera.

As coisas andavam sombrias. Papai não conseguira encontrar um jeito de fugirmos, então teve de procurar alguém que nos escondesse. Sempre que possível eu me refugiava em casa de minhas amigas. Giza Landau morava a várias quadras de distância, e para ela era muito perigoso vir nos visitar. Mas havia Genya, Libka, Muschka e Klara Letzer nas redondezas, e ainda vivas. Um dia, na casa de Genya, nós nos demos conta de que éramos as últimas de nosso grupo. Já tínhamos perdido muitas amigas, e ficamos discutindo qual de nós seria a próxima a morrer. Lamentávamos não ter nada, nem mesmo uma foto que nos lembrasse delas. Assim, resolvemos ir ao senhor Domanski tirar uma fotografia, para termos alguma recordação umas das outras. Queríamos que o símbolo de nossa amizade sobrevivesse à guerra, mesmo que nós não sobrevivêssemos. Mas, quando saí para ir ao estúdio, um garoto na rua me chamou de judia imunda. Aterrorizada, voltei para dentro de casa. Por fim, acabamos indo, e Mânia foi conosco. Ela não queria perder nada, muito mesmo a oportunidade de tirar um retrato que talvez fosse o último de sua vida. Resolvemos não ir muito arrumadas, mas fizemos tranças nos cabelos umas das outras. Tiramos uma foto em grupo e também retratos individuais. O senhor Domanski aprontou as fotografias para o dia seguinte. Fiquei chocada quando vi o resultado. Eu tentara sorrir, mas em vão. Foi meu único retrato em que não apareço sorrindo. Nós nos sentamos na sala de estar na casa de Genya e trocamos fotos, escrevendo no verso nossos nomes e a data. Pensamos em escrever uma mensagem em cada uma, mas o que havia para dizer?

Papai não achara ninguém disposto a nos esconder. Os Melman e os Patrontasch tampouco acharam. Esgotadas todas as opções, os três homens resolveram que era preciso construir um esconderijo temporário no espaço subterrâneo da residência dos Melman. O imóvel era o maior dos três, e contávamos com que tivesse capacidade de abrigar a todos nós. O senhor Patrontasch, que era exímio carpinteiro, construiu uma porta de alçapão de encaixe, no piso de tábuas. Quando a porta estava fechada, a emenda, como a abertura de uma caixa chinesa, ficava impossível de achar. O subsolo era demasiado baixo para os adultos entrarem; portanto, Mânia e eu, Igo Melman e Klarunia Patrontasch, as duas crianças de oito anos, fomos abrindo caminho no espaço apertado. Nossa tarefa era abrir um corredor para o canto oposto da casa, onde conseguiríamos cavar um fosso com área suficiente para todos nos escondermos.

Era pleno verão, e fazia calor na área de circulação. Por não haver ventilação, trabalhávamos vestidos só com a roupa de baixo. Nos dias escaldantes, Mânia e as outras crianças costumavam circular em roupas íntimas, mas eu era recatada e nunca tirei o vestido. Mas daquela vez não tinha escolha — de outra forma o calor ficaria excessivo.

Passamos duas semanas cavando sem parar, com as mãos e depois com panelas, caçarolas e pás. Minhas mãos pareciam de camponesa, com bolhas em carne viva, unhas quebradas, com terra entranhada sob elas e tatuada nas linhas das palmas. Tínhamos que cavar segundo as especificações estritas do senhor Patrontasch. Não podíamos remover a terra para fora, portanto tínhamos que depositá-la uniformemente sobre todo o resto do espaço de circulação. Trabalhávamos à luz de lampiões de querosene, que disputavam conosco cada molécula de oxigênio. Em algumas ocasiões cheguei quase a desmaiar. Em outras, eu queria parar e chorar. Em outras ainda, as paredes de terra pareciam estar desabando sobre mim à medida que cavava. Ah, se tudo aquilo fosse um sonho, do qual eu acordaria com a deliciosa brisa de uma manhã de verão refrescando meus lençóis e o travesseiro... No entanto, aquela não era uma casa de brinquedo, e eu não era mais criança.

Apesar de orgulhosos do trabalho realizado, nós o olhávamos com terror. O abrigo era um quadrado de três metros de lado e um metro e meio de altura. O espaço dava apenas para dez pessoas se deitarem lado a lado. Para o caso de alguém notar a porta de alçapão no piso do quarto e entrar no espaço de rastejar, em busca de indícios de esconderijo de gente, o senhor Patrontasch tinha projetado uma tampa que disfarçava perfeitamente o abrigo subterrâneo. Primeiro ele construiu um quadrado de madeira de três metros por três. Em cada um dos quatro lados prendeu tábuas de trinta e três centímetros de largura, o que tornou a tampa semelhante a uma caixa de areia vazia. Então enchemos a caixa com terra, e, quando terminamos, ela foi colocada por cima do abrigo. O ajuste foi perfeito: depois de posta no lugar, não se distinguia a tampa do chão de terra. Tínhamos construído um túmulo. Lá dentro colocamos fósforos, velas e água.

Nosso prazo estava se esgotando. Algumas noites papai voltava da fábrica quase chorando. O fato de mamãe continuar a gastar dinheiro no dispensário o enlouquecia. Mânia e eu, de nossas camas, ouvíamos a mesma discussão o tempo todo. Era um bate-boca que nascia do desespero, e não da raiva. As palavras não pareciam desdenhosas nem ferinas; eu nunca tinha ouvido a voz de papai soar tão desesperada. Ele se preocupava com nosso futuro e com a posse dos meios para salvar nossas vidas.

— Salka, Salka, você está acabando comigo. Nem bem ganho o dinheiro, você já sai gastando! E gasta até mais do que eu ganho!

— Nós devíamos comer enquanto alguém passa fome?

— O Conselho Judaico já tem uma sopa dos pobres.

— Ora, nós dois sabemos que a comida não dá para todos. Eles fazem o possível, mas a sopa deles parece água. Acho que não se conformaria nem ficaria feliz se Clara e Mânia só tivessem uma tigela de sopa rala para comer por dia, não é? E as dezenas de famílias orgulhosas demais para mendigar? Elas vão para a sopa dos pobres? Elas devem passar fome também? Por quê? Porque os homens preferem ver os filhos morrendo de fome a aceitar caridade. Você vai ganhar mais dinheiro.

— Salka!

— Chega de "Salka"! Se Deus quiser me matar fulminada, por dar comida aos famintos, que me mate! Aliás, eu o desafio a fazer isso!

Era o que ela dizia a todos que a aconselhavam parar.

Aí terminava a discussão. Papai sabia que não adiantava falar com mamãe. Minha tia Giza dizia que Salka era uma *tzadakess*, uma pessoa benfazeja, e que por causa dela Deus nos protegeria.

Quando a altercação cessava e tudo ficava em silêncio, minha irmã e eu pegávamos no sono. Eu, no mesmo leito de mogno pesado e escuro que era sólida como um navio, sob o mesmo edredom de penas de ganso que de tão leve parecia flutuar como nuvem quando o sacudia para arrumar a cama. Mânia se deitava em sua caminha infantil, na qual lembrava uma grande boneca. Olhávamos pelas cortinas de renda para nossas árvores frutíferas. E, apesar do fato de vivermos em mundos diferentes durante o dia, dormir lado a lado nos aproximava uma da outra de uma forma que tornava as palavras quase supérfluas, talvez até redundantes. Como era possível que nada, nada estivesse fora do lugar dentro de nosso lar, enquanto o mundo se achava de pernas para o ar?

Mânia queria que conversássemos.

— Ando pensando em ir ficar com as freiras. Muitas de nossas amigas já foram.

— Eu sei.

— Vamos ter segurança — insistiu minha irmã. — Mamãe e Papai querem nos ver a salvo.

— Sei que disso. Porém, não tenho certeza quanto a ficar com as freiras.

Mânia era capaz de grandes decisões, de ações intempestivas, de pensamento decidido e independente. Eu estava acostumada a viver nesse mundo de casulo protegido, no qual mamãe e papai tomavam por mim todas as decisões relevantes. Não via sentido em contestar, pois sabia que eles me amavam e tinham em mente meu interesse maior. Todavia, no mundo em constante mutação em que vivíamos, papai parecia avassalado. Ir para o convento significaria talvez perdê-los, e quiçá para sempre.

— Eu não sei se quero deixar papai e mamãe.

— Clara, todos estão desaparecendo, indo para algum lugar. Estamos sendo assassinados em todos os cantos. Sabemos o que acontece nos campos! Sabemos o que aconteceu em outros lugares!

A querida Mânia, sempre honesta, rude e direta. Se quiséssemos ir para junto das freiras, sei que meus pais permitiriam. Era uma decisão, portanto, que me cabia tomar. Ficamos deitadas sem dormir por longo tempo naquela noite, mas não dissemos muito mais. A proposta de Mânia era um peso em meu coração, a esmagar o ar para fora dos pulmões de modo que se tornava difícil respirar. O que fosse acontecer aconteceria a todos nós como família.

Pouco depois dessa discussão, o verão terminou e os nazistas ordenaram que abandonássemos nossa casa. Assim, mudamo-nos para a casinha de Ushka, onde ela vivera com a tia de Hersch Leib, que o criou depois da morte dos pais dele. Nós não falamos sobre isso; do mesmo modo como não fizéramos nenhum comentário com Josek sobre o fato de Rela ter um bebê. Era doloroso demais verbalizar. No entanto, não dormíamos na casa de Ushka. Começamos a dormir nos Melman e a voltar para a residência de Ushka durante o dia. Os Patrontasch também dormiam ali. Queríamos ser prudentes, pois sabíamos que os nazistas preferiam chegar de madrugada, contando apanhar a presa desorientada e vulnerável.

Papai ainda passou todo o período de setembro e outubro tentando encontrar alguém que nos escondesse. Apesar de todas as famílias que ajudáramos durante anos, todas as que tínhamos empregado, todos os agricultores a que déramos crédito e cujos grãos moêramos de graça nos tempos difíceis, não conseguimos encontrar uma só pessoa que nos estendesse a mão. Entendíamos as razões deles, no entanto, e não os depreciávamos por esse motivo. Josek e Rela estavam na mesma situação que nós. Construímos um esconderijo debaixo da fábrica, para o caso de eles serem forçados a se esconder ali. Pelo menos Ushka tinha conseguido encontrar uma família polonesa chamada Skibicki, disposta a receber a ela e as crianças. Era um alívio saber que eles estariam a salvo.

Havia boatos de uma *akcja* — uma deportação em massa ou chacina. Não sei onde os rumores começaram ou como chegaram a nós. A cidade estava repleta de falatórios. O senhor Patrontasch sofria de insônia e pelo jeito nunca dormia. Um dia, em 22 novembro, quando ainda estávamos nos Melman, acordei com o senhor Patrontasch gritando:

— Preparem-se! Acabo de ver dois caminhões, a Gestapo e a polícia judaica! De Lvov! Eles estão vindo para a cidade.

Enquanto nos apressávamos em nos levantar e calçar os sapatos, ele foi correndo lá fora e voltou um momento depois.

— É uma *akcja*! Eles estão levando os nossos pela rua!

Ouvi tiros e a Gestapo correndo e gritando. O senhor Patrontasch saiu em disparada para avisar seus amigos da casa ao lado, os Britwitz, e os encontrou sentados à mesa, tomando o café da manhã. Também tinham um esconderijo, mas a Gestapo já batia estrepitosamente na porta da rua. O senhor Britwitz manteve a porta da frente fechada com o peso do corpo até a família conseguir se esconder. Então, ele abriu a porta e saiu correndo pela rua, para longe da residência. A Gestapo o matou a tiros, mas sua família se salvou. O senhor Melman teve sorte de sair e voltar em segurança à própria casa sem que o notassem.

Não deu tempo de corrermos para o esconderijo na fábrica. Em vez disso, todos rastejamos pela porta de alçapão do quarto de dormir para o túmulo embaixo da residência dos Melman. A escuridão era sufocante. Não conseguimos acender as velas que havíamos estocado — o oxigênio não bastava para mantê-las acesas. Eu nunca ficara sentada no abrigo, nem por um minuto, na época em que o cavávamos. Portanto, não estava preparada para o fechamento, a escuridão aterrorizante e o cheiro de terra úmida que se inalava com o ar viciado. Quando o abrigo se aqueceu com o calor de dez corpos, meus poros se abriram, e o suor encharcou minha roupa até fazê-la grudar no corpo, como uma segunda pele.

Ficamos ali por dois dias, sem nenhum balde para os dejetos, alguns pedaços de pão e um pouco de água. Não havia espaço para nos mexermos. Quando as coisas pareceram calmas lá em cima, o senhor Melman e o senhor Patrontasch engatinharam para fora, para ir ver o que acontecia. Voltaram apressados, minutos depois. O massacre continuava. Tinham matado o senhor Lockman, um vizinho que tentou fugir. Passamos mais uma noite no subterrâneo. De madrugada, o irmão mais novo do senhor Patrontasch, Laibeck, passou pela casa. Ele sabia que estávamos lá dentro, e sussurrou que tudo se acabara e que o trem já tinha partido. Ficamos mais uma hora encerrados antes de sair, para ter certeza.

Nossa cidade estava em desesperada aflição. Veículos carregados de cadáveres eram levados ao cemitério. Em estado de choque as pessoas descreviam o assassinato dos parentes quando tentaram correr. Ou então seu fuzilamento ao procurarem se levantar, quando os soldados lhes ordenaram que se ajoelhassem, no centro da cidade. Muitos foram alvejados quando saltavam dos trens. Ou mortos a tiros quando traídos pelos poloneses a quem imploraram que os escondessem.

Tia Rela perdeu a mãe, o irmão e a cunhada. O senhor Patrontasch perdeu a irmã caçula, Pepka (a moça com quem Josek tinha andado flertando antes de se casar com Rela) e o filho dela. Pepka tinha corrido à casa de uma amiga polonesa que havia prometido escondê-la, mas lhe recusou a entrada quando ela chegou lá. O senhor Taube, amigo de papai, viu-a caída numa poça de sangue. Eles voltaram em busca do corpo, mas não conseguiram encontrá-lo. Minha amiga Klara Letzer foi levada com os familiares, mas ela e a mãe conseguiram saltar do trem e caminhar de volta. O pai de Klara morreu fuzilado quando tentava fugir.

Estávamos gratos por todos termos sobrevivido, mas não sabíamos o que fazer em seguida. Era só uma questão de tempo antes que os nazistas voltassem para buscar os que faltavam. Mânia olhou para papai. Nem ela teve uma palavra a dizer. O convento das freiras ficava no final da rua; de onde estávamos avistava-se a torre. No entanto, nunca mais voltamos a falar de freiras. Nossa única esperança era encontrar uma família polonesa disposta a nos receber. Mas meu pai já tinha esgotado aquele trajeto vezes sem conta.

Voltamos à residência de Ushka, cuja situação era tão crítica quanto a nossa. Depois do massacre, a família que iria escondê-la ficou amedrontada. Mas Ushka nos disse que uma das clientes polonesas de outra cidade se oferecera para ficar com Zósia, achando que talvez ela pudesse facilmente ser confundida com uma criança polonesa. A mulher gostava de Zósia, que era uma garotinha maravilhosa.

Ushka entregou o bebê à mulher na estação de trem e ia passar a noite em Lvov, antes de viajar para sua cidade natal. Zósia chorou muito ao ser separada da mãe. Ushka sentiu-se como se lhe arrancassem o coração, mas estava agradecida de saber que a filha estaria em segurança.

Na manhã seguinte, a mulher trouxe Zósia de volta para Ushka. Zósia soluçara a noite inteira, sem nada que a consolasse, pois queria a mãe.

Enquanto meu pai procurava em vão um lugar para nós, os nazistas anunciaram que tinham tomado Stalingrado, a cidade que Stálin nomeou em sua própria homenagem e era o símbolo do império soviético. Papai sabia que os soviéticos tinham que defender a cidade com todas as forças. Se Stalingrado caísse, não haveria esperança para nós.

Pouco depois surgiu um novo decreto. Ordenava-se a todos os judeus de Zolkiew que se mudassem para o gueto até 1º de dezembro, dentro de apenas uma semana. Sabíamos que o gueto seria nosso fim. Lá não havia onde se esconder. Dois dias depois do decreto houve uma batida na porta de Ushka, à noite. Papai abriu e lá estava Pavluk parado no degrau. Ele era um homem forte, e suas mãos gigantescas estavam enroladas nas abas do chapéu. Usava calça surrada e uma camisa encardida de linho artesanal. Tinha um desses grandes bigodes que tantos camponeses ucranianos têm. Pavluk era um assassino. Após ter sido libertado da prisão, fora à fábrica procurar emprego. Papai consultara meu avô para pedir orientação. Dzadzio não hesitou um segundo, e disse:

— Dê emprego ao homem. Garanto que vai ter a gratidão dele para o resto da vida.

Pavluk disse a papai que queria nos esconder. Papai não disse nada. Apenas tomou-o pela mão e o convidou a entrar em casa.

— Muito obrigado. Você não imagina o que isso significa para nós. Mas não podemos aceitar.

Não entendi por que papai recusou a oferta. Mamãe, Mânia e eu olhamos umas para as outras, e para ele. Eu via o protesto se formando nos lábios de minha irmã. Seus olhos escuros expressaram a mais profunda decepção.

Papai prosseguiu, amável:

— Você tem seis filhos, Pavluk. E sua casa, dois cômodos sem nenhum lugar para nos esconder.

Por muito que quiséssemos vê-lo aceitar, sabíamos que papai tinha razão. Não poderíamos colocar em risco a vida de seis crianças. De todos os poloneses e ucranianos que minha família conhecia e ajudara durante gerações, Pavluk foi o único a se mobilizar em nossa auxílio.

Angustiado por não ter elaborado a contento seu plano para nossa sobrevivência, Pavluk disse baixinho:

— Quero fazer alguma coisa, *qualquer coisa* para ajudar.

Mamãe se comoveu com a tristeza dele. Embora já tivéssemos guardado no subsolo de nossas vizinhas solteiras, atrás da falsa parede de estuque, tudo que nos restava de valioso, mamãe confiou a sua guarda dois travesseiros e um edredom de penas de ganso.

Nossa roupa de cama sobreviveu aos nazistas.

3

A faxineira

Do final de novembro ao começo de dezembro de 1942

> *Há tragédias terríveis, tragédias inacreditáveis... uma pedra teria chorado, mas sinto muito em dizer que as lágrimas dos judeus não comovem a Gestapo. Eles atiram indiscriminadamente em gente que salta dos trens em movimento, idosos ou crianças... Carroças trazem cadáveres de pessoas mortas no ato ao tentarem correr ou se levantar quando ordenadas a se ajoelhar no centro da cidade. Também algumas que morreram ao saltar dos trens e outras que foram traídas pelos gentios.*

NÃO HAVIA MAIS NADA A FAZER. Só nos restavam alguns dias. Teríamos que encontrar moradia no gueto. Meu tio David, irmão de papai, conseguira um conjugado, mas tinha seis filhos, e o espaço não dava para receber mais quatro pessoas.

Tia Giza se casara com um homem chamado Meyer. Eles tinham se mudado de Zolkiew para a minúscula cidadezinha agrícola de Mosty Wielke. Ali funcionava um campo de trabalho que era considerado seguro. O comandante alemão Krupp protegia os judeus. Cuidava para que todos tivessem comida suficiente e vivessem uma vida tão normal quando possível.

Josek e Rela encontraram um lugar para morar no gueto, mas temiam pelo pequeno Moshele. Felizmente, por causa da pele clara e dos cachos loiros da criança, eles conseguiram encontrar um polonês do campo chamado Sluka que estava disposto a ficar com Moshele por dinheiro. Josek arranjara emprego como policial judeu, o que lhe permitia sair do gueto e também verificar como estava o filho deles. Uchka e as crianças iam morar com a tia de Hersch Leib, que encontrou um imóvel na rua Turiniecka, bem na divisa: um lado da rua era o gueto; o outro pertencia aos poloneses e ucranianos. Todos nós estávamos arrumando as malas, e papai se esforçava ao máximo, buscando em toda parte um esconderijo para nós.

Era final de novembro. O quintal de Uchka estava sem vegetação, e a casa, exposta. Pela janela vi Bolek, um garoto de minha escola, avançar pela estrada com seu cavalo e uma carroça feita de pranchas de madeira encontradas na rua. Bolek estava uma série adiante de mim, e sua irmã Anka era minha colega de turma. Os dois eram pequenos para sua idade, um par de duendes de cabelo ruivo, olhos verdes e nariz sardento. Fiquei surpresa quando ele parou o velho cavalo na frente da casa de Uchka. Bolek saltou e, com uma expressão de homenzinho, entrou. Não disse "Olá, Clara", e nem sequer reconheceu minha presença com o olhar, quando parou bem diante de mim. Simplesmente apanhou um baú de vime que continha nossos pertences e o levou para fora, como se estivesse resgatando alguma coisa que lhe pertencesse. Colocou-o na carroça, já repleta de cômodas, baús, abajures, arcas, tapetes, camas, colchões e roupas de cama.

Ficamos olhando, resignados. Não podíamos fazer nada. Bolek poderia ter feito conosco o que bem quisesse. Essa criança, que nem ao menos atingira a idade do *bar mitzvah*, com sua pele tão delicada quanto a de uma garota, poderia, com a mesma desenvoltura, ter entrado e nos espancado ou atirado em nós. Ninguém teria levantado um dedo. Sem pensar, acompanhei-o para fora. Espantei-me quando ouvi minha voz pedir:

— Por favor, Bolek, aí dentro há uma caixa de madeira com retratos. Posso ficar com ela?

Ele hesitou, depois abriu o baú e retirou a caixa. Ainda não proferira uma única palavra, mas enfim me olhou nos olhos. A caixa era entalhada à mão, de madeira de bétula e incrustada com um motivo intrincado. Dava para ele ver o quanto era valiosa. A mim não importava o valor da caixa — só queria manter as fotografias que provavam que nossa família existira um dia num estado quase divino de felicidade e amor. Nossa vida estava toda ali. Os casamentos, as cerimônias de circuncisão, as férias nos Cárpatos, excursões à casa de Rosa no campo. E até um retrato de nós quatro a caminho do Morro do Paraíso. Havia dúzias e dúzias de fotografias.

Bolek ficou olhando fixo para a caixa, como se ela tivesse estado na família dele durante anos, e a estendeu em minha direção. Partiu com sua carroça, parando em outra casa um pouco mais abaixo. Esse roubo foi só mais uma humilhação na cadeia que começou com as braçadeiras, e parecia não ter mais fim.

Poucos dias depois de Bolek tivemos outra visita polonesa, novamente durante a ausência de papai. Ficamos surpresas ao ver uma das amigas polonesas de Uchka, Basia, parada à nossa porta. Era perigoso estar sozinha do lado de fora, nas ruas silenciosas. Ninguém saía de casa a não ser quando obrigado a fazê-lo. Feliz de ver uma amiga, Uchka insistiu em preparar um chá para ela, e naturalmente a conversa voltou-se rápido para questões de vida e morte. A residência era tão pequena que nós podíamos ouvir cada palavra. Basia parecia lamentar a morte de tantos amigos judeus. Ela disse que ficaria inconsolável se alguma coisa acontecesse a Uchka ou às crianças.

— Se algo viesse a acontecer, eu ficaria muito grata de ter algum objeto para me recordar de você. Talvez a mobília do quarto de dormir...

Ouvi quando Uchka soltou a respiração. Tive a impressão de que ela não conseguia falar. Basia prosseguiu:

— Os nazistas iriam simplesmente levá-la.

Mamãe e eu vimos Uchka arrastar a outra pelo pescoço até a porta e atirá-la pelos degraus abaixo.

Mamãe gritou, sacudindo a irmã pelos ombros:

— O que você fez?! Por que você fez isso?!

Uchka respondeu em iídiche:

— Sou obrigada a engolir desaforo dos nazistas, mas não tenho que engolir dessa polaca de merda!

Eu nunca tinha visto minha mãe tão apavorada. Ninguém se atreveu a falar sobre o que acabara de acontecer. Mamãe voltou à cozinha para continuar a fazer a sopa, em silêncio.

Quando, naquela mesma tarde, papai entrou correndo pela porta, falava muito rápido para que conseguíssemos entender o que dizia. Ele parou, retomou o fôlego e reduziu o ritmo para nos contar que Júlia Beck e o marido tinham concordado em nos esconder, bem como aos Melman e ao Patrontasch. Não podíamos acreditar em nossos ouvidos. Logo os Beck, dentre tanta gente. Nem mesmo havíamos cogitado nos aproximar deles, porque o senhor Beck tinha péssima fama. Meus pais discutiram as implicações de nos colocarmos sob a proteção deles. Eu nunca vira o senhor Beck. Tudo o que sabia a seu respeito fora recolhido de conversas cochichadas. Ele era um bêbado. Um mulherengo. Não parava no emprego. Devia dinheiro a todo mundo e nunca pagou um *zloty*. Também era conhecido como anti-semita. Poderíamos correr o risco de colocar nossas vidas nas mãos de alguém que era conhecido pela língua ferina, o anti-semitismo, o amor à bebida e os negócios fracassados?

A decisão tomada foi aceitar sua oferta. Não tínhamos outra opção, e confiávamos em Júlia Beck. Nós nos abraçamos. Sabíamos que o esconderijo significava apenas um adiamento da pena. O prazo poderia ser de uma hora, de um dia ou de um mês. Mas naquela hora, naquele dia ou naquele mês, alguma outra coisa poderia acontecer. Talvez a guerra terminasse. Ou papai conseguisse documentos. Algum milagre com que eu não podia sequer sonhar.

Como eu adoraria que Júlia estivesse ali para poder abraçá-la também! Conhecia Júlia Beck desde sempre; ela lavava nossos lençóis e batia nossos tapetes. Não a víamos desde que fôramos forçados a despedi-la, depois da chegada dos russos. E agora essa mulher e seu marido, que eram *volksdeutsche*, alemães étnicos, estavam salvando nossas vidas.

Mas a sorte seria só nossa. O convite não se estendera a Uchka e as crianças. Até aquele momento estivéramos unidos. Se fôssemos salvos, eles também seriam. Meu Deus, como poderíamos tomar tais decisões?! Eu olhava para meus priminhos e meu coração se partia de amor por eles. Os pequenos não entendiam. E como poderiam? Em nossos peitos, sabíamos que não haveria escolha. Não era uma decisão que pudéssemos tomar. Não se pode contar com o silêncio forçado de crianças muito pequenas, e elas poderiam colocar em perigo os Beck e os demais. Não houve debate, nem discussão. Uchka e as crianças teriam que ir para o gueto. Não havia o que pudéssemos fazer.

Mantivemo-nos em silêncio enquanto papai explicava os detalhes do que fora resolvido. Nós iríamos expandir o abrigo parcialmente construído debaixo da casa dos Melman. Como Beck era alemão étnico, podia escolher o imóvel que quisesse. Ele tinha ido à autoridade alemã de habitação e requisitado a casa dos Melman. Sem uma palavra de discussão, deram-lhe o imóvel — e foi só.

De repente papai voltou a se sentir confiante. Ele sugeriu que os Beck espalhassem um boato de que nós, informados da disponibilidade de trabalho no campo Janowska, em Lvov, tínhamos ido para lá. Contávamos com que as autoridades não desconfiassem, porque para elas seria fácil conferir se o rumor correspondia à verdade ou se era um estratagema.

O fato de não sermos obrigados a ir para o gueto nos deixou mais cheios de energia do que nos últimos dezoito meses. Meu pai, o senhor Melman e o senhor Patrontasch eram muito inteligentes, e observá-los aplicar seus dotes intelectuais à nossa sobrevivência permitiu que eu me sentisse de novo uma garota, e uma filha. Podia outra vez olhar os olhos escuros de papai e sentir o calor de sua proteção. A sensação de que nossa sobrevivência estava de novo em nossas mãos restaurou em todos nós o sentido de dignidade.

Isso aconteceu poucos dias antes da data em que todos seriam obrigados a se apresentar no gueto. O minúsculo beco onde morava Uchka se achava em plena azáfama, repleto de famílias que empurravam carretas com o que restara de seus pertences, passando por nós em lenta migração. Suas vidas tinham sido reduzidas ao que podia ser transportado em suas malas. Seus rostos mostravam uma expressão vazia. Elas não ousavam olhar para os soldados uniformizados, que usavam na gola as caveiras da morte e pareciam estar por toda parte.

Em toda a região de Zolkiew, quase como se por decreto, os idosos foram para o gueto, e permitiram aos jovens se esconder. Quando entravam no gueto, os pais diziam a filhos e netos um adeus que sabiam talvez fosse a palavra final, e os filhos entravam no esconderijo que encontrassem. O presente final dos pais, e seu legado aos filhos, era remover deles o fardo de cuidá-los e a ameaça à sua sobrevivência. Pais honrados e amados não se permitiam a entrada na terra prometida que eram os esconderijos subterrâneos, nem comer um precioso naco de pão que para os filhos talvez significasse a diferença entre a vida e a morte. Se fosse preciso correr, os filhos não seriam estorvados pelos pais, talvez demasiado fracos até para caminhar. O pobre Dzadzio estava morto, mas Babcia continuava viva no Cazaquistão, e por isso nossa família foi poupada da terrível tomada de decisão a que se viram forçados os Patrontasch. Os nazistas e os SS se orgulhavam de sua coragem por trás das metralhadoras, que eles apontavam para os desarmados e os indefesos, sem fazer idéia da verdadeira coragem a seu redor, enquanto uma família após outra ia se despedindo em silêncio. Assim como seríamos obrigados a viver com a sombra de Uchka e dos filhos dela, os Patrontasch teriam de viver com a sombra de seus pais, e o senhor Melman com as de seus meios-irmãos Hermann e Gedalo.

Onze de nós iriam viver no subterrâneo — nós quatro; os Melman e seu filho Igo; os Patrontasch e sua filha Klarunia; e a irmã viúva do senhor Patrontasch, Klara. Klara e Júlia eram amigas íntimas, e mamãe achava que fora ela quem convencera Beck a nos esconder.

Eu estava feliz e agradecida por Klara ter vindo conosco. Ela era uma das mulheres mais bonitas que já vira, mas sua beleza era matizada pela tristeza, pois perdera o marido e a filha. O marido morrera um ano após o nascimento de Luncia. Como filha única, não havia nada que lhe faltasse, comprado a qualquer preço em Zolkiew e até mesmo em Lvov. Luncia era a criança boa e meiga que todos os pais gostariam de ter. Foi minha melhor amiga até morrer na epidemia de difteria de 1938 que assolou a Europa Oriental. Klara teve de ficar olhando a filha sufocar lentamente até morrer.

Achando que o enterro de uma de minhas melhores amigas seria demasiado angustiante para mim, mamãe me deixou dormir até mais tarde naquele dia. Mas o cortejo fúnebre passou diante da casa e me acordou. Relutante, mamãe consentiu que eu o acompanhasse até a sinagoga. Klara caminhava ao lado do caixão da filha. Por causa da epidemia e do longo período decorrido entre o óbito de Luncia e o enterro, o senhor Patrontasch teve que colocá-la num caixão de madeira, que foi fechado num caixão de zinco. Klara temia que a alma da filha não subisse ao céu. Estava rodeada pela família, mamãe e Júlia Beck, que se mantinham ali para ampará-la, caso desmaiasse. Eu segurava a mão de mamãe; em meio às lágrimas, mal conseguia enxergar por onde caminhava. Conhecidos meus já haviam morrido, mas a morte de Luncia me trouxe aflição, luto, desgosto e perda pela primeira vez. Todos diziam que uma parte de Klara morrera com a morte do marido, e naquele dia morrera o que restara dela.

Klara também era uma das melhores amigas de minha mãe, e após o falecimento de Luncia mamãe nunca passava pela quadra, para ir a uma loja ou visitar uma amiga, sem atravessar a rua para levar Klara consigo. Por muito tempo depois da morte de Luncia, mamãe mandava que eu me escondesse, que sumisse de vista, ao ver Klara na calçada em frente, pois não queria que a amiga fosse lembrada da filhinha.

Ainda faltava fazer muito no sentido de tornarmos o esconderijo habitável para onze pessoas. Os homens nos enviaram — eu, Mânia, Igo e a pequena Klarunia — de volta ao subterrâneo, onde começamos a cavar com fúria ainda maior para abrir o espaço de circulação entre a porta da escotilha e o abrigo original. O ar era frio e úmido, e meus dedos ficaram dormentes, mas passados alguns minutos começamos de novo a transpirar.

O senhor Patrontasch temia que o piso do andar de cima afundasse e nos enterrasse vivos. Papai e os outros homens cortaram do quintal dos Melman uma árvore que transformaram em colunas para sustentar o teto. Ele nos explicou o modo de cavar prateleiras nas paredes. O senhor Melman cortou tábuas que foram ajustadas ao nicho das prateleiras. Cada família tinha a mesma quantidade de espaço de armazenamento. Trouxemos para o abrigo pratos de esmalte velhos, duas panelas e uma frigideira. Ninguém queria trazer nada de valor para um buraco no chão, com exceção da senhora Melman, que trouxe consigo uma linda jarra de louça e mais alguns lembretes de sua vida do andar de cima. Por um buraquinho perfurado no piso atrás da cama dos Beck, papai puxou um fio para dentro do porão. Teríamos iluminação e um fogareiro elétrico de louça. Se a casa fosse revistada, ele poderia puxar o fio da extensão para baixo, pelo orifício. Papai também calculou a quantidade exata de eletricidade que a casa dos Melman usaria em todas as estações. Ele sabia dar um jeito no relógio da luz para as autoridades não perceberem que a casa vinha gastando mais energia que o normal. Mânia, eu e as outras crianças enchemos colchões com palha. Após medir criteriosamente o espaço, o senhor Patrontasch definiu onde todos nós iríamos dormir.

Tínhamos pavor de piolhos e do tifo, e sabíamos que nossa sobrevivência dependia de mantermos o máximo de asseio possível, apesar de estarmos vivendo no chão de terra. Mamãe disse que para evitar piolhos Mânia e eu tínhamos que cortar os cabelos. Nossas cabeleiras chegavam quase à cintura, e nós as prendíamos em tranças toda manhã e escovávamos toda noite até sentirmos os braços doloridos. Portanto, choramos quando mamãe pegou uma tesoura e nos cortou as tranças. Não precisávamos de cabelos bonitos — eram uma ameaça à sobrevivência. Salka colocou nossas tranças em caixas de sapato forradas de papel de seda, cadáveres em pequenos esquifes, como uma criança acomodaria um gatinho de estimação ou um passarinho que houvesse morrido.

Por várias noites, depois de apagadas as luzes de todas as casas da rua, aguardamos uma hora e fomos levando nossos pertences para a residência dos Melman. Beck esperava à soleira, e seu olhar percorria a via pública nas duas direções. Ninguém dizia nada enquanto ele nos levava ao quarto de dormir, de onde descíamos sorrateiros ao abrigo e arrumávamos nossa bagagem. Depois, ainda calados, saíamos pela porta e refazíamos o caminho através dos becos silenciosos e desertos, de volta à casa de Ushka.

Antes disso tudo, era raro eu ver aquele Valentim Beck; entretanto, estávamos confiando nossas vidas a ele, e gratos por fazê-lo. Tão esquelético quanto Júlia, os olhos azul-claros como os de um lobo e raiados de sangue, faces e nariz cobertos de um mapa de capilares partidos e roxos, Beck aparentava muito mais que seus quarenta e tantos anos. Tinha cabelos grisalhos e um cavanhaque ralo. Achei que lembrava a xilogravura de meu exemplar de *Dom Quixote*.

Estivemos tão ocupados que o momento de deixar Uchka e as crianças chegou para mim de repente, antes que eu percebesse. Fazia horas que escurecera, mas queríamos esperar até todas as luzes se apagarem em cada residência da vizinhança. Ficamos sentados em silêncio, chorando. Desde que Uchka começara seu comércio de roupas, Mânia e eu cuidamos de Zygush e Zósia todos os dias. Eu me sentia como se fosse mãe deles. Zósia ficou agarrada comigo. Eu não conseguia olhá-la nos olhos sem chorar, e tampouco lograva desviar a vista. Nossa aflição era tanta que não nos envergonhamos. Aquela era a única vida que Zósia e Zygush conheciam. Eu tinha recordações a que me agarrar; mas eles dois... a que poderiam se agarrar? O que conheciam desta existência, além da fome e do medo?

Ninguém disse que só voltaríamos a nos encontrar um dia por milagre. Ao beijarmos Uchka e as crianças, ninguém disse que aquele poderia ser o último abraço, o último adeus, a última vez que eu sentiria nas faces suas mãos macias. Meu pai afastou a cortina de novo e olhou para fora. Depois, só balançou a cabeça e se ergueu. Chegara o momento. Separamo-nos como os participantes de um enterro no final da cerimônia. Quando saíamos pela porta que meu pai segurava aberta, olhei para trás e lá estava Uchka. Ela, que em tempos melhores não conseguia parar de sorrir, sorria também naquele momento. Vindo do fundo do coração seu sorriso nos disse que ela estava agradecendo a Deus por nós termos aquela chance.

Mais uma vez papai nos conduziu pelos becos dos fundos. O bairro estava profundamente silencioso. Não se ouviam vozes nem o som do rádio. Sempre adorei ficar do lado de fora à noite, quando as casas escureciam e o céu engolia tudo em sua vastidão. As noites estreladas eram mágicas, com um tapete de luzes que deixavam tonta a imaginação de uma menina. Mas naquela noite não olhei para cima. Eu não sabia se o céus estava escuro, enluarado ou estrelado. Só notava o bater de meu próprio coração e o ruído de meus sapatos sobre a terra fria. O trajeto à residência dos Melman parecia estar levando uma eternidade. Eu me sentia como se tivesse deixado com Uchka e as crianças a melhor parte de mim. Não podia acreditar que me afastava deles.

Beck nos esperava na porta de trás, que ficou segurando para que entrássemos. Ele sorriu e apertou a mão de meu pai. Sua filha Ala o acompanhava. Eu já a conhecia de vista, mas nunca nos havíamos falado. Ala tinha dezoito anos e era bonita; e se acaso representava um problema abrigar judeus embaixo de casa, ela parecia totalmente despreocupada com isso. Seus cabelos eram castanhos, cortados como os das moças da cidade, e também nos deu recebeu com um sorriso. Júlia se achava atrás deles. Aquela era uma casa em que eu estivera centenas de vezes. Estava cheia de linda mobília de madeira escura, e a senhora Melman sempre cuidava para que os pisos de madeira fossem polidos até ficarem brilhando como espelhos. A louça dela, pintada a mão, era guardada no armário-cristaleira, onde também ficavam os bibelôs de porcelana, bailarinas e dálmatas, pastoras com suas ovelhas, quase um mundo inteiro que ela havia colecionado com o passar dos anos. Porém, não era mais a casa dos Melman, e senti-me uma estranha ali. Os Beck estavam morando no imóvel fazia poucos dias, mas agora sua presença ocupava o recinto.

Sem muita conversa, atravessamos a cozinha e entramos no corredor. Havia uma lâmpada acesa, e o resto estava às escuras. No quarto de dormir, o grande leito de mogno tinha sido empurrado para trás e estava aberta a porta do alçapão, feita pelo senhor Patrontasch. Os outros já haviam chegado, e só faltava Klara, que antes de se juntar a nós fora ao gueto com os pais, para garantir que eles teriam acomodação adequada.

Eu já tinha descido ao abrigo muitas vezes. Ajudara a construí-lo, afinal. Mas naquela noite foi diferente. Não me incomodava a terra, nem o quanto estaria perto das outras famílias. Não me incomodava a falta de um banheiro adequado, nem o fato de que não ia freqüentar escola, nem ver o sol, nem correr pelas ruas. Aquela vida acabara. Eu só queria que o alçapão se fechasse, que o tapete fosse de novo desenrolado, e aquela grande cama de madeira, devolvida ao lugar. Desejava ficar trancada lá dentro, para recobrar o sentimento de que no dia seguinte acordaria sem a preocupação de que alguém estava tentando me matar.

Ao rastejarmos para dentro do subterrâneo, vimos, à fraca luzinha acesa, que as outras famílias estavam lá, sentadas em seus estrados, sem dizer palavra. Começavam a se acostumar ao silêncio, a não falar senão o necessário. Aliás, que tipo de conversa informal poderíamos ter?

Uma vez no abrigo, os três homens precisavam decidir se traziam ou não a Torá para baixo conosco. Logo que os russos invadiram Zolkiew, meu pai escondera a Torá no sótão do senhor Melman, onde havia um reservatório, revestido de madeira, para a água bombeada do poço no quintal. Os homens tinham enrolado a Torá num pedaço de lona alcatroada para mantê-la seca, colocando-a naquele reservatório, numa prateleira acima do nível da água, onde permanecera pelos últimos três anos.

Nós estaríamos escondidos, mas ainda iríamos rezar, e para os homens, para todos nós, ter o livro sagrado nas imediações seria um bálsamo. Assim, foi tomada a decisão de deixar o precioso livro a salvo em seu esconderijo, mas sua presença tão próxima nos serviria de consolo. Somente alguém como meu pai, que era um judeu ortodoxo e vivia sua religião a cada respiração, poderia entender o significado de termos por perto a Torá.

Sentados à luz mortiça de uma única lâmpada, que nos convertia a meras sombras, era-nos impossível cogitar outra coisa que não um sentimento de segurança, ou a ilusão do sentimento de segurança.

Por quanto tempo ficaríamos ali? Iríamos sobreviver? Será que alguém descobriria? Os Beck seriam traídos? Seríamos descobertos? Tentei deixar de lado qualquer ressentimento e sentir gratidão por aquela família que se arriscava tanto para nos salvar. Será que Beck e Júlia tinham tido uma conversa com Ala sobre o perigo? Teriam sondado a filha sobre isso?

Não havia nada mais a dizer. O senhor Patrontasch apagou a luz. Eu estava deitada ao lado de Mânia. Naquela primeira noite, tínhamos medo até de cochichar entre nós. Na escuridão, só conseguia pensar em Uchka e as crianças no gueto. Rezei por eles, a primeira de muitas preces que iria oferecer em sua intenção. Mas de que serviriam preces, quando nós estávamos ali, em segurança, e eles não? Eu conhecia todas as razões, a lógica brutal pela qual Ushka e os meninos não podiam estar conosco. Mas o conhecimento nunca basta. Ele não faz cessar a dor no coração, nem silencia o incessante e pungente som de nossa própria voz, ricocheteando de uma parte da mente para outra, perguntando, exigindo resposta: por que nós sim, e eles não?

4

Um presente do senhor Beck

Dezembro de 1942

> *Os dias se passam na monotonia, um dia é igual a outro. Aqui embaixo preparamos o café da manhã e a ceia. Uma vez por semana todo mundo se lava na cozinha lá em cima, pois aqui embaixo faz frio... Na noite de Natal eles fecharam todas as janelas e portas e nos convidaram para jantar. Foi maravilhoso. Cantamos hinos de Natal, quase esquecidos de nossos problemas, mas principalmente comemos muito. Fomos obrigados a correr para baixo e tornar a nos esconder, porque alguém bateu na porta.*

DEPOIS DE DOIS DIAS no abrigo subterrâneo, apoderou-se de nós a realidade de nosso confinamento. Acabou-se o otimismo dos homens de que a guerra terminaria em questão de semanas. Eles tinham pensado que o exército alemão não conseguiria suportar o gélido inverno russo e que bateria em retirada, mas se enganaram. Os alemães ainda dominavam Stalingrado e avançavam na Ucrânia e na Criméia.

Os homens seguiam a guerra com o interesse e a paixão de generais que a estivessem realmente disputando. Beck tinha no sótão um rádio clandestino que se fosse encontrado acarretaria a execução de seu dono; mas ele resolvera ficar a par dos fatos da guerra. De vez em quando levava ali o senhor Patrontasch, para ouvir rádio em sua companhia. Beck também trazia os jornais, e os homens ficavam sentados em torno dele numa nuvem de fumaça de cigarro, marcando as linhas de combate no mapa e circundando com caneta as cidades tomadas. Porém, não estava acontecendo muita coisa estimulante. Ao descer, eles nos contaram de uma conferência em Teerã na qual Stálin, Roosevelt e Churchill se encontrariam para discutir a guerra. Não estava claro sobre o que eles discutiriam. Teerã ficava tão longe que poderia ter sido uma história de *As Mil e Uma Noites*. A única notícia que parecia positiva era a de que os russos estavam começando uma ofensiva de inverno para retomar Kiev, a quinhentos quilômetros dali, e havia informes de que o avanço alemão começara a arrefecer. Mas isso tudo se dava tão longe que dava a impressão de que por muito tempo nada iria mudar para nós.

Viéramos preparados para uma estada de algumas semanas no abrigo. Eu não trouxera mais que alguns livros. Não tínhamos trazido roupas nem víveres em quantidade suficiente, ou, ainda mais importante, objetos que os Beck pudessem vender. Nossos casacos de pele, as jóias de minha mãe, os tapetes persas, os edredons de pena de ganso e as roupas de cama, a prataria da família e a porcelana estavam todos escondidos em segurança atrás de uma parede falsa no subsolo da casa de vizinhos. Nossa preocupação era que pudessem ser roubados pelos nazistas, mas quem sabia se conseguiríamos algum dia desfrutá-los novamente? Estávamos enregelados de frio e a menos de cinqüenta metros de tudo o que precisávamos para nos sustentar.

Só Fanka Melman trouxera porcelanas e prataria para o abrigo subterrâneo. Eu entendi por que ela o fez. Naturalmente, é muito humano alguém querer ter consigo alguma coisa pessoal, bonita. Coitada da senhora Melman, obrigada a viver debaixo do piso da própria casa. Ela era mulher minúscula, e talvez o apego obsessivo a sua preciosa jarra de água a tenha transformado para nós em objeto de certo escárnio. A afeição da senhor Melman — sua devoção — pela jarra, que em nossa vida anterior mal teria provocado um erguer de sobrancelhas, passou a ser era irritante. Em várias ocasiões eu desejei quebrar aquela peça, espatifá-la, e tenho certeza de que mamãe também. Ela ria e cochichava para Mânia e para mim:

— Do jeito como ela cuida da jarra, a coisa deveria estar num museu.

Mamãe jamais diria uma coisa dessas na frente da senhora Melman, mas esta sabia que assim pensavam Salka e todos os demais a seu respeito. Antes da guerra, um comentário desses teria sido recebido como uma brincadeira bem-humorada e bisbilhotice feminina. Não sei quantas vezes escutei as mulheres na cozinha lá de casa rindo de se engasgar, se arrebentando tanto de rir que eram forçadas a afrouxar as cintas. Se eu entrasse para verificar o que era tão engraçado, elas riam ainda mais alto, pois o tema da discussão não era para minhas "orelhinhas"; ou então me perguntavam quando eu tinha virado uma *koklefl*: uma concha de servir sopa, gíria para dizer "intrometida".

No entanto, mais do que a falta de conforto ou de comida, ou mesmo do que a realidade da guerra, o que me dominava o coração e deixava a mente em alvoroço eram as causticantes lembranças dos últimos dez dias, desde o massacre de 22 de novembro, durante o qual os nazistas assassinaram trezentos de nós, até a busca frenética por um protetor e a desesperada despedida de nossas famílias. Numa cidade como aquela, em tempos propícios, a morte de um de nós afetava a todos os outros. Em nossa tradição, uma morte rasga o tecido do mundo. Nós todos estávamos conectados. Pelos casamentos. Pelos negócios. Pelas amizades. Pelo trabalho. Pelas dezenas de organizações que sustentavam nossa comunidade.

Sem mais nem menos, minha mãe de repente me olhou e disse:

— Clara, você vai escrever um diário.

Fiquei atônita.

— Para quê? Eles vão nos matar de qualquer jeito.

— Se nos matarem, alguém vai encontrar o diário e saberá o que nós passamos.

Mamãe olhou para mim. Ela queria que eu começasse naquele momento. Encontrou um dos lápis que o senhor Patrontasch usava para mapear a guerra e o entregou a mim. Eu não tinha nada em que escrever, mas nem toquei no assunto — sabia que para mamãe não faria diferença. Aquela era Salka, o Cossaco. Verifiquei em torno e, apanhando um de meus livros, comecei a escrever nas margens. Mas só foi preciso começar para eu me envolver na tarefa. Seria um registro. Algo para eu fazer todo dia, alguma coisa com propósito. Era uma maneira de revidar.

Naquelas primeiras semanas, enquanto eu ia enchendo as margens de meus livros, tivemos que encontrar um modo de onze pessoas viverem praticamente em cima umas das outras num espaço menor que uma cavalariça.

Surgiu um conjunto de regras que tinham autoridade de mandamentos.

Regra número um. O senhor Patrontasch era o único autorizado a abrir ou fechar o alçapão. Por alguma razão, quando ele o fechava, a porta deslizava e se encaixava suavemente, sem um ruído. Quando qualquer outro tentava fechá-la, a porta protestava com barulhos que podiam significar a morte.

Regra número dois. Privacidade e recato eram agora coisas do passado. O "banheiro" ficava na trincheira depois da esquina do principal espaço de convívio. Na primeira vez em que usei o balde fiquei mortificada. Dias depois, a sensação de constrangimento havia passado.

Regra número três. Sempre seja amável. Uma nova formalidade emergiu em nossas relações. Nós nos conhecíamos desde tempos imemoriais, mas agora todo mundo era senhor X ou senhora Y, e cada pedido vinha precedido de "por favor" e "por gentileza". Tudo isso se manifestou momentos após nossa chegada.

Regra número quatro. Nada de reclamação. Nem do frio, nem da umidade, nem da terra. A senhora Melman fez um comentário sobre a falta de higiene, e os olhares que recebeu deixaram evidente a regra.

Regra número cinco. Cada família era responsável por sua própria comida e água. Faríamos rodízio para usar o fogareiro. Não compartilharíamos os mantimentos — os homens achavam que isso evitaria tensão entre as famílias.

Regra número seis. Nada de falar, se não fosse absolutamente necessário. Mesmo quando só estivessem em casa os Beck e não houvesse necessidade absoluta de silêncio, era uma questão de disciplina. De qualquer forma, podíamos ouvir os passos no andar de cima como se os Beck estivessem dentro de nossos cérebros, e também escutávamos a conversa deles. O piso de madeira acima de nós funcionava como um amplificador, reunindo as ondas sonoras e ampliando-as para nós. Dava para ouvir cada palavra; e até mesmo um interruptor sendo apagado. Quem sabia de que jeito soavam nossas conversas no andar superior? Nos dois lados do imóvel havia vizinhos, a uma distância inferior a dez metros, e nós nunca saberíamos se eles estavam do lado de fora, no quintal ou perto da residência dos Beck por alguma razão. Só existia uma maneira de ter certeza de não sermos descobertos: fazer silêncio.

O principal espaço de estar que criáramos ficava logo abaixo do quarto de dormir dos Beck, e não passava de três metros quadrados com altura de um metro e meio. O assoalhado do piso de madeira acima funcionava para nós como teto. Quando começamos a escavação, ele estava entrecruzado de gerações e gerações de teias de aranha. Os recessos das margens do piso acima de nós eram usados para guardar nossas roupas, que enrolávamos em trouxas atadas com barbante. Os alicerces de lajotas de pedra, que acompanhavam a planta da casa, cômodo por comodo, eram nossas paredes. Bem atrás da escotilha do alçapão tínhamos cavado um espaço para uma mesa de tábuas, que era usada para preparação da comida e para despensa. Na parede à esquerda do alçapão e ao longo da parede adjacente ficava a área de dormir. Tínhamos feito batentes de terra, que cobrimos com pranchas de madeira. Em cima das pranchas, colocamos os colchões de palha. Os Patrontasch ficavam na parede ao lado da escotilha. Os Melman e nossa família, na parede adjacente. Durante o dia, enrolávamos os colchões, abrindo espaço para sentar e comer com os pratos no colo.

No lado oposto à escotilha havia outra parede de lajes de pedra, que corria ao longo do corredor central da casa acima de nós. Ali construímos outra mesinha de tábuas para o fogareiro, contra a parede de pedra. Não queríamos o fogareiro próximo de superfícies inflamáveis. Removêramos pedras em quantidade suficiente para criar um "portal" para o corredor entre as duas paredes de apoio, que formavam um túnel de um metro e meio de largura sob o corredor acima. À esquerda do túnel colocamos nossos baldes de refugos. Mais adiante no túnel fizemos outro "portal" à direita, que levava ao abrigo original, o da tampa de terra.

Certa manhã, pouco depois de Klara ter se reunido a nós, o senhor Patrontasch acordou como se tivesse as idéias em ebulição. Sem dizer nada, pegou a pá e começou a cavar um pequeno buraco no centro exato do abrigo.

Todos o observávamos, curiosos e calados. Qualquer quebra de rotina era bem-vinda, e nada havia de rotineiro no senhor Patrontasch, baixinho e rotundo, cavando com a fúria de um possesso. Naquele abrigo tínhamos nosso Talmude de acordos. Como éramos três famílias vivendo uns em cima dos outros, quando alguém coçava a cabeça, a caspa enchia o ar. Se alguém botasse fogo no próprio pé, ninguém teria piscado. Portanto, por um longo tempo ficamos observando, através da neblina da fumaça de cigarro dos homens, enquanto o senhor Patrontasch cavava, tendo no rosto o sorriso de um gênio satisfeito consigo mesmo. Sua mulher, Sabina, não conseguiu agüentar por mais tempo:

— Não vou nem perguntar o que você está fazendo. Mas me diga: o que planeja fazer com a terra?

O senhor Patrontasch, porém, não respondeu e, apanhando uma fita métrica, mediu a profundidade do buraco. Com um resmungo, continuou a cavoucar.

Depois de mais algumas pás de terra, ele tornou a medir e, sem prestar atenção a nenhum de nós, colocou os pés lá dentro. Aos poucos, foi desdobrando seu corpo contraído até ficar de pé em posição ereta, com a cabeça rente ao teto do abrigo. Isso poderia ter sido uma cena de filme mudo. Mas não. Foi nossa vida. Tive um impulso de aplaudir, e todos tivemos que nos revezar para ficar de pé no buraco. Desdobrar o corpo, que tinha passado dias encolhido como uma sanfona foi um prazer que eu jamais me vira obrigada a experimentar. Se não fosse por Júlia, que graças a Deus nos levava ao andar de cima, a mim e a minha irmã, para ajudá-la na limpeza, eu não teria feito nenhum exercício físico. Esfregar o piso, arrumar a cozinha, lavar o banheiro... Não importava o quê — tudo para mim valia ouro.

A primeira vez que Júlia nos chamou lá em cima para encerar o assoalho, Mânia e eu, de joelhos, pegamos grandes polidores de pêlo de carneiro que eram calçados nas mãos como luvas. Ala chegou do trabalho e, ao nos ver de quatro no chão, sorriu.

— Não é assim que a gente faz.

Mesmo sem ser especialista em polimento, eu não ignorava como era feito. A primeira providência de Ala foi ligar o rádio e encontrar uma estação com música dançante. Então, tirou os sapatos e, calçando nos pés as almofadas de polir, começou a dançar com a música bamboleante. Mânia e eu seguimos seu exemplo e começamos a dançar, sozinhas, uma com a outra, tímidas a princípio, mais rápido, mais devagar, comicamente, nos exibindo, dançando frenética e alucinadamente, até ficarmos demasiado exaustas para dar mais um passo, e os pisos estarem brilhantes como espelho. Júlia nos recompensou com pãezinhos e água pura e gelada do poço lá de fora. A comida eu iria dividir com as crianças no subsolo; mas a água... saboreei sozinha.

E muito de vez em quando nós subíamos para lavar os cabelos. Não posso descrever o prazer que nos dava. O cheiro do sabonete e o luxo da água quente eram quase deliciosos demais para suportar. Júlia me derramava água quente na cabeça e enterrava os dedos em meu couro cabeludo. Eu queria que aquilo nunca tivesse fim. Lá embaixo, a água era medida às colheradas e, em geral, era fria; com freqüência tínhamos que escolher entre beber e nos lavar. Porém, lá em cima um fogão de lenha forrado de azulejos brancos desprendia um calor seco, e o ar se enchia do aroma de pão assando, sopa de beterraba, cogumelos e empanadas de queijo. Ainda que fosse apenas por alguns minutos, aquilo me bastava.

Com exceção de mamãe, que tinha asma e problemas na tireóide, a família sempre gozara de muita saúde, fato que eu costumava aceitar como ponto pacífico. Mas com uma epidemia no gueto e com onze de nós vivendo uns em cima dos outros, nos lavando uma vez por semana, respirando o ar úmido e mofado, causava-me preocupação a saúde de mamãe. Fora muita sorte termos vivido com um hospital atrás do muro do quintal, e também muitos médicos a curta distância. Mas naqueles dias, se houvesse uma emergência médica, não haveria médicos nem hospital. Nem sequer possuíamos um estojo rudimentar de primeiros socorros. Mas até então mamãe não tivera congestão nasal, nem chiado no peito. Não sentia calor quando tínhamos frio, nem sentia frio quando tínhamos calor. Sua garganta não estava inflamada; seus pobres músculos não doíam; seus cabelos não ficaram ressecados nem caíam. Ela nem ao menos se mostrava mal-humorada. Todos nós éramos a própria imagem da saúde.

Habituáramo-nos a contar com a visita de Beck uma ou duas vezes por dia. Ele, e não Júlia, que não podia descer ao abrigo, era quem, em geral, nos trazia a comida. Dava para ver que lhe agradava a companhia dos homens e que adorava conversar. Mas raramente se dirigia às crianças. Eu me sentia intimidada por Beck, e ficava nervosa de me aproximar, por muito que ele parecesse estar à vontade. Temia dizer algo que o irritasse ou que de alguma forma pusesse em risco nosso lugar no abrigo. Embora creia que jamais tenha dito alguma coisa capaz de irritar um adulto. Isso era tarefa de Mânia. Porém, vi que Beck reparou em mim e fez um ou outro comentário bobo sobre o fato de eu estar sempre com o nariz enfiado num livro. Morri de vergonha. Não estava habituada a que homens estranhos falassem sobre mim. Começava a perceber o quanto eu fora protegida. Os adultos com os quais conversava eram meus parentes, meus professores e os amigos de meus pais. Embora Zolkiew fosse povoada por centenas de Beck, visto de perto aquele homem me parecia tão exótico quanto um leão.

Em meados de dezembro, mamãe externou sua preocupação por não termos presentes adequados para dar aos Beck no Natal. Examinamos nossos objetos, e nada parecia à altura deles. Estavam arriscando suas vidas para nos salvar, e nós não tínhamos nada digno com que presenteá-los.

Alguns dias antes do Natal, o senhor Beck bateu na porta de alçapão, os olhos azuis brilhando de brejeirice. Nessa guerra havia alguma coisa que falava a Beck de aventura, e se algo nos trazia esperança era aquele olhar cintilante em suas luzidias, ainda que injetadas, íris azuis. Ele convidou as crianças — Mânia, eu, Igo e a Klarunia — para ir lá em cima, sem nos dizer por quê. Ao ver que não nos mexíamos, insistiu:

— Depressa, depressa, depressa...

Mânia chegou ao andar de cima num segundo. O senhor Patrontasch enxotou Klarunia escotilha acima, enquanto Beck se inclinava para nos ajudar a subir, um por um. Minha mente estava em alvoroço. Quem me chamava lá em cima para ajudar a limpar era Júlia; nem Beck nem Ala jamais o fizeram. O que ele quereria? Eu era obrigada a ir? É claro que fui, e deixei que sua mão forte me puxasse como uma saca de cereal, levando-me para o mundo ao rés-do-chão, de piso de madeira polida e tapetes orientais, onde outrora eu me sentira em casa. E aquele mundo pareceu especialmente estranho para mim, pois quem me conduzia para ali era Beck, e não Júlia.

Beck nos conduziu para fora do quarto de dormir e atravessou o corredor rumo ao banheiro de porta fechada, onde Júlia e Ala estavam à espera. Com um floreio, ele abriu a porta. Meus olhos foram direto para a janela, que era bastante alta para dispensar cortinas e enchia o cômodo azul-claro com a melancólica luminosidade de inverno do final da tarde. Mas um espadanar de água da banheira chamou minha atenção para baixo. Nadando na banheira cheia estava a maior carpa que eu já tinha visto. Devia ter uns quinze quilos. Na Polônia, o Natal sem uma carpa era impensável; até as escamas eram distribuídas e guardadas como amuleto da sorte. Aquela era bonita, gorda e flexível. As barbatanas dorsais eram do cinza azulado da alfazema desidratada, e as laterais, laranja-vivo e vermelho, como leques chineses. Nos anos precedentes à guerra, as ruas estariam repletas de vendedores de peixe com carpas vivas nadando dentro de tinas, baldes e pequenos tanques, qualquer vasilha capaz de conter um peixe. O pequeno Igo e Klarunia não conseguiam acreditar no tamanho do peixe, quase tão grande quanto eles próprios. A carpa era enorme e bonita demais para os Beck terem podido comprar. Perguntamos ao senhor Beck se ele a pescara.

— É melhor vocês não saberem.

Júlia ficou curiosa.

— Não foi você quem pescou?

Beck negou com a cabeça. Estava nos provocando, ou então não queria que a mulher soubesse onde ele tinha conseguido o peixe.

Mas ela era persistente:

— Onde o conseguiu?

— Do próprio Von Pappen.

Não podíamos acreditar no que ele dizia. Von Pappen era o comandante alemão da SS, o chefe de Beck e o homem mais temido de Zolkiew. Fora ele quem criara o gueto, ordenara a matança, extorquira nosso dinheiro. Beck o conhecera por intermédio dos comparsas de jogatina, Krueger e Schmidt, que eram policiais alemães. Beck tinha se apresentado ao comandante como um leal alemão étnico, e Von Pappen lhe confiara o trabalho de supervisionar o suprimento de bebidas alcoólicas do exército alemão. Era como entregar à raposa a chave do galinheiro.

Júlia insistiu:

— Um presente de Von Pappen?

— Não é bem um presente. Digamos que o peguei com o cozinheiro do comandante.

Beck se recusou a dar uma resposta direta. Tudo o que disse foi que Von Pappen ficara sem sua carpa de Natal e nós iríamos comê-la. Não sei se ele pegou a carpa do comandante porque era sua forma de afirmar a própria independência e autoridade, ou só porque lhe dava prazer. Fosse qual fosse a razão, o senhor Beck cresceu muito no meu conceito, naquele pequeno banheiro.

De minhas breves interações com Beck, eu estava começando a entender que ele era cheio de contradições. Tinha fama de ser anti-semita, mas nunca agiu senão com atitude amistosa em relação a nós. A única palavra que eu poderia usar para descrever esse homem tosco era "fascinante". Para cada um de nós ele era a personificação do encanto. Não se esperava que fosse instruído, mas era um patriota orgulhoso e tinha opiniões bem ponderadas sobre tudo, que mostravam seu ódio aos nazistas, aos ucranianos e a todo e qualquer indivíduo que abusasse do poder ou da autoridade. Ao ouvi-lo falar sobre gananciosos donos de terra e a corrupção no governo poder-se-ia jurar que era comunista; mas ele também detestava os comunistas.

Beck deixou que Júlia nos conduzisse de volta ao subsolo, e enquanto descíamos pelo alçapão, ela nos convidou para o jantar de Natal. Eu não tinha sequer pensado em um jantar inteiro. Achei que receberíamos algumas porções, algumas sobras. Mas é claro que Beck não exibiria a maravilhosa carpa só para nos provocar. Eu não me envergonhava de minha reação, mas tinha esquecido a sensação de receber semelhante presente das mãos de um gentio. Fazia anos que vinha me transformando cada vez mais numa sombra, num coração partido, num estômago vazio, num único pensamento monocromático de sobrevivência, e ali estava aquela mulher que me queria sentada à sua mesa de Natal. O convite chegou a meus ouvidos numa língua estrangeira. "Por quê? Por que eles estão fazendo isso?", eu me perguntava em silêncio. Por um momento, e por um só, essa fatia de luz engolfou a escuridão. A alegria — que eu sentira com tanta freqüência em minha vida e que os nazistas haviam afugentado — voltara por instantes. Tive a forte sensação de gratidão, paz e confiança. A carpa na banheira se transformara num símbolo da dedicação dos Beck à nossa existência. Eu também sabia que ia adorar aquele peixe, não por causa do lugar de onde ele vinha, ou de seu significado, mas por causa da fome que sentia. Ele seria marinado como arenque; gelificado numa galantina e frito na gordura como barbo. No entanto, quanto mais olhava a carpa na banheira, mais pensava na ceia de Natal e imaginava com qual de nossos pertences poderíamos demonstrar, de algum modo, uma parte, ainda que mínima, de nossa gratidão aos Beck.

Na tarde da véspera de Natal o esconderijo foi inundado pelos aromas maravilhosos das comidas preparadas por Júlia e, pela primeira vez em meses, tínhamos alguma coisa pela qual esperar. Ala levou para cima Igo e Klarunia e lhes deu balas, o que em si já foi um presente. Resolvemos dar a Beck um dos suéteres de papai. A bolsa de couro de mamãe seria para Júlia, e o pente de tartaruga de Mânia, para Ala. Mesmo sendo objetos usados, foram o mais próximo de presentes de verdade que conseguimos achar.

Naquela noite, quando fomos para cima, sabíamos estar nos arriscando muito passando tanto tempo fora do esconderijo, mas talvez o senhor Beck achasse que as SS e a Gestapo nos deixariam em paz na noite de Natal. Ninguém se preparou para o que nos aguardava quando emergimos do subterrâneo. Com as cortinas bem fechadas, a sala estava cheia da luz suave das velas. Havia até uma árvore de Natal, que Ala e seu pai tinham cortado no bosque em frente à estação ferroviária. A árvore estava decorada com velas e os ornamentos da família Beck, bolas de vidro, anjos e sábios feitos de raspa de madeira e papel.

Júlia e Ala puseram a mesa para catorze pessoas, com as melhores toalhas e porcelanas da senhora Melman. Júlia prepou todos os tradicionais pratos poloneses de Natal, e eu não atinava com onde eles teriam conseguido aqueles ingredientes durante a guerra, mas tudo o que ela disse foi: "Beck sempre dá o jeitinho dele". Ela o amava muito e se orgulhava dele, e o chamava seu mágico. Havia uma grande *challah*, a rosca de Natal, sobre a mesa, bem como os pratos tradicionais de sopa de beterraba ao creme de leite fresco, e empanadas com recheio de cogumelos e chucrute, além de muitos quitutes à base de carpa. Júlia apontou cada um dos pratos, dizendo seus nomes. Um deles era um *ryba zwdowski*, "peixe judaico", ou seja, *gefilte fisk*, peixe recheado. Naturalmente eu vira Júlia ajudar mamãe em dezenas de ocasiões, mas não imaginava que o prato fosse degustado no Natal, e menos ainda pelos poloneses. Guardei para mim todas aquelas especulações, mas tinha certeza de que estavam em meus olhos enquanto seguia os dedos de Júlia ao redor da mesa. Não sei por que isso me surpreendia tanto, tendo em vista que a carpa era um ingrediente básico de nossas dietas.

Embora tivesse freqüentado uma escola polonesa e tido amigos poloneses, aquela foi a primeira ceia de Natal a que fui convidada. A mesa estava repleta de muitas coisas que eu não entendia. Contei todos os lugares notei então que, em vez de catorze, eles eram quinze. Fiquei imaginando quem seria o convidado extra, visto que ninguém sabia que nós éramos "convidados" dos Beck. Júlia me viu olhar para o lugar e nos disse que era para o "convidado inesperado". Na Polônia inteira, a mesa da ceia de Natal era posta com um prato vazio, à espera de uma batida na porta que talvez trouxesse um estranho faminto. Era uma velha tradição polonesa. "Quando há um convidado na casa, então Deus está naquele lar", Júlia nos explicou. Eu vivera na Polônia a vida inteira e nunca soubera daquela tradição. Era difícil acreditar que houvesse tanta coisa que não sabíamos a respeito uns dos outros.

Meu pai ficou muito comovido. Ele ergueu a taça, dizendo:

— Então eu sei que esta noite sua casa está cheia de Deus.

A sala estava iluminada pelas velas, e por aqueles breves momentos a guerra pareceu recuar para a escuridão além do brilho das chamas. Todos nós sabíamos, claro, que a guerra continuava ali. Havia três semanas que estávamos no abrigo e, por pior que parecesse nossa situação, não tínhamos idéia do horror que nos aguardava. O gueto havia sido instalado fazia apenas três semanas. Ouvíramos falar dos campos e das deportações; testemunháramos o assassinato de nossos líderes judaicos e dos principais rabinos de Zolkiew; sabíamos que tínhamos pago o resgate de cada dia de nossas vidas com a riqueza da comunidade, mas não havia nada em nossa imaginação coletiva que nos preparasse para o que viria e para o que iríamos saber. Portanto, os sentimentos de boa vontade, gratidão e camaradagem empurraram nosso medo para os recessos mais remotos daquele belo recinto e de nossas mentes. Esqueci-me da guerra, e me concentrei no que tinha diante dos olhos à medida que os petiscos se moviam de lá para cá na mesa.

Júlia então estendeu a mão para o centro da mesa e retirou de cima de um prato uma cobertura de cetim bordado, revelando um enorme pão.

— Antes de começar a comer — ela explicou, apanhando a bandeja e colocando-a diante de meu pai —, cada um de nós comerá um pedaço deste pão.

Mais uma tradição que eu ignorava, mas que ecoava a nossa de começar as refeições com a bênção do pão.

O senhor Beck explicou o costume:

— Quando nós comemos o pão, perdoamos os pecados cometidos contra nós durante o último ano e desejamos felicidade para todos no ano vindouro.

Papai então explicou aos Beck nossas tradições judaicas da taça de vinho adicional para Elias, na Páscoa, e nossa expiação anual dos pecados no Yom Kippur. Mas sempre tínhamos parecido tão distintos dos poloneses, e por muito que eu soubesse sobre a religião deles — as histórias de santos, as missas em latim, os conventos enclausurados, as freiras que viviam por trás das grades, os rituais da sagrada comunhão e confissão, a idéia de ressurreição, a religiosidade dos camponeses da Polônia — ela era ao mesmo tempo familiar e estranha; reconfortante e assustadora. O fato de os costumes deles refletirem alguns dos nossos era estranho, maravilhoso e desconcertante, tudo ao mesmo tempo.

Mamãe comentou:

— Lamento que, em todos esses anos que nos conhecemos, este seja o primeiro Natal que passamos juntos.

Nessas palavras havia um pedido de desculpas por todas as vezes em que ela tratou Júlia como empregada, e não como amiga.

Júlia apenas sorriu, mas entendeu o significado oculto do que disse minha mãe. Todos os que devíamos nossas vidas àquelas pessoas entendemos. Mas nossa gratidão, mesmo inconfessada, deixou os Beck constrangidos. O senhor Beck se levantou e disse em voz alta, erguendo o copo:

— Que possa haver muitos mais.

Comecei a amar os Beck como a uma mãe e a um pai. Porque, ainda mais que meus próprios pais, o senhor e senhora Beck se tornaram responsáveis por minha vida, e pelas vidas de todos os demais. Eles arriscavam a própria existência por nós, e também a de sua filha.

Houve risadas, piadas e brindes. O gosto pela vodca era algo que judeus e poloneses tinham em comum — os homens, pelo menos. Àquela altura, as ruas lá fora estavam cheias de gente cantando canções natalinas, e suas vozes se somavam à maravilha da noite. Os poloneses eram profundamente religiosos, e em geral as canções eram cantadas não só com vigor, mas também com devoção e amor. Depois da *kutja*, tradicional prato polonês feito de grãos de cevada, nozes e mel, um de meus favoritos desde a primeira colherada que provei, Júlia e Ala tiraram os pratos. Então, chegou o momento para nosso próprio recital de canções natalinas. As cortinas estavam fechadas, e nossas vozes, erguidas em conjunto com as dos Beck, não teriam atraído nenhuma atenção. Pela primeira vez em anos, senti que tinha motivo para cantar, e estava bastante segura para fazê-lo.

Ala, o senhor Beck e Júlia começaram a cantar: *Jezus Malusienki* (Jesus, Menino Celestial), *Przybiezeli do Betlejem* (À cidade de Belém), *Pójdzmy Wszyscy* (Vamos todos lá), *Dzisiaj w Betlejem* (Alegra-te, Belém), *Gdy sie Chrysthus rodzi* (Deus nasceu), *Wsrod Nocnej Ciszy* (No meio da noite silente), *Lulajze Jezuniu* (Acalanto ao Menino Jesus); todas canções que Mânia e eu conhecíamos havia anos. Alunas que éramos de escolas polonesas, onde o ensino estava a cargo de freiras, tínhamos cantado esses cânticos de Natal desde os cinco anos de idade. Nunca nos preocupamos em partilhar com nossos pais esse aspecto de nossa educação, daí se pode imaginar a surpresa deles quando nos juntamos ao coro. A voz de Mânia soava belíssima ao tecer harmonias com as vozes dos demais, cantando em tons acima e abaixo dos deles.

Passáramos três semanas sentados no máximo silêncio possível, pesando e julgando a conseqüência de cada sílaba antes de pronunciá-la. Muito pouco houvera da modalidade normal de conversa, com palavras acrescentadas aqui e ali para comunicar afeição, divertimento, raiva ou frustração. E agora ali estávamos nós, cantando, se não na máxima altura possível, pelo menos com tanta emoção e alegria quanto Mânia e eu jamais havíamos cantado. Olhar para o rosto de meus pais, e também para os dos Melman e dos Patrontasch, nos deu a sensação de havermos pregado uma maravilhosa peça em todos eles... Foi como se nós, duas meninas judias, tivéssemos conspirado por anos para fazer aquela brincadeira. Naquelas curtas horas lá em cima com os Beck, não houve guerra, nem gueto, nem fome, nem medo. Terminadas as canções, Beck deu um salto da cadeira, muito empolgado, e correu para o armário, de onde apanhou presentes envoltos em simples papel de seda ou de jornal. Ficamos atônitos. Era a festa deles. Nossos presentes embora de segunda mão, eram todos para os Beck; mas católicos presentearem os judeus era algo que eu nunca vivira nem ouvira falar.

Beck tinha feito um ursinho dançante para o pequeno Igo, e Ala deu a Klarunia uma de suas bonecas de pano. Beck tinha maços de cigarro para os homens, e imediatamente os pacotes foram abertos, os fósforos, riscados, e o salão ficou cheio de fumaça, com os homens soprando e tragando como se o mundo fosse acabar, contentes, saciados de comida, embriagados e felizes. Ala presenteou Mânia com um de seus pentes, que ela imediatamente prendeu nos cabelos. Mânia correu ao espelho para ver como ficara. Beck me entregou um pacote embrulhado em jornal. Era achatado, e a princípio desejei que fosse um livro. Eu estava doida por um livro novo. Abri o pacote e achei dentro um caderno de redação, de capa preta e miolo de papel pautado, igual aos numerosos cadernos de redação que usara em todos os anos na escola, e aos quais eu nunca dedicara grande atenção.

— Para nossa pequena escritora — ele disse. — Sei que você, um dia, Clarutchka, será uma famosa escritora, e só lhe peço que diga apenas coisas positivas sobre mim.

O senhor Beck sabia que eu estava escrevendo um diário e que não tinha onde escrever. Ele também me deu um lápis azul, no qual fizera uma porta muito fina com seu canivete.

O senhor Beck podia ver o quanto me alegrei. Sua presença ainda me intimidava tanto que com certeza meu agradecimento não correspondeu à profundidade do que senti. A vida inteira eu honrara meu pai acima de todos os homens. Na sombra e na luz da vida dele eu cresci, e me sentia segura e feliz. Papai, mamãe e o resto da família me bastavam. Eu achava que Beck quase nunca reparava em mim, se é que o fazia, e afinal de contas ele encontrara aquilo que se transformaria em minha salvação. Nossas vidas já não seriam mais escritas nas margens de livros descartados. O que nos acontecesse, fosse o que fosse, ficaria devidamente registrado em papel pautado, com lápis azul de ponta fina, num caderno de capa dura. Apesar de seu passado e de suas deficiências, Beck estava emergindo do confinamento e da redução dos mexericos e do preconceito e se tornando em minha vida alguém que me conhecia. Nenhum de nós pensava para além da guerra, ou para além de mais um dia de sobrevida, mas Beck sabia a importância do que acontecia conosco. Nossas existências — nossas histórias e a dele — tinham significado. Ainda que um caderno de redação e um lápis azul fossem as únicas armas de que dispuséssemos para lutar.

Houve outros presentes. Ele tinha lírios desidratados para Klara Patrontasch, que apresentou a ela com um sorriso encabulado e meio torto, como se estivesse tentando não sorrir, ou se não soubesse se estaria revelando demasiado no sorriso. Aquilo era a Polônia em 1942, e um homem casado não dava flores a uma mulher descasada, fosse viúva ou não, a não ser que ela estivesse no leito de morte ou já dentro do caixão.

Então veio uma batida na porta que silenciou a conversa, trouxe para dentro o terror lá de fora e nos despachou a todos, um a um, para o quarto de dormir e pelo alçapão abaixo. Ficamos atentos para descobrir quem era. Não se tratava da SS, nem da Gestapo nem dos Casacos Azuis (a polícia ucraniana, implacável em sua perseguição aos judeus). Era um coral natalino, amigos dos Beck, que batiam à porta querendo cantar para eles e convidá-los para a cantoria. Evidente que os Beck foram cantar em coro, e nós ouvíamos suas vozes na escuridão. Fiquei cantando junto mentalmente, até adormecer.

O dia de Natal foi passado no subterrâneo, e lá em cima o senhor Beck recebia seu irmão, sua cunhada e seu sobrinho, Wladek. Como não havia nada ameaçador para nós no andar de cima, não prestei atenção à conversa. Ouvi risadas, comentários em altas vozes, muitos brindes, muitos mais que os erguidos em nossa festa da noite anterior. Eu escrevia em meu diário, quando de súbito algumas palavras nos chamaram a atenção. Interrompemos imediatamente o que fazíamos. Mãos deixaram cair batatas. Livros foram abaixados. Facas, depositadas com delicadeza sobre o improvisado balcão de madeira. Entretanto, os homens continuaram a fumar, e a fumaça dos cigarros rodopiava pelo abrigo a cada girar de cabeça, flutuando em direção ao teto, ao encontro das palavras que vinham na voz de Beck, que era ao mesmo tempo baixa e conspiratória, orgulhosa e desafiadora; uma voz engrolada, o que significava que ele estava bêbado ao extremo. Todos conhecíamos aquela voz que então pedia mais vodca. Escutamos os passos de Júlia através do assoalho e o tilintar da garrafa nos copos. Aí, Beck começou...

— Ah, tenho para você uma inacreditável história de Natal!

O irmão ria.

— Pois espero que não seja muito comprida.

Beck passou a sussurrar, mas nós ainda conseguimos ouvir. Eu podia imaginá-lo se inclinando para falar com o irmão que nunca conheci. Podia imaginar a expressão nos rostos de Ala e Júlia, que eu sabia seria tão aterrorizada quanto a nossa. Mas é lógico que elas não iriam interromper Beck ou mudar de assunto. Permaneceriam sentadas ali, do mesmo modo que nós, abismados pelo desatino de Beck.

— Você conhece os Schwartz, os Melman, os Patrontasch?

— Claro que sim. Aonde acha que tenho levado meu cereal para beneficiar? Pelo amor de Deus, nós estamos na casa dos Melman. Todos eles são boa gente... em matéria de judeus. O que houve? Você exagerou na bebida?

Veio houve um longo silêncio. Minha esperança era de que Beck mudasse de idéia e não continuasse. Que ele tomasse mais uma bebida ou saísse pela tangente e contasse uma outra história sobre nós.

Nesse momento seu irmão voltou a falar alto de novo, demonstrando incredulidade:

— No subsolo?! Você ficou maluco?! Perdeu a porcaria do juízo?!

Eu sabia que Beck devia ter sorrido e feito um gesto de cabeça em direção ao abrigo debaixo do assoalho.

— Você se preocupa demais. Acabará morrendo de preocupação. O que deveria ter feito? Entregá-los aos malditos chucrutes?

— Mas nós somos *volksdeutsche*!

— Será que somos mesmo? Você sabe como os nazistas nos tratam. Se a gente pegasse fogo, eles não dariam nem uma mijada em cima de nós. Só estamos um degrau acima dos eslavos; e nem mesmo isso: meio degrau. Acha que vou deixá-los chegar e me dizer para matar os judeus? Feliz Natal, companheiros nazistas, e de presente para vocês nós estamos pagando os cachorros ucranianos para matá-los se derem um passo fora da linha!

— Você põe em risco todos nós por causa deles? Sua mulher? Sua filha?

— De quem pensa que foi a idéia? Da minha mulher! De Júlia! Ela tem mais coragem do que nós dois juntos!

— Não deve a eles droga nenhuma, meu irmão!

A voz de Beck começou a se elevar, o bastante para atravessar as paredes e chegar aos vizinhos. Graças a Deus o tempo estava gelado, e as janelas, fechadas.

— Não devo, é? Não devo?!

Até que enfim, Júlia disse:

— Valentim, por favor, não fale tão alto!

A voz dele baixou, mas não a intensidade.

— Em 1939, quando os malditos soviéticos nos despacharam a todos para a colônia em Bazalia, e Bandera mandou seus capangas começarem a nos queimar, tivemos sorte de escapar com vida. Aí os malditos soviéticos iam nos despachar para a Sibéria por termos abandonado a colônia; e você sabe quem comprou minha liberdade?

De novo sua voz começou a subir.

— Foi você, meu amado irmão? Foi você, meu companheiro alemão étnico? Não! Foi o judeu Melman aí embaixo que subornou os merdas dos comunistas! Se eu os abandonar, abandono minha honra! A vida toda eu odiei os judeus. E ainda odeio. Por quê? Como diabos vou saber? Mas foi um judeu que salvou a porcaria da minha vida inútil, que salvou minha sagrada esposa e minha amada filha... Venha cá, Ala, sente-se aqui com seu pai. Quero que minha filha olhe o pai dela e veja um homem, não um covarde. Eles podem me matar dez vezes seguidas...

Então houve um silêncio e algumas palavras que não conseguimos escutar, e depois o irmão e a esposa foram embora.

Meu pai murmurou:

— Ai, meu Deus... Estamos mortos.

Minha pobre mãe tentou neutralizar o sentimento de todos. Com otimismo, disse:

— Ele não iria trair o próprio irmão.

Então a senhora Melman sussurrou:

— Já a mulher dele... com ela a história é outra. Ela acha que é descendente da aristocracia polonesa.

A senhor Melman era a pessimista, enquanto mamãe era a otimista, que não se deixou intimidar:

— Ela só diz isso para se sentir superior. Um corcunda sempre se sente melhor quando vê que a corcunda do próximo é maior.

Ora, o que poderíamos fazer se o senhor Beck confiava neles? Teríamos que confiar também — quanto a isso não havia opção.

5

Eu vou para o gueto

De 12 de janeiro a fevereiro de 1943

> *Nesse meio tempo, as notícias do gueto têm sido ruins. Os irmãos do senhor Melman e também os do senhor Patrontasch saem escondidos à noite para vir a nossa casa. Há uma terrível epidemia de febre tifóide. Morrem de dez a quinze pessoas por dia. Na maioria são vitimados os jovens e os fortes. Foi assim que vivemos até 12 de janeiro, quando o irmão do senhor Melman, Hermann, chegou e disse que alguém chamado Lewicki tinha descoberto sobre nós. Decidimos voltar para o gueto.*

O PÂNICO SE ESPALHOU NO ABRIGO. Seríamos forçados a ir embora. Se Lewicki sabia, seria apenas questão de tempo até que os nazistas ou suas coortes de ucranianos batessem na nossa porta. Provavelmente seriam esses últimos, pois o próprio Lewicki era ucraniano. Sabíamos que eles matariam, além de nós, os Beck. Não poderíamos colocar em risco as vidas deles.

Não havia tempo para a mágoa por termos sido traídos por um vizinho cujos filhos tinham sido meus colegas de escola. Com muito risco, Hermann conseguira sair do gueto às ocultas e nos avisar. Tio Josek, em seu papel de policial, iria escoltar mamãe, Mânia e eu até o gueto, enquanto papai e o senhor Melman se esconderiam no abrigo subterrâneo da fábrica e planejariam outro esconderijo para nós. Os demais iriam mais tarde para o gueto com os Patrontasch.

Saímos de madrugada, antes de raiar o dia. Tio Josek nos instruiu que, caso nos parassem, devíamos dizer que éramos uma equipe de trabalho. Havia quarenta e três dias que eu não saía ao ar livre, nem respirava ar fresco. Fazia 20° abaixo de zero. Mamãe, Mânia e eu caminhávamos em aterrorizado silêncio, de olhos baixos, atrás de meu tio Josek. Tínhamos todos acreditado que, ao deixar o esconderijo, emergiríamos para a liberdade e nossas vidas de antes. Mas ali, naquela manhã glacial, só havia patrulhas de nazistas e policiais ucranianos. As ruas de meu bairro estavam desoladas, sem um só judeu.

No passado, ao caminhar por essas mesmas ruas para o gueto, eu poderia encontrar Uchka, Zygush, Zósia, Rela, Dudio, Josek, uma centena de outros amigos ou parentes. Nós iríamos parar numa das lojas da praça de colunatas para comer um doce, ou comprar castanhas assadas no braseiro, que enchiam as narinas da gente com o cheiro da maravilhosa fumaça misturada ao ar puro do inverno. Naquela manhã não havia cheiro de castanhas assadas. Em um dia normal, estaríamos as três de mãos dadas, ou andando de braço dado, rindo e conversando. Mamãe talvez fosse abordada por mulheres que lhe perguntariam onde conseguira o tecido ou o modelo de nossos vestidos novos. Haveria acontecimentos sociais e beneficentes a planejar; dispensários de sopa para os pobres a organizar; doação de roupas e aulas de corte e costura. Todas as coisas que exigiam a atenção de Salka, o Cossaco, eram organizadas em nossas caminhadas ao centro da cidade. Uma caminhada não era uma caminhada, e sim um evento social. Mas naquela manhã andávamos como prisioneiras, às quais não era permitido o luxo da conversa ou o simples presente da possibilidade de segurar a mão da mãe. Ao menos os nazistas que rondavam as ruas, de rostos jovens, estavam rindo e não prestavam atenção a nós. Pareciam conquistadores, sem a menor preocupação na vida. Com nossas roupas surradas e a postura encurvada, éramos invisíveis, pelo que me senti grata.

Josek nos escoltou ao longo das fortificadas muralhas de pedra, de doze metros de altura, da catedral e do mosteiro. A fronteira do gueto ficava na próxima esquina, onde a muralha dobrava para a esquerda e continuava a subir a rua Turiniecka. À nossa frente estavam os portões de arame farpado do gueto. Olhei para cima por um segundo e vi os guardas, antes de baixar os olhos para a neve suja sob meus pés. Josek sorriu e cumprimentou os guardas com um aceno de cabeça, enquanto nos conduzia para o interior. Nós não éramos nada. Bestas de carga levadas de um lugar para outro.

O gueto abrangia a maior parte do setor judaico da cidade. Parecia um pesadelo. Cadáveres ambulantes devorados pela fome se misturavam com os novilhos cevados, sentados nos cafés com suas melhores roupas, comendo e bebendo com o dinheiro que ganharam no mercado negro, ou pior ainda. Ouviam-se risadas. Dava para ver pelas janelas, mas era grotesco, como grotescas eram as caras deles. Eu não estava julgando ninguém; minha reação não chegou a tanto. Era medo, comum e simples medo, e tudo a meu redor se achava na periferia daquele medo. Desejava tanto voltar para o esconderijo, no qual, por mais apavorada que estivesse, eu me sentia segura, menos exposta, longe dos olhos daqueles policiais de casacos azuis e de rapazes alemães de rosto jovem, e de meus ex-amigos poloneses, sem saber quem iria nos vender por alguns litros de vodca...

Dois dias depois de chegar à casa de Uchka fomos avisados de que tudo fora um alarme falso. Podíamos voltar ao abrigo. Mamãe decidiu ficar para trás por algum tempo, na intenção de vender mais um pouco de nossas coisas. Mal sabíamos que toda aquela lingerie que mamãe comprava durante a tarde, entre xícaras de chá, e escondia nas gavetas da cômoda antes do retorno de papai a casa iria mais tarde salvar nossas vidas. Não sei quantos quilos de batata conseguimos por uma camisola de seda, mas foi uma quantidade expressiva.

Josek nos levou para fora do gueto. Mais um temor se somava a todos os outros temores: o de alguém nos ver entrar na casa. Os imóveis vizinhos eram muito próximos. Na primavera e no verão as residências ficavam ocultas umas das outras pelas grandes árvores frondosas que se alinhavam pela rua. Mas ali, no auge do inverno, as casas estavam tão expostas quanto cada galho de cada árvore. Eu tinha a sensação de que havia na rua tantos olhos quantas eram as janelas, e de que todos eles nos olhavam. Procurei qualquer movimento de cortina, mas não consegui ver nada. Beck, que nos aguardava, abriu a porta. Enfim, estávamos salvas, do lado de dentro. Os outros já estavam lá. Mânia e eu sucumbimos à exaustão.

Na manhã seguinte acordei cedinho. Talvez pareça loucura, mas por vezes o único momento que eu tinha para mim mesma era de manhã cedo. Onze pessoas num abrigo subterrâneo, mesmo sem trocar uma palavra entre si, podem representar muita distração. Era mais fácil escrever enquanto os outros dormiam, sem seus olhares de curiosidade. Ninguém perguntava o que eu vinha escrevendo, embora tenha certeza de que todos se questionavam se estaria sendo demasiado "pessoal", ou registrando, para algum leitor desconhecido, a mesquinhez que às vezes solapava nosso desejo de nos relacionar bem.

Mânia acordava em seguida e me buscava com o olhar, engatinhava para perto e me dava um beijo, e depois havia um beijo para papai. Tínhamos esperança de que esse fosse o dia em que mamãe voltaria do gueto.

Ouvimos uma batida na porta do alçapão, e o senhor Patrontasch rastejou sobre nossos corpos para abri-la. Como sempre, a porta se ergueu nas dobradiças com um suspiro satisfeito de uma porta de Rolls Royce. O senhor Beck nos olhava lá de cima, seu rosto emoldurado pelo alçapão, como um retrato austero e premonitório. Klara o fitou, achando que ele talvez a estivesse chamando. O senhor Beck adquirira o hábito, quando sozinho, de convidar a bela Klara a subir e lhe fazer companhia. Mas dessa vez eu sabia que ele não a convidaria, pois se ouviam as passadas de Júlia e de Ala movendo-se para todo lado no andar superior.

Aguardamos as notícias. Se ele estava de bom humor, vinha se reunir conosco trazendo uma garrafa de vodca que "liberara" do depósito de bebidas alemão, junto com cigarros e uma braçada de jornais. Mas o senhor Beck não desceu. Suas mãos estavam vazias. Limitou-se a dizer:

— Senhor Schwartz, uma palavrinha, por obséquio.

Meu pai se dirigiu à abertura. Eu nunca havia escutado Beck falar naquele tom. Ele nunca selecionara antes uma única pessoa para conversar. Só podia haver uma razão pela qual pediria para conversar com meu pai em particular. Alguma coisa devia ter acontecido a mamãe. O senhor Beck disse:

— Por favor, senhor Schwartz, esteja à vontade para ficar de pé.

O teto do abrigo mal alcançava um metro e vinte, e ninguém, nem mesmo a senhora Melman, conseguia ficar de pé, a não ser que estivesse com as pernas dentro do buraco que o senhor Patrontasch cavara. Meu pai estendeu seu longo arcabouço pela abertura do alçapão. Sua calça, que ficara larga demais para ele, era sustentada pelos suspensórios.

Mânia agarrou minha mão. Estava tão aterrorizada quanto eu. Os pensamentos se atropelavam em minha mente nos poucos segundos da conversa de papai com o senhor Beck. Mamãe fora morta, capturada, deportada, fuzilada, encarcerada, estava morrendo. Como em tantos momentos de pânico que atravessamos, aquele fez meu coração disparar, sabendo que envolvia o destino de mamãe. Outras mães foram mortas; outros pais, irmãos, irmãs. Mas não eram os meus, e assim, essa gratidão egoísta e culpada de que minha família estivesse incólume enquanto outras eram destruídas — eu senti — estava chegando ao fim.

Esforcei-me para ouvir o que o senhor Beck tinha a dizer, mas houve tanto tossir e mexer de pés que se tornou impossível ouvir sequer meus próprios pensamentos, quanto mais o que Beck falava a meu pai. Quanto barulho um grupo de gente é capaz de fazer sem dizer uma palavra! O respirar das pessoas soava como o rugido do vento. Talvez tenha sido minha própria respiração.

Meu pai se encolheu de volta ao abrigo, e o senhor Beck fechou a escotilha. Papai engatinhou em nossa direção. Por um momento, esquecendo-se de onde se achava, ergueu-se e bateu com a cabeça nos caibros de madeira e no assoalho acima. Sua cabeça começou a sangrar, mas ele não percebeu.

No tom prosaico que adotava quando obrigado a nos dar más notícias, papai nos disse que Uchka contraíra tifo, e que mamãe resolvera ficar lá para tomar conta dela e das crianças.

Todos interromperam o que faziam. Nenhuma batata continuou a ser descascada, nenhum copo de água a ser bebido. Os primeiros cigarros do dia ficaram nas bocas, sem acender, e até a senhora Melman baixou sua preciosa jarra.

Mânia rompeu o silêncio.

— Tifo! Tifo! Quando ela voltará? Papai, o senhor não pode deixá-la ficar lá. Mamãe vai morrer!

Meu pai comentou apenas:

— O senhor Beck teme o que poderia acontecer se o tifo entrasse nesta casa.

O piolho transmissor do tifo era um aliado dos nazistas. Eles tinham entrado de mãos dadas em Zolkiew. Todos havíamos nos tornado especialistas em tifo. Qualquer piolho vivo era nosso inimigo. O tempo todo examinávamos uns aos outros, procurando nos cabelos, nas roupas de cama e até no forro das roupas, onde eles gostavam de botar ovos.

Essas palavras eram uma sentença de morte para mamãe. Mânia se recusava a aceitá-las.

— Então a coisa é assim, papai? É só isso? Não!

Talvez eu estivesse apenas sendo egoísta e burra ao querer tão desesperadamente que mamãe voltasse. De todo modo, implorei a meu pai:

— Nós temos que trazê-la de volta, papai!

Eu tinha medo de parar de falar, porque enquanto Mânia e eu discutíssemos, e pedíssemos e implorássemos, haveria pelo menos um fio de esperança. Sabíamos que quando nos faltassem as palavras deveria haver um final, uma aceitação, a resignação.

Meu pai já estava resignado quando nos falou:

— Eu implorei. Ofereci dinheiro ao senhor Beck. Ofereci-lhe nosso negócio, tudo o que nós temos, mas ele tinha que dizer "não".

A sentença de morte de mamãe significava vida para todos os outros dentro do abrigo, e eu vi o alívio em seus rostos, sobretudo no da senhora Melman. Uma parte de mim a odiava; outra parte a entendia. Ela temia pela própria vida e a do pequeno Igo. Por muito que amassem mamãe, quem estaria disposto, sabendo das conseqüências, a trazer uma mulher infectada de tifo para dentro daquele lugar úmido e pouco asseado, de dez metros por catorze? As regras mútuas de sobrevivência nos punham em conflito uns com os outros, se não fisicamente, pelo menos em nossos corações. E, no entanto, estávamos condenados a viver uns com os outros, sabia-se lá por quanto tempo. Se alguma coisa acontecesse a mamãe (Deus me livre!) a senhora Melman seria obrigada a olhar para mim todos os dias em que partilhássemos aquele abrigo de piso de terra.

Ouvi a mim mesma dizendo a papai que eu poderia ir buscá-la. Escutei meu pai me perguntar como, e então lhe expliquei que eu podia conversar com Beck. Decerto quem estava falando não poderia ser eu — nunca contestara meu pai em coisa alguma. Nunca o contradisse. Nunca ergui a voz para ele. "Honrai pai e mãe", e eu o fizera. Porém, como poderia encarar uma vida sem mamãe? Em minha essência eu sabia que uma parte de mim iria morrer se ela morresse. Sabia que se porventura tivesse alguma força de vontade ou coragem, iria necessitar disso naquele instante; e se eu não a tivesse, minha existência nada significava. Vi a indagação nos olhos de meu pai e ouvi a falta de solidez em minha voz. Eu não sabia o que poderia dizer ao senhor Beck para demovê-lo da decisão, permitindo a entrada do tifo naquela casa.

Um dia depois, ou coisa que o valha, sentei-me à mesa da cozinha com Júlia.O senhor Beck havia saído. Ela não dizia nada, pois as duas sabíamos que não tinha autoridade naquela questão. Era com Valentim Beck e com mais ninguém que eu precisava falar. Engoli um copo de água, e Júlia ficou a postos de jarra em punho para me dar outra dose. Era um ritual. Se por alguma razão eu precisasse aparecer no andar de cima, Júlia sempre trazia água fresca e pãezinhos. Nem posso dizer a delícia que era aquela água e a culpa que eu sentia ao bebê-la.

Minha mente estava em polvorosa. Júlia atravessou a cozinha e voltou trazendo um pãozinho. Parti-o com os dedos e guardei um pouco num guardanapo para levar a Igo e Klarunia. Nem mesmo a morte iminente de mamãe poderia me impedir de levar sobras para as crianças. Os nazistas poderiam estar derrubando a porta e eu ainda estaria juntando migalhas para os pequeninos. Era um mero reflexo. Júlia reparou e trouxe para mim o que achei a princípio que fossem mais pães, mas eram *kasha knishes*, empanadas de batata e trigo sarraceno. Seus olhos castanho-escuros estavam cheios de compaixão.

— É o tifo, Clarutchka. O senhor Beck está com medo, e ele é responsável por tudo. Mas, pelo que ele sabe, Salka ainda não adoeceu.

Olhei para ela. Queria que Júlia me prometesse falar com o marido e conseguir a autorização dele para mamãe voltar para casa e nosso convívio, mas ela não o fez. Beijou-me o alto da cabeça e saiu do cômodo. Encarei o relógio; precisava entrar no gueto antes que fosse tarde demais. A cabeça de Ala surgiu no portal. Com um dedo nos lábios, gesticulou para que eu entrasse em seu quarto. Enrolei as empanadas e a segui.

Ala sussurrou:

— Eu levo você.

Não pude acreditar no que me dizia. Mal consegui responder:

— Seu pai não vai deixar que ela entre aqui.

Ala falava de um jeito tão despreocupado... como se estivesse me convidando a ver um filme no Teatro Águia.

— Sabe muito bem que papai não consegue me negar nada, Clarutchka. E, se a trouxermos de volta, ele a deixará entrar, e ninguém lá embaixo poderá dizer a meu pai uma palavra.

Não imagino que expressão eu teria no rosto ao ouvi-la.

— Seremos duas garotas saindo para se divertir.

Em Zolkiew? Em Zolkiew infestada de nazistas? Ala enlouquecera? E ela estava rindo!

— Que perigo pode haver nisso?

Eu vivia com medo, pendente da aprovação e da desaprovação do senhor Beck. Todos no abrigo vivíamos assim. Nunca discutíamos com ele, e nem mesmo discordávamos.

Ala era a única de nós que não tinha medo do senhor Beck. Desde que ela se tornou capaz de andar, seu pai a levava consigo quando ia a Lvov, a Varsóvia ou à Cracóvia. O pai a ensinara a pechinchar no mercado e a jogar baralho. Eles passavam momentos de convívio no começo da noite, rindo e dançando ao som da música do rádio. Para onde eles fossem, só andavam de braço dado; e se havia alguém capaz de desafiar Beck era Ala.

Não sei como convenci papai. Eu contava enfrentar contestação, mas o fato de ter concordado com um mero aceno dava bem a medida de seu desespero e senso de derrota. Meu pai, que tinha usado filactérios* todos os dias de sua vida e podia discutir com o rabino por horas e horas sobre as aplicações mais nebulosas do Talmude, não teve nada a dizer. Talvez ele ainda acreditasse em milagres. Estava enviando a filha do esconderijo seguro onde se ela encontrava para um mundo no qual, se descoberta, talvez fosse morta, além de causar a morte de todos no esconderijo. Também me surpreendeu a ausência de objeção da parte das outras famílias. Será que todos havíamos enlouquecido? Minha captura traria até mais perigo que o retorno de mamãe.

Não busquei encontrar a lógica no silêncio deles. Fiquei simplesmente grata. Iria entrar num mundo em que avisos colados em cada parede e em cada prédio proclamavam que dar guarida a judeus era *verboten*, proibido, e quem o fizesse estaria sujeito a punição pela morte; quem estivesse nas ruas depois do toque de recolher estaria sujeito a punição pela morte; quem entrasse no gueto estaria sujeito a punição pela morte; que aquele que ajudasse e apoiasse judeus de algum modo estaria sujeito a punição pela morte. Em nossa recente viagem ao gueto com Josek, dias antes, eu vira todos esses cartazes compostos nos atrozes caracteres góticos, para mim tão odiosos quan-

* Duas caixinhas de couro que contêm faixas de pergaminho com inscrições da Torá que se usam presas ao braço e à testa por ocasião das preces. (N. da T.)

to a suástica na bandeira nazista. Para meu pai não havia tempo para ponderar sobre sua decisão.

Eram oito da noite quando nós duas saímos. Ala disse que não havia motivo de preocupação. Repetiu que éramos apenas duas moças saindo para se divertir em Zolkiew. Eu tinha removido a braçadeira. Fazia uma noite límpida e fria. Meu coração batia com tanta força que eu temia que o barulho acordasse os mortos no cemitério. Havia uma camada recente de neve rangente, que explodia sob nossos pés com pequenos traques de estalo. Apesar do casaco espesso, eu estava congelada. As partes expostas — nariz, bochechas, pontas das orelhas, ficaram duras como porcelana e davam a sensação de que se quebrariam se fossem tocadas. Meus pés estavam congelados, apesar do feltro espesso e macio e dos dois pares de meias de lã. Mas demos graças pelo vento cortante e a temperatura polar — não tinha ninguém nas ruas.

Meu rosto ficou oculto sob o chapéu, os traços mascarados pelo cachecol. Tentei não pensar nos SS e na Gestapo, cujo quartel-general se instalara na velha mansão do governador, em frente ao parque onde costumávamos patinar no gelo. Ou nos ferozes policiais ucranianos que odiavam judeus. Eram mais propensos a atirar que os SS e a Gestapo juntos.

Ala e eu não tínhamos pensado nisso, nem em muitas outras coisas, no que dizia respeito a planejamento.

Ao avistar minha casa, na calçada em frente, tive forte desejo de atravessar aquela grande porta de madeira marrom e entrar na sala de estar onde minha cama fora colocada perto da estufa, de forma que mesmo nos invernos mais gelados Mânia e eu ficássemos muito bem abrigadas. Eu iria dormir e quando acordasse tudo estaria como era antes. Ala me flagrou olhando a casa. Puxou-me pela rua afora e passamos diante dos muros rosados do convento.

Embora não tivéssemos visto nenhuma patrulha, deveria haver alguma nas imediações. Seria difícil ouvir algo acima do ruído de nossas botas na neve.

Meus dentes batiam, mais de medo que de frio. E Ala me dizia em voz baixa:

— Não pare de falar, Clara, porque só assim seus dentes vão parar de bater.

Desde nossa saída de casa, Ala não falara sem cessar de todo e qualquer assunto. De todos os homens que tinham uma queda por ela, e eles eram tantos que não conseguia lembrar seus nomes; tantos rapazes solitários e armados, procurando ternura, carinho e até amor por parte da população que conquistaram. Ala falou dos filmes que vira e das roupas usadas pelas atrizes, e de como imitara o penteado de certa atriz, ou do quanto desejou ter o mesmo vestido daquela outra. Quem poderia suspeitar de que aquela linda moça, com sua conversa ligeira, estivesse arriscando a pele para levar pelas ruas uma garota judia a resgatar a mãe no gueto? Eu mesma mal podia crer.

O gueto estava bem à nossa frente. Acima de nós erguia-se a sinagoga, as paredes pintadas de branco luzindo ao luar. A silhueta da cidadela lembrava um navio-fantasma no meio da noite.

Quando chegamos à cerca de arame farpado, eu disse a Ala que ela já podia me deixar. A residência de Uchka não ficava longe, e eu não sabia por quanto tempo ficaria lá em cima. Poderia levar horas, e não queria que Ala esperasse sozinha no frio glacial, em plena vigência do toque de recolher. Ela já fizera bastante; porém, insistiu em ficar comigo.

Estacando diante do gueto, já não éramos mais duas garotas à cata de diversão numa noite fria em Zolkiew. Se nos detivessem naquele momento, não haveria modo de nos safar só na conversa. Nem mesmo todo o encanto brejeiro de Ala nos ajudaria, nem a música de seu riso, nem a luz irresistível de seus olhos.

O apartamento de Uchka ficava a três casas de distância do Conselho Judaico. Ali sempre acontecia alguma coisa no horário noturno. E aquilo queria dizer que os SS e a Gestapo andariam por perto.

Insisti com Ala que retornasse. Prometeu-me em voz baixa que o faria. Esgueirando-me entre os fios de arame farpado, saí andando tão depressa quanto possível. Mas logo ouvi passos à retaguarda. Tive medo de me virar, mas precisava fazê-lo. Era Ala. Seu olhar e tão decidido que eu soube que não adiantaria discutir.

Quando entrei no edifício, Ala se escondeu num portal do outro lado da rua. Eu estava mortalmente apavorada de bater na porta.

Mal conseguia levantar um pé depois do outro. O que encontraria por trás daquela porta?

Bati. Houve um silêncio muito longo. Ouvi a voz cautelosa de mamãe:

— Quem é?

— Sou eu: Clarutchka.

Mamãe abriu a porta. Não dava para saber se estava contaminada. As pústulas não afetam o rosto, as palmas das mãos ou as solas dos pés. Disse apenas:

— "Vá para casa!" — Sua expressão estava cheia de fúria e incredulidade ao ver como sua filha tão esperta podia ser tão burra.

Tentou fechar a porta na minha cara, mas meti o pé na frente e me enfiei dentro do apartamento, fechando a porta atrás de mim. Mamãe não me deixou avançar mais que alguns centímetros e me bloqueou a passagem.

A sala estava cheia de gente em sofrimento. Pude ver Uchka e o primo do marido dela. Mas não consegui enxergar mais nada, pois o recinto se achava às escuras, para proteger da luz os olhos sensíveis dos contaminados. Qualquer luminosidade causava dores de cabeça lancinantes. O fedor era tão intenso que eu quase lhe sentia o gosto, e tive que lutar para manter no estômago os pãezinhos que comera na casa dos Beck. O rosto de mamãe estava vermelho, e ela transpirava.

— Mamãe, mamãe, você tem de voltar para casa! — Eu chorava. Fiquei olhando para o rosto dela, tentando examinar seus braços e mãos, mas não era capaz de ver nada. Petrificada, não conseguia perguntar nada, também.

Mamãe ficou repetindo a frase:

— Vá para casa, vá para casa, vá para casa...

— Mamãe, por favor, a senhora não pode ficar doente. Não pode!

Agarrando suas mãos tentei lhe arregaçar as mangas, para ver se tinha feridas nos braços. Soltando-se, ela me agarrou pelo pescoço, me forçou a sair pela porta e me atirou para fora. O empurrão foi tão forte que caí alguns degraus pela escada abaixo. Se não tivesse agarrado o corrimão, teria tombado ao pé da escadaria.

Mamãe estava me apavorando. Parecia uma louca. Ela jamais gritaria comigo. Mas aquela mulher ainda gritava:

— Acha que eu posso abandoná-la? Acredita que ela me abandonaria? Pensa que você largaria sua irmã caçula? Que eu deixaria você? Vá embora! Vá para casa antes que a peguem! Seu pai sabe que você está aqui?

Só consegui acenar que sim. Mamãe balançava a cabeça, com ar de quem não entendia, como uma espécie de estupor que lhe transformou o rosto vermelho num rosto branco de náusea.

— Seu pai a deixou sair? Ele deixou?!

Fiz que sim. Mamãe não disse mais nada. Não me falou se estava doente ou não. Nem se Uchka ia viver ou morrer. Não pude ver Zygush e Zósia. Eu não sabia se eles estavam naquele quarto cheio de enfermos ou alhures, em segurança. Ela não me disse se voltaria para casa ou se ficaria no gueto. Sem uma palavra de despedida, sem um beijo, um aceno ou um toque, tornou a entrar e fechou a porta.

Fiquei olhando fixo para a porta. Mamãe jamais falara comigo com tamanha fúria. Suas ordens em geral eram dadas com afagos, sorrisos e beijos. Ela nunca precisara erguer a voz para mim. Não sei se era por eu ser uma criança tão dócil ou viver num mundo benevolente, protegido por todo lado de qualquer coisa que me pudesse ferir. Mas naquele momento eu tinha que descer as escadas, caminhar pelas ruas geladas ao encontro de meu pai e minha irmã, sem minha mãe. Nem por um segundo eu cogitara que mamãe não voltaria para casa comigo.

Na rua, Ala me viu sozinha. Afirmei que mamãe não viria conosco. Ala me deu o braço e começou de novo a tagarelar. Voltamos a ser duas garotas sem nenhuma preocupação neste mundo. Durante o trajeto, não ouvi nada do que ela dizia. Mortalmente assustada, eu chorava, e as lágrimas congelavam imediatamente em meu rosto. Aquilo não me importava — eu não sabia se voltaria a ver minha mãe. Como iria dar a notícia a meu pai e minha irmã? E, mesmo aflita e temerosa pela vida de mamãe e de Uchka, só queria voltar ao abrigo, onde estaria a salvo. E não me causa vergonha nutrir tais pensamentos egoístas.

× × ×

Quando Ala destrancou a porta, Beck estava esperando por nós.

— É melhor entrarem logo — disse com irritação —, antes que a Gestapo inteira as veja!

Ala deu um beijo no pai e me puxou para a estufa, junto à qual tiramos as luvas para aquecer as mãos. Ala continuava a tagarelar, tratando nossa aventura frustrada como se tivéssemos estado fora comprando peixe no mercado.

Ao ver a filha segura dentro de casa, toda a raiva de Beck desapareceu.

— Olhem só para vocês duas. — Suas mãos apalpavam o nariz e as orelhas de Ala, para lhes transmitir calor. — Estalactites! Aí tem sopa. Tomem alguma coisa quente.

Mas não esperei pela sopa. Fui direto para o alçapão e bati, sussurrando:

— É a Clara.

A porta se abriu-se de imediato, e vi o rosto de meu pai logo atrás do rosto do senhor Patrontasch, e o de Mânia também. Não precisei contar-lhes nada, enquanto baixava ao abrigo.

Papai queria saber da aparência de mamãe. Eu lhe disse que ela parecia estar bem e que eu não vira nenhum sinal da doença. Mais tarde, quando todos nos havíamos deitado, Mânia cochichou em meu ouvido:

— Ela estava mesmo bem? Nossa mãe está viva? Conheço você; talvez tenha ficado com medo de dizer a papai.

Falei para minha irmã que mamãe agira como louca e que me agarrara pelo pescoço, jogando-me escada abaixo. Vi que Mânia estava tentando conjurar a imagem de mamãe lúcida e saudável, como se isso bastasse para nos sustentar, caso ela nunca mais voltasse para nós. Minha irmã sorriu, como se pensando na zanga de mamãe por papai ter me deixado sair.

Tentei adormecer, mas foi impossível. Eu não estava absolutamente cansada. Queria dormir para poder parar de pensar no que seria um mundo sem mamãe.

6

A solução final

De fevereiro ao começo de abril de 1943

> *Estamos no século XX. É inacreditável. Eles estacionaram caminhões sob uma janela e jogaram as pessoas e as crianças dentro dos caminhões. Alguns da Gestapo estavam usando machados. Um deles matou a machadadas Nusick Lichter, um menino de doze anos, sobrinho dos Patrontasch. Os judeus restantes foram levados em bando para uma rua; dessa vez Josek, Rela, Uchka e as crianças tiveram sorte.*

O SENHOR BECK TINHA A CONSIDERAÇÃO de ficar indo e voltando do gueto, no afã de nos manter informados da condição de Uchka e da saúde de mamãe. Contou-nos que passava horas e horas esperando do lado de fora do gueto, bebendo e conversando com os policiais e seus amigos até poder trocar uma palavrinha com Josek. Tentava nos animar com a notícia de que os russos tomaram de volta Stalingrado, na batalha mais sangrenta da guerra. Mas aquela cidade ficava muito distante, e a nós preocupavam mais as pessoas que morriam todo dia no gueto. Beck ficava a observá-las sendo empilhadas em carretas que eram empurradas até o cemitério; examinava as carretas para ver se Uchka ou mamãe estavam nelas, enterradas sob os corpos do alto da pilha. Aguardava por notícias sobre os judeus mortos, para poder nos passar o informe de que mamãe continuava viva. Josek disse a Beck que ele e Rela estavam tentando encontrar alguém para cuidar de Uchka, para mamãe poder voltar. A sorte é que o gueto fazia limite com a rua principal de Zolkiew, ou então Beck não teria sido capaz de passar tanto tempo à vista da janela de Uchka enquanto bebia e tagarelava com seus amigos, a caminho de casa, depois do expediente de trabalho.

Embora partilhasse conosco toda informação obtida, ele sempre nos lembrava de que não deixaria mamãe entrar de volta na casa, de jeito nenhum. Sempre que Beck dizia que a sobrevivência do grupo importava mais que a vida de qualquer indivíduo, eu tinha vontade de gritar com ele, e também com a senhora Melman e a senhora Patrontasch, que ficavam cochichando depois de cada informe. Mas externamente eu era a própria visão da calma. Nós nos tornamos ainda mais formais uns com os outros, usando "o senhor" e "a senhora" para nos dirigir aos demais. Ciente das normas, não contestei, nem supliquei, nem implorei, nem barganhei pela vida de mamãe. Eu cozinhava nossas batatas, distribuía água em lugar de mamãe, lavava os pratos, levantava nossos estrados toda manhã ao acordarmos, mas o sentimento era pior que uma mentira, pois me sentia como se estivesse traindo minha mãe. Os dias se dissolviam num borrão, comigo agindo maquinalmente. À noite, Mânia e eu cochichávamos e rezávamos.

Três dias após minha excursão ao gueto com Ala, ouvimos a porta da frente se abrir e os passos de Beck se encaminharem ao alçapão. Ele não estava sozinho. Bateu na porta, e Patrontasch apressou-se a abri-la. Mamãe nos contemplava lá de cima. Beck a ajudou a descer, e caímos nos braços uns dos outros. Nós quatro. Eu só dizia "Mamãe!" o tempo todo. Pelo canto do olho vi a senhora Melman a ponto de dizer alguma coisa, mas, antes de qualquer palavra, a voz do senhor Beck invocou certa autoridade:

— Nem um pio. Se Deus escolheu trazê-la de volta, então é a vontade Dele. Nem um pio.

E foi embora. Não se discutiu o tifo, ou os piolhos, ou a necessidade de encharcar mamãe de desinfetante, embora ela tenha subido para tomar um banho, pouco depois de chegar. Contou-nos que, doente como estava, Uchka ficava dizendo que não podia morrer e que Zygush e Zósia eram o remédio dela. Mamãe nos disse que certa vez Beck passou horas e horas do outro lado da rua, sem sair dali, e que ela agradecia a Deus por causa dele. Em seguida perguntou a meu pai onde arranjara dinheiro para comprar sopa para Uchka e os demais. Todo dia Josek lhes levara uma panela de sopa, dizendo que vinha de nossa parte. Meu pai não dera a Beck um único *zloty*.

No andar de cima, Beck começou a cantarolar uma canção popular alemã intitulada *Tudo está bem quando termina bem*. Essa canção se tornaria sua marca registrada, o sinal de que podíamos sossegar: os nazistas tinham ido embora; nós podíamos falar; qualquer perigo que tínhamos enfrentado já não representava ameaça. Ouvi-lo assobiar aquela canção me ergueu o ânimo quase tanto quanto o retorno de mamãe, porque em sua melodia singela estava a promessa de que tudo acabaria bem; que a fé de Beck era maior do que a nossa; que apesar de sua má fama e de seus pecados que motivavam tanto mexerico e desdém, ele se provava não só um *mensch*, um excelente ser humano, mas um *tzadik*, um dos justos, e que quando Beck dizia que estávamos nas mãos de Deus não era uma expressão de fé, ou um desejo de fé, mas sim a própria fé. Agradeci a Deus por mamãe e pelo fato de que Ele nos dera Beck.

Depois de nos abraçar e repetir muito que sentira saudade de nós, mamãe olhou o abrigo em torno e disse, rindo:

— Como senti falta deste lugar!

Aquilo foi a coisa mais engraçada que qualquer um de nós tinha ouvido desde a chegada ali, e naquele momento tudo foi esquecido. Eu já não detestava as outras famílias, nem lhes tinha ressentimento. Mais uma vez estávamos unidos. Naquela noite, Mânia e eu dormimos abraçadas à nossa mãe.

Um dia depois da volta de mamãe, Josek trouxe Rela para o esconderijo, com a permissão de Beck. O uniforme protegia Josek, mas a vida no gueto estava pior que a expectativa. Josek prometeu cuidar do filho deles e mandar notícias do menino por intermédio de Beck.

× × ×

O senhor e senhora Beck não eram apenas nossos protetores — eram também nossos mensageiros. De vez em quando eles iam a Mosty Wielke conferir para nós se Giza e Meyer estavam bem e levar notícias. Giza contou a Beck que toda vez que se convocavam deportações, o comandante alemão Krupp enfrentava os SS e não os deixava levar nenhum de seus judeus. O comandante se justificava dizendo que "o trabalho deles era importante para o exército; todos eram trabalhadores qualificados; o cronograma da produção não lhe permitia tempo de treinar novo pessoal", e assim por diante. Os judeus de cada aldeia da Galícia vinham sendo exterminados, mas os de Mosty Wielke permaneciam seguros. Então Beck nos falou que no começo de fevereiro o comandante foi substituído por um oficial da SS. Em questão de dias ele assassinou mil e quinhentos judeus, entre eles Giza e Meyer. Ficamos inconsoláveis. Giza, que amava representar e fazia apresentações em todos os grupos de teatro amador de Zolkiew; Giza, cuja risada rivalizava com a de Uchka e cujo rosto redondo e olhos escuros eram tão calorosos quanto uma estufa e tão doces quanto o chocolate mais escuro... estava morta. Era difícil imaginar nosso mundo sem ela. Como diria após qualquer outra calamidade, mamãe me pediu:

— Escreva, Clara, escreva!

Não havia nada mais que eu pudesse fazer. Esse sentimento de perda e amputação era agora nosso estilo de vida.

Dias depois, a irmã de Júlia, Maria, chegou histérica. Ela vivia na antiga casa de Beck fora da cidade. À medida que narrava sua história, nós podíamos ouvir cada palavra que dizia, em voz embargada e ofegante, que por vezes se erguia de pânico. Os nazistas haviam batido na porta dela procurando os Beck e os judeus que eles acobertavam. Graças a Deus Maria não estava em casa. Deixara de encontrá-los por questão de minutos, e soube de tudo por meio de um vizinho. Os policiais foram embora sem revistar a residência, depois de informados de que os Beck não moravam mais ali. Pegando um atalho, Maria correu pela floresta para nos avisar. Eu conhecia as matas e os campos que aquela pobre mulher atravessara, afundando-se na neve até os joelhos, encharcando e congelando os pés. As grandes extensões de campos tê-la-iam exposto a qualquer policial alemão ou ucraniano que a visse atravessar correndo um campo vazio — e ele a pararia para fazer perguntas. Mas, apesar do atalho, os nazistas, em seus carros, teriam chegado à casa dela.

Então ouvimos as batidas, os socos dados na porta, com os nazistas gritando:

— *Wir suchen juden!**

A irmã de Júlia escapou a toda velocidade pela porta de trás. Patrontasch apagou a luz e ficamos sentados no escuro em silêncio, cada um de nós sozinho com seu terror. Segurei a mão de minha irmã. Tínhamos medo até de respirar. Cada barulho vindo dos aposentos acima de nós soava mais alto que de costume. Rezei para que os nazistas nos fuzilassem, quando descessem para nos buscar. Rezei pelos Beck. Eu não sabia como eles iriam enfrentar os nazistas, nem o que pensavam naquele instante, ou se nos amaldiçoavam.

Ouvi os passos rápidos de Ala cruzarem o assoalho e a porta se abrir, e então ouvi sua voz arfante e destemida de dezoito anos dizer:

— O que os senhores desejam?

Eu não imaginava como seriam os rostos desses nazistas.

— Estamos procurando uns judeus. Sabemos que estão aqui.

Então Ala começou a dar umas risadinhas quase espremidas.

— Judeus? Aqui? Os senhores não sabem quem é meu pai? Ele tem desprezo aos judeus. Podem ir a qualquer taverna da cidade perguntar o que Beck acha dos judeus!

O suor me escorria da testa e entrava nos olhos. A entonação do policial era ameaçadora.

— Vou lhe dar uma chance de sobreviver. Onde estão os judeus?

Ala estava rindo, mas rindo de verdade.

— Tudo bem, está certo. Eu sou judia. Não estão vendo? Podem me levar.

---

* "Estamos à procura dos judeus!" (N. da T.)

O policial não achou engraçado e ameaçou prendê-la. Ala mudou de tática:

— Desculpe-me, mas a idéia é simplesmente maluca. Os senhores acham que eu estaria fazendo piada se houvesse judeus aqui?

Ouvimos Júlia, apavorada — com mais razão do que os nazistas pudessem suspeitar —, pedir a eles que perdoassem a filha, pois ela não passava de uma menina. Mas Ala ainda não calara a boca:

— Ora, mamãe... Acontece que nós nunca recebemos visitas, e eu estava apenas gracejando com nossos visitantes. Mas por que eles pensariam que uma leal família *volksdeutsche* iria esconder judeus?

O alemão respondeu:

— Não temos a liberdade de dizer.

Essa observação pareceu fazê-la perder a paciência:

— Os senhores nem imaginam como são as coisas para o nosso lado. Os poloneses, os ucranianos, todo mundo fica delatando uns aos outros. Vinte anos atrás, alguém vendeu uma porca; a porca era estéril. E agora, vinte anos depois, o vendedor da porca estéril é acusado de esconder judeus. Ai, meu Deus! Vejam só as horas! Estou atrasada para meu trabalho no correio. Posso ir embora?

Então se fez ouvir pela primeira vez a fala do segundo policial, jovem, melodiosa, e dava para notar que ficara encantado por Ala:

— Por favor, desculpem-nos pelo incômodo... Nós vamos embora. Temos outras informações a checar.

Ala não perdeu um segundo:

— Estão indo para o centro? Talvez eu possa ir andando com os senhores.

Depois de mais uns galanteios, os policiais se afastaram com Ala, e nós ouvimos a porta se fechar.

Beck saiu de casa pouco depois da filha. Quando voltou, veio direto ao esconderijo nos ver. Disse-nos que teríamos de ir embora. Ele não tinha escolha. Dava para ver o tormento em seu semblante, a profunda tristeza. Valentim precisava pensar na própria família. Papai lhe disse que diante das circunstâncias não havia nada mais que os Beck pudessem fazer. Valentim saiu em busca de Josek, que nos levaria de volta ao gueto. Não restava outro lugar aonde ir. Ninguém ficou histérico, nem chorou. Sabíamos que tal momento chegaria mais cedo ou mais tarde. Estávamos esgotados e exaustos. A conversa com Beck demorara menos de um minuto. Jamais uma sentença de morte fora comunicada com tanta brandura.

Mal havíamos começado a juntar nossas coisas quando Beck bateu de novo na porta. Espantou-nos ver que em lugar de Josek ele trazia consigo o meio-irmão de Melman, Gedalo Lauterpacht. Beck nos olhou a todos com olhos mais ardentes que o normal.

— Estamos todos nas mãos de Deus. Vocês podem ficar, e Gedalo ficará também.

Eu não sabia se Valentim era um louco ou um santo — mas nós iríamos viver mais um dia. Beck apanhou sua garrafa de vodca, e os homens beberam.

O que ignorávamos era que Maria estivera escondendo em sua casa Gedalo e o irmão dele, Hermann, além da noiva de Hermann, Lola Elefant, e o irmãozinho de Lola, Icio. Gedalo nos contou que, após a "visita" dos nazistas à residência de Maria, Hermann, Lola e Icio foram para o gueto, e ele viera para a casa dos Beck.

No decorrer dos próximos dias a situação no gueto foi piorando. As pessoas não tinham mais autorização para sair. Até os policiais precisavam de um documento especial para isso. Então, no dia 15 de março, dois caminhões da Gestapo chegaram e levaram para o campo de Janowska, em Lvov, todos os inscritos na lista de chamada matinal. Os detalhes nós ouvimos de Lola, que conseguiu escapar. Alguns dias após a deportação, Beck a trouxe até nós.

A visão dos cabelos dela deixou todos boquiabertos. Quando Lola tirou o chapéu, fios brancos como a neve caíram de dentro dele em avalanche. Lola tinha só vinte e poucos anos. Sussurrando, começou a nos revelar o que lhe embranqueceu os cabelos.

Quando ela, Hermann e o irmão Icio voltaram para o gueto, souberam que Zolkiew fora oficialmente designada pelos nazistas uma cidade de trabalho. Isso iria salvar a vida de todos. Os nazistas aumentaram o número de policiais judeus para ajudar a administrar esse grande contingente de mão-de-obra, e organizaram ensaios para demonstrar ao comandante as habilidades dos trabalhadores judeus. Na manhã do dia 15, o Conselho Judaico incentivou todos os homens a fazerem boa figura no processo seletivo, no qual receberiam um retalho de tecido marcado com W (de *wehrmacht*) ou R (de *rüstung*). Cerca de setecentos homens — pais, maridos e filhos — se reuniram na praça e foram encaminhados ao campo de esportes ao lado do teatro onde Mânia dera seu concerto.

Lola disse que, no íntimo, sentiu que alguma coisa estava errada. Hermann a instruiu a ficar no apartamento, mas ela foi para a rua observar. De repente os portões do gueto se abriram e o coração dela parou. Centenas de policiais alemães e Casacos Azuis atravessaram correndo os portões, cercaram os homens e os forçaram a um círculo cada vez apertado. Um carro oficial se aproximou, seguido de um comboio de caminhões. O general Katzman, da SS, saltou do veículo e ficou olhando os Casacos Azuis e a polícia alemã espancarem impiedosamente os homens para forçá-los a entrar nos caminhões, que esperavam.

Lola viu quando empurraram Hermann para dentro de um caminhão. Ele ergueu a cabeça para olhá-la nos olhos. Foi a última vez que o viu. No caos, Lola não conseguira achar Icio. Depois da partida do comboio, as mulheres correram ao Judenrat, gritando por respostas. Lola disse que sentira o chão fugir de sob os pés.

Por muitos dias sua dor foi tanta que a impediu de dormir. Lola apurou que os homens tinham sido levados para o campo de Janowska. No dia da chegada deles, um judeu matara um guarda da SS. Duzentos dos recém-chegados foram fuzilados. Lola não sabia se o noivo e o irmão estavam vivos ou mortos. Por fim, vencida pela exaustão, ela desmaiou. Quando voltou a si, seus cabelos haviam embranquecido. Desesperada, Lola não agüentou olhar as paredes do apartamento da família. Havia ali fantasmas e sofrimento demais. Assim, saiu de casa e ficou andando a esmo pelo perímetro do gueto.

Depois de uma hora, ouviu alguém chamar seu nome. Ao se virar, viu o senhor Beck parado junto à cerca. Tinha ido procurar notícias deles. Em voz muito baixa disse a Lola que voltasse ali naquela noite, pois estaria à espera dela. Lola não tinha idéia de que ele era um homem tão honrado.

Eu tinha minha família comigo, e juntos nós pudemos chorar Dzadzio, Giza e os outros; mas Lola venerava sozinha a memória de seus familiares. Não haveria nenhum *shivá*,* não haveria cerimônia fúnebre para as pessoas que ela perdera. Tudo o que lhe restava fazer era anotar em seu diário o que acontecera a seus entes queridos na noite da chacina de novembro, e então encontrar um dia a força necessária para nos contar.

Sua mãe e sua irmã Genia estavam fora de casa quando o massacre começou. Ela havia corrido para o porão com o pai, enquanto seu irmão Icio se escondia no sótão.

Quando o tiroteio finalmente cessou, Lola e o pai subiram a escada, cautelosos. Encontraram Icio preso embaixo de algumas colunas de metal que caíram sobre ele. Icio não teve tempo de vestir roupas quentes, portanto ficara preso no frio enregelante, com o rosto imobilizado e voltado em direção à janela que dava para a praça principal. Ele vira tudo. Ainda que desejasse, não poderia ter se virado. Testemunhou tudo desde o começo, como o comandante da Gestapo estabeleceu posições em todas as ruas e ordenou aos gritos que todos saíssem das casas. Em seguida, começou a caçada aos judeus. Quem não tivesse visto com os próprios olhos jamais acreditaria.

Lola ajudou Icio até ele conseguir movimentar um pouco os pés. Então escutaram um ruído, como se alguém estivesse lançando uma granada de mão no edifício próximo, e uma voz feminina gritou:

— Corram!

Acontece que o próprio chefe da Gestapo estava percorrendo as casas, uma a uma, à procura de mais judeus. Os três conseguiram correr para baixo e sair por um pequeno buraco no muro do quintal, e por milagre não foram vistos nem ouvidos. Depois, esgueiraram-

* Parte de um conjunto de costumes de cerimônia fúnebre do judaísmo. (N. da T.)

se de volta a casa para procurar a mãe e a irmã de Lola. No meio da praça estava parado um táxi cercado de judeus que foram forçados a se ajoelhar. Ficaram assim até o cair da noite, quando a Gestapo os fez caminhar para a estação ferroviária.

Lola escreveu em seu diário:

Quando olho para tudo isso, alguma coisa morre dentro de mim. Sei que na multidão conduzida ao trem estão minha mãe e minha irmã mais querida. Tenho o coração partido. Minha mente não consegue aceitar o fato de que elas estavam sendo conduzidas para a própria morte.

Ai, o som do apito quando o trem está de partida... Não sei o que me acontecerá daqui em diante. Acho que estou enlouquecendo.

O pai tentou acalmá-la. Eles saíram procurando gente que se lançou do trem, como fizemos Mânia e eu com Pepka Fisch. Conseguiram achar alguns que tinham estado no mesmo transporte e viram a mãe e a irmã de Lola. Genia mantivera a calma e consolara os outros, estimulando-os a saltar. A mãe queria que ela saltasse, mas Genia se recusou a ir sem ela. Enfim, a mãe concordou. Ajudou a abrir a janela e empurrou a filha para fora.

Passados alguns dias, duas moças que se jogaram de um trem ouviram alguém gritando em iídiche no pátio de uma fazenda. Era uma mulher, de roupas esfarrapadas e que não conseguia se mover de tanto haver passado fome e frio, mas que reconhecera as moças. Pediu a elas que encontrassem Lola e lhe dissessem que a mãe estava viva. Levara um tiro, mas a bala lhe atingiu de raspão a cabeça.

Estou eufórica por minha mãe estar viva... Comecei a procurar uma carroça, mas não há nenhuma para se alugar. Todas estão sendo usadas no transporte dos mortos. Que visão terrível! Cada carroça cheia de corpos, o sangue escorrendo deles. As ruas estão cobertas de sangue. Parece ter havido uma batalha em nossa cidade. Sinto o chão me fugir sob os pés. Tenho a sensação de estar caindo... Preciso encontrar uma carroça o quanto antes. Minha mãe está esperando lá desde a noite passada... Os momentos se arrastam... Finalmente encontro um carroceiro, a quem prometo um pagamento substancial, e ele parte. Mal posso esperar seu retorno. Saio ao encontro da carroça, e que visão terrível me aguarda! Em vez de trazer minha mãe viva, o veículo vem cheio de cadáveres; e no topo de todos, o dela. O ordnunger *Shultz me pergunta:*

— Você reconhece sua mãe?

Eu grito, desesperada — no alto da pilha está deitada minha mãe, a cabeça pendurada, no corpo apenas o vestido e um suéter fino; os pés descalços.

Uma gente tenebrosa roubou as roupas dela, além de não lhe dar abrigo, nem cuidados. Mamãe parecia adormecida. Era óbvio que só tinha morrido havia pouco, pelo simples fato de ter ficado ao relento, fraca e enregelada, sem ninguém que a cuidasse. Não consigo imaginar a morte terrível de minha querida mãe. Quando muito, três quilômetros a separavam de nossa casa... Enterramos mamãe numa fossa comum, junto com mais setenta.

Lola descobriu com o chefe da estação de Glusku, uma cidadezinha a caminho de Belzec, que sua irmã estava morta. Fora fuzilada. Enlouquecido de desgosto, o pai morreu mais tarde no gueto, de tifo. Ao ouvir, eu não podia deixar de agradecer a Deus por minha família; pelo fato de ainda estarmos juntos. Mas por quanto tempo, isso ninguém sabia.

Dias depois da chegada de Lola, Rela recebeu uma carta de Uchka dizendo que Josek contraíra tifo, mas que ela e Dudio estavam cuidando bem dele. A notícia da doença do marido inflamou Rela, sempre tão calma. Não houve argumento que a convencesse a ficar. Tentamos todos eles: que ela não podia correr riscos; que precisava sobreviver, pois o filho sobreviveria à guerra. Era como discutir com o rugido do vento. Rela amava o marido e queria ficar com ele, cuidar dele, devolver-lhe a saúde. Assim, mandou recado a Laibek

Patrontasch para que viesse buscá-la. Quando ele chegou, Rela mal se despediu de nós antes de permitir que a levasse de volta ao gueto.

O peso e a rapidez da partida de Rela foram atordoantes. Em nossas vidas não havia mais coisas simples. Nada de chegadas e partidas fáceis. Pouquíssimas conversas casuais.

Júlia ficava longe de casa a maior parte do tempo, com freqüência em Lvov, para descobrir o que estava acontecendo no campo de Janowska. Um dia conseguiu nos trazer uma boa notícia. Descobrira que Hermann estava vivo e que trabalhava na produção de óleo do campo. O noivo de Lola fora poupado: isso era mais do que ela se havia permitido sonhar.

Sempre graciosa e trabalhadeira, Lola sentiu a energia renovada. Era excelente costureira, e começou a fazer novos vestidos e suéteres, aproveitando tecidos usados e roupas surradas. Júlia também se pôs a trazer para casa meias dos alemães para cerzirmos. Lola era boa professora. Ela nos ensinou a desmanchar roupas velhas e fazer delas novos trajes. Ensinou a fazer cerzido e ponto de cruz. Em breve tínhamos no esconderijo nosso ateliê onde suávamos a camisa, e de forma bem literal, já que o tempo ficava mais quente. Mamãe, Mânia e eu nos dedicamos ao trabalho. Finalmente conseguíramos alguns afazeres que nos pudessem render algum dinheiro. Júlia levava nossos produtos para Lvov e os vendia no mercado.

E Lola trouxe uma outra coisa para o abrigo: o bom ânimo. Apesar de tudo por que passara, ela sempre tinha um sorriso para mim e minha irmã. Adorava ensinar, e cada um de nossos esforços era recompensado com grande aclamação, como se fôssemos estilistas de Paris.

Klara também se mantinha ocupada. Sempre que Júlia não estava em casa, Beck pedia a ela que subisse para ajudá-lo com alguma coisa. Suas camisas precisavam ser passadas. Algo necessitava de limpeza. Às vezes, ele vinha pouco depois de a porta se fechar às costas da esposa e da filha. Klara recebia olhares ao sair, e olhares piores ainda ao voltar. Ela descia, engatinhava para seu estrado e se sentava, com expressão desafiadora — e triste ao mesmo tempo. Eu não sabia o que estava acontecendo. Havia cochichos da senhora Patrontasch com o marido; cochichos entre as mulheres; cochichos entre os homens.

— Alguém tem que falar com ela.

— Patrontasch, faça isso, ela é sua irmã.

— Como Klara pode fazer isso? E bem na cara da mulher dele!

— Podemos todos morrer por causa dela!

Um dia, os homens, fumando, aguardavam Klara tornar a descer ao subterrâneo. Alguma decisão, não sei bem qual, fora tomada. Quando Klara desceu, os homens foram direto falar com ela. Eu jamais vira algo semelhante no abrigo. Eles pareciam juízes. Mas juízes assustados demais para julgar a acusada. Temerosos demais de que ela desafiasse a sentença dada por eles. Conscientes demais da própria falta de poder genuíno. As mulheres continuaram a descascar batatas. Levantei a cabeça do livro que lia pela décima vez.

Patrontasch falou, a voz baixa, nervosa, constrangida:

— Nós estivemos conversando, Klara.

A voz de Klara soou monótona:

— Tenho certeza de que estiveram.

Patrontasch foi igualmente comedido:

— Não sei o que está acontecendo lá em cima, mas, seja o que for, você precisa acabar com isso.

— Não quero falar no assunto.

— Nossas vidas dependem da boa vontade do senhor e da senhora Beck.

— Isso não é da sua conta.

— Óbvio que é da nossa conta! Ficou maluca?! Podemos todos morrer por sua causa!

Nesse ponto, Klara desviou a vista, e o irmão prosseguiu:

— Nós aqui somos três famílias. Os Beck são nosso barco salva-vidas.

— Deixem-me em paz. Não quero falar disso.

— Klara...

— Já chega! Deixe-me em paz!

Ela se afastou dos homens. Patrontasch e os outros ficaram olhando fixo para Klara, sem entender sua conduta.

Alguém lhe pediu para pensar nas crianças.

— Acham que não estou pensando nelas? Vocês não sabem nada. Agora, me esqueçam!

Os homens voltaram a seus cigarros e jornais.

Lola cochichou para mim:

— Dou graças a Deus por ele não me querer.

Foi assim que descobri que Beck e Klara estavam tendo um caso amoroso. Eu não conseguia entender essas coisas. Ninguém tinha casos. Eu mal sabia do que se tratava. Tinha quase dezesseis anos, mas nunca saíra com um rapaz, poucas vezes dançara, segurara a mão, ou mesmo ficara sozinha com um deles. No abrigo, não ficava pensando nas coisas que uma adolescente normal poderia pensar. Além dos nazistas, dos Casacos Azuis, dos SS e da Gestapo tínhamos mais um motivo de preocupação: o que iria acontecer se Júlia descobrisse sobre Klara e o marido? Que ela iria descobrir era inevitável. Mas, como todas as demais aflições, aquela nos fugia ao controle, e só aumentava nosso senso de resignação e impotência.

Dali em diante, cada vez que Klara ia ao andar de cima, eu prendia a respiração, como faziam os adultos, até ela estar de novo conosco, segura. Ninguém dizia nada. Ocasionalmente um olhar se erguia para o teto se o rádio era ligado, ou se havia um rangido das molas da cama, ou um ruído de pés andando, ou pior ainda, se as passadas paravam. Ninguém podia dizer nada a Beck. Eu só sabia que, por muito ruim que estivesse a situação, ela podia ficar pior ainda.

Em 25 de março, às cinco da manhã, deitados nos estrados, achamos que seria bastante seguro deixar que entrasse um pouco de ar fresco. Para tanto, removíamos um tijolo do alicerce. Narcisos e íris, com seus graciosos brotos verdes, estavam revivendo, e entre eles e as moitas a abertura não podia ser vista da rua. A senhora Melman muito se orgulhara de seu jardim, no qual costumava trabalhar com afinco. Com guerra ou sem ela, as tulipas surgiriam dentro de um mês ou dois.

O senhor Patrontasch sentou-se e disse:

— Escutem!

Era só o que precisávamos para nos colocarmos à escuta, audição em alerta para o menor ruído. A palavra era um alarme. Havia ruído de passos, muitos passos, mas não marchando, e sim arrastando os pés. De repente, acima do som de passos, vozes alemãs gritando:

— *Weiter, weiter!**

Então ouvimos os caminhões a tossir, movendo-se devagar. Dava para escutar na madrugada a explosão da descarga e o raspar da caixa de marcha. Patrontasch lembrou-se de apagar a luz, embora esta não pudesse ser vista da rua. Ficamos deitados no escuro, atentos. Todos tínhamos parentes no gueto. Todo mundo rezava. Vieram as passadas e os gritos. Houve algum disparo ocasional como se fosse bem junto à casa. Nós nos encolhíamos, sem saber se o disparo tinha sido para algum de nossos seres amados. Entre as três famílias, suas famílias imediatas e estendidas, seus parentes por casamento, deveria haver umas duzentas almas que compartilhavam nosso sangue e nossas existências.

Os gritos, berros e tiros continuaram pelo dia todo, pararam durante a noite e recomeçaram ao amanhecer. Temíamos dizer uma palavra que fosse. Não comemos. Não cozinhamos. Não sei se bebemos um gole de água. Como poderíamos fazê-lo? Todas as nossas lágrimas eram silenciosas, e nossas mãos se torciam e retorciam em gestos grotescos. Nossos corações se despedaçavam. Aquilo era o final. O fim do mundo. O fim dos judeus de Zolkiew. Era o nosso Tish'a B'Av, o nono dia do mês de Av, o pior dia da história do povo judeu. O dia das cinco calamidades e muitas mais. O dia que Deus decretou como sendo aquele em que os judeus vagariam pelo deserto do Sinai durante quarenta anos, para que pudesse morrer toda a geração que foi salva da escravidão no Egito; o dia em que Nabucodonosor destruiu e arrasou o Primeiro Templo, no ano 585 antes da era cristã; e o dia em que os romanos destruíram o Segundo Tempo, seiscentos e sessenta e cinco anos depois; o dia em que Adriano

---

* "O próximo, o próximo!" (N. da T.)

esmagou a rebelião dos judeus; o dia em que Jerusalém foi arrasada, um ano depois; o dia em que os judeus foram expulsos da Inglaterra em 1290; o dia em que Isabel expulsou os judeus da Espanha em 1492. Mas o que estava acontecendo daquela vez era pior que qualquer ocorrência da nossa história de cinco mil anos. Que coisa para testemunhar, sentados no escuro... No Tish'a B'Av nos advertiram que recitássemos as lamentações e as palavras de Jeremias. Foram proscritos todos os tipos de rejubilação por um período de três semanas. Nenhum casamento. Nenhuma dança. Nenhuma relação sexual. No abrigo, ninguém precisou proscrever nada enquanto os nazistas cometiam sua profanação. Ouvir os gritos de nossos amados e o tiroteio nos bosques distantes em que brincávamos na infância; o brejo cheio de pés de tifa e longos caniços, com peixes, aves canoras e flores silvestres. Era o Borek, o bosque onde passamos em piqueniques e risadas tantas tardes de verão. Nós proferimos nossos próprios lamentos em silêncio. Rezamos em silêncio. Fizemos jejum. Rasgamos a roupa. Naqueles momentos pavorosos tudo isso era para nós tão natural quanto respirar.

Enfim, ao anoitecer do segundo dia, não havia mais ruído de passos marchando em direção ao bosque. Não houve mais gritos, nem tiroteios. Não mais *Schnell! Schnell! Weiter! Weiter! Los! Los!** E então veio o pior: o silêncio. Ainda não conseguíamos falar com ninguém dentro do abrigo. Não sabíamos quem morrera e quem estava vivo. Não contei as balas e os disparos, o som atenuado pela distância. Ignorava o que acontecera com Uchka, Zygush, Zósia, Josek, Rela e Dudio. Como eu rezei! Sem palavras. Rezei de coração partido. Como eu amava todos eles!

Júlia nos disse que fitava pela janela e viu o pai do senhor Patrontasch olhar em direção a casa quando passou levado num caminhão. Ele estava fraco demais para caminhar até sua morte, portanto os nazistas tiveram a gentileza de colocá-lo no caminhão. Ouvi o soluço que subiu no peito do senhor Patrontasch, que ele suprimiu antes que alcançasse seus lábios.

---

* "Depressa! Depressa! O próximo! O próximo! Adiante! Adiante!". (N. da T.)

× × ×

Beck era nossa janela para o mundo; nossos olhos e ouvidos. E, ainda que eu visse em seu rosto o desejo de nos poupar do pior, ele não podia. Uma coisa era nos esconder, nos alimentar, arriscar a vida por nós. Mas, por compartilhar nosso luto, acho que ele acabou se transformando em um de nós.

Valentim nos disse que a fossa comum coberta com areia estava inchando e que o sangue emergia do solo. Informou-nos que o senhor Astman, o pai de Genya, a melhor amiga que já tive neste mundo e que morava em frente à igreja que acolheu meninas judias para salvá-las, se arrastara para fora da fossa sem um ferimento. Sem um arranhão. Era um milagre. O senhor Astman tinha toda a razão para ter esperança, *Hatikvah*, a canção que tantos de nós cantávamos a caminho da morte; ele tinha todo o motivo para ter esperança de que iria se salvar, pois um seu conhecido, um polonês, o encontrou. Eu não sabia se esse homem era um amigo. Imaginei o senhor Astman emergindo da cova, olhando para um céu de primavera com árvores começando a brotar, já que olhar em torno era demasiado horrível, e vendo o rosto de um amigo naquele que o encontrou. Imagino essa esperança que se lança para a eternidade, em direção para onde corre toda a esperança... que foi destruída no momento em que o senhor Astman viu o próprio destino nos olhos daquele amigo. O homem o levou à polícia, que no ato o matou a tiros.

Naquela noite, o senhor Beck trouxe ao abrigo Herr Doktor Professor Steckel e a esposa. Agora nós éramos catorze. Tínhamos criado mais espaço para dormir na área sob o quarto de Ala: espaço para engatinhar e se deitar. Por ser o único farmacêutico de Zolkiew, Herr Steckel fora autorizado a viver fora do gueto. Foi isso o que lhe salvou a vida. Até então eu nunca encontrara pessoalmente aquele casal de aparência sizuda. Não queria achá-los soberbos e arrogantes, porém foram essas as palavras que me ocorreram. O que eles devem ter pensado de nós — naqueles trapos, de rostos e olhos inchados de fome e de luto, braços e pernas manchados de feridas e arranhões infectados e purulentos — aqueles dois, usando roupas limpas;

ele, com seu sobretudo de lã e óculos de armação de metal fino, e ela, com seu casaco de pele de marta, fitando o abrigo em torno, procurando um lugar onde se sentar sem se sujarem?

Beck fez as apresentações. E não houve uma palavra de consolação, amizade, solidariedade, gratidão ou pesar. Eles sabiam o que houvera. No entanto, ao vê-los, poder-se-ia pensar que tinham acabado de chegar das férias. Só o dinheiro lhes podia permitir nos olhar como se fôssemos muito inferiores a eles.

Eu era bastante astuta para saber que Beck os trouxera por interesse financeiro. Isso estava escrito na testa deles. Entre Beck e nossas famílias nunca houve discussão formal quanto a dinheiro. Os Beck jamais nos cobraram nada em troca de proteção. Só pediam que cobríssemos a despesa da alimentação, nem um *zloty* a mais. Mas desde o começo de tudo nossas três famílias sentiram a obrigação de dar a eles tudo que pudéssemos, pois, afinal, arriscavam a vida por nós. Não importava quanto conseguíssemos lhes dar; jamais seria suficiente.

Beck continuava a falar com um sorriso, enaltecendo os Steckel, mencionando que para eles nós éramos o último recurso, e que ele tinha uma obrigação moral de salvá-los.

— Como eu poderia tê-los mandado embora? — foi o que alegou, e eu sabia que não haveria contestação ou protesto.

Eles eram judeus. Os nazistas queriam matá-los. Nós abriríamos espaço, portanto. Todavia, a vida era muito simples no abrigo. Eu não sabia se eles, recém-chegados a Zolkiew, tinham parentes ou se achavam a par das posições de meu pai, Melman e Patrontasch em nossa comunidade. Ou se conheciam o escopo da erudição de meu pai e a generosidade e compaixão de minha mãe. Nós, que distribuíamos a maior parte de tudo, tínhamos que prover outros. Vi os diamantes costurados no bolso especial do forro da blusa da senhora Steckel.

No meio disso tudo, meu pai começou a explicar como nós fazíamos rodízio para cozinhar e lavar. Papai informou aos Steckel o que era privativo de cada família e o que era compartilhado; onde ficavam os baldes; como eles eram esvaziados. Frau Steckel o interrompeu para dizer que Júlia iria cozinhar para eles. Tudo bem. Nós todos entendemos. Seríamos nós de um lado e eles de outro.

Precisávamos comer. Havia dias que ninguém punha nada no estômago. No momento em que as mulheres serviam as batatas cozidas nos pratos de esmalte, ouviu-se uma batida na porta do alçapão. Mas antes mesmo de Patrontasch abrir a escotilha, agrediu-nos o aroma de frango assado e empanadas. Não dá para descrever de outro modo. Júlia se ajoelhou ao lado da escotilha com a bandeja na mão. Frango, empanadas, legumes e pão. Pão acabado de sair do forno. A bandeja tinha que ser passada de mão em mão, de cada membro de cada família para o próximo, um verdadeiro corredor polonês de seres humanos famélicos. Ela passou sob o nariz de Igo e Klarunia, duas crianças famintas, e chegou aos Steckel, que pegaram a bandeja com avidez e se puseram a comer sem uma palavra ou um olhar para nós.

Não sei dizer por que razão não tomamos a comida deles. Mas para meu pai e os outros homens o decoro era transcendental. Os Steckel sabiam que todos nós estávamos famintos, e tínhamos certeza de que, com o tempo, sem pressão ou coerção, o casal iria partilhar seu alimento, pelo menos com as crianças. Coitados de Igor e Klarunia, com os olhos maiores que suas barrigas afundadas... O que eles estariam pensando? Nós tínhamos nossas regras, e para garantir a sobrevivência éramos forçados a obedecê-las. Por vezes elas eram truculentas, tanto quanto qualquer decreto nazista. Mas pelo menos eram nossas. Negar às crianças um bocado da comida deles me disse tudo que eu precisava saber sobre os Steckel e seu caráter.

Beck continuou a nos trazer notícias do gueto. Uchka e as crianças ainda estavam vivas, assim como Josek, Rela e Dudio. Porém, mais de quatro mil e quinhentos judeus tinham sido assassinados até então, e o gueto fora reduzido a duas ruas: Perec e Sobieski. Beck informou que surgia todo tipo de boatos espalhados pelos nazistas e seus agentes. Que os judeus sobreviventes não corriam perigo. Que os massacres terminaram e que no dia 6 de abril seriam distribuídos pão e geléia no gueto. Depois das matanças, para mim era impossível aceitar o fato de que algum judeu pudesse crer em mentiras semelhantes, mas eu sabia que naquela manhã do dia 6 muitos dos judeus restantes sairiam do esconderijo para se reunir, completamente exaustos, no afã de acreditar que dessa vez os nazistas não estavam mentindo, e ao mesmo tempo sabendo que era loucura abandonar qualquer ruína onde se ocultassem.

No dia designado, quando os judeus restantes se reuniram diante da loja da rua Sobieski, onde a comida deveria ser distribuída, não encontraram nem pão nem geléia. Só havia à sua espera os esquadrões da morte de Lvov.

Beck não podia entrar no gueto, nem bater de porta em porta para descobrir o destino de nossos parentes. Era demasiado perigoso. Nós não sabíamos do paradeiro deles ou se ainda viviam.

Naquela mesma noite chegaram a casa Kuba e Artek, dois dos irmãos de Patrontasch que tinham conseguido escapar do campo em Mosty Wielke. Mesmo tão preocupada com Uchka, Josek e as crianças, só pude sentir gratidão por dois dos irmãos do senhor Patrontasch lhe terem sido devolvidos. Kuba era um rapaz calado que se mantinha reservado, tão lacônico quanto Gedalo, mas Artek era como se também fizesse parte de nossa família. Da mesma idade de Uchka, era um dos bons amigos dela. Vítima de poliomielite na infância, estava careca e asmático e, em suas próprias palavras, não muito atraente. Nos verões, já que ambos sofriam de asma, Artek e mamãe muitas vezes se encontravam juntos no mesmo centro turístico dos Montes Cárpatos, onde o ar era puro e frio, distante do calor escaldante da fronteira ocidental das estepes. Os médicos costumavam rir e dizer:

— Que mulher não se sentiria melhor depois de passar seis semanas numa estação de águas com toda mordomia?

Todo dia às cinco da tarde os dois dançavam em tablados de madeira colocados no parque, com orquestras trazidas de Varsóvia, Praga ou Viena. Artek sempre convidava mamãe, excelente dançarina, para ser seu par, de modo a mostrar às outras mulheres jovens que o homenzinho careca de pernas raquíticas ainda era bom na pista de dança. O esquema sempre funcionava. Mamãe perdia o parceiro nos tangos, foxtrotes e valsas que enchiam as frescas noite da montanha, enquanto o sol poente lançava sua luz dourada por entre os altos pinheiros. Esses asmáticos dançarinos, talvez curados mais pela própria música, rodopiavam sorridentes através da luz e das sombras. Enxames de cupins minúsculos eram transformados em nuvens douradas, e os pinheiros e as flores silvestres perfumavam o ar. Artek e Salka dançando, mais irmão e irmã que amigos, conspirando numa trama que tornava Artek mais atraente. Mamãe se lançava com alegria a semelhante tarefa. Ela amava Artek, e eu sabia que eles a teriam exibido em seus vestidos de seda e cetim, e que Salka teria adorado os olhares de admiração das outras mulheres.

Naquele instante, Artek estava sentado no esconderijo. Testemunhara o assassinato de Giza na matança de 10 de fevereiro em Mosty Wielke e precisava nos contar a respeito.

Aconteceu no mesmo dia em que o campo foi assumido pelo oficial da SS chamado Hillebrandt. Sua primeira ordem para as tropas foi cercar o campo dos homens. Alguns deles fugiram, inclusive Meyer, o marido de Giza. Meyer foi metralhado ao tentar saltar sobre o arame farpado. Seu corpo foi deixado no local, sangrando. Então a Gestapo trouxe as mulheres e as fez desfilar diante da fila de homens. Muitos deles viram a esposa sendo levada para morrer e foram impotentes para reagir, com a Gestapo armada e à espera delas. Artek se achava na fila com os outros homens. Ele viu Meyer ser morto e Giza olhando fixo para o cadáver do marido. Artek chorou quando nos disse que tentou se desviar do olhar de Giza. Envergonhava-se por não ter podido fazer nada para ajudá-la, ou Meyer. Mas Giza o avistou e gritou seu nome. Artek não teve escolha — foi obrigado a sair da fileira para ir a seu encontro.

O resto dos homens e das mulheres foram encaminhados ao outro lado do campo, onde lhes ordenaram parar. Artek e Giza ficaram lá, sozinhos no pátio de chamada, guardados por um solitário oficial SS, que teve a caridade de lhes permitir que se despedissem. Giza abraçou Artek e disse que o amava, e começou a beijá-lo muito — parecia se agarrar a um dos últimos atos de humanidade que lhe restava expressar. Já não lhe sobrava vida; só seu amor, que dava a Artek, pedindo-lhe que dividisse tal amor conosco, as pessoas que amava, e que sabia estarem vivas no abrigo subterrâneo. Giza chorou, afirmando que, de toda forma, já não tinha mais razão para viver. Acabara de ver o marido ser morto. Pediu a Artek que vingasse as mortes deles.

O oficial da SS lhes permitiu ficarem ali por quinze minutos, no abraço da despedida. Então o nazista ordenou a Giza que tirasse seu lindo casaco, modelado como um sobretudo masculino, de *tweed* azul-escuro e gola de astracã. Foi tio Hersch quem o fez. O soldado gostou do casaco, e ela o despiu. Giza foi então levada de volta para junto das outras mulheres, e Artek se reuniu aos homens que permaneceram no campo. As mulheres foram conduzidas para fora do campo até o bosque, para onde os SS tinham conduzido vinte homens naquele mesmo dia, ordenando-lhes que cavassem as sepulturas. Artek não sabia se por iniciativa das mulheres ou por ordem dos nazistas, porém elas marcharam para a morte cantando *Hatikvah* (esperança).

Três séculos antes, Sobieski mandara pavimentar nossa cidade, com a ordem de que as pedras do calçamento acolhessem igualmente bem cristãos e judeus. Nossos antepassados caminharam por aquelas ruas com a nova esperança, uma *Hatikvah* pessoal, de poderem viver, prosperar, rezar e criar em paz suas famílias nesse lugar. Durante a maior parte desses trezentos anos, o legado de Sobieski foi como um pálio, uma *chuppah*, que nos casou, cristãos a judeus, e nos protegeu. E agora, o sangue lavava essas mesmas ruas de paralelepípedos.

Antes do final do dia ficamos sabendo que Uchka, Josek e Rela estavam mortos. Nosso luto, nossa tristeza, não conheceria fim. Em todo o tempo que nos restasse, nossos corações estariam dilacerados, como nossas roupas se achavam rasgadas.

O aniversário de Zósia foi em 6 de abril, o dia em que ela perdeu a mãe. Mânia e eu resolvemos jejuar e rezar até sabermos o que acontecera com as crianças. E prometemos que, se Deus as desse a nós, faríamos jejum até sermos libertadas.

7

A chegada

De 10 a 17 de abril de 1943

> *Só cinqüenta homens e dez mulheres foram deixados para limpar o gueto. Eles são forçados a ir até a floresta e jogar mais terra sobre a fossa comum, porque a sepultura está afundando. Têm de cantar enquanto marcham. Imaginem que são obrigados a cantar em cima da sepultura de milhares de pessoas; caso contrário, levam pancadas na cabeça. Um dos que foram deixados para trabalhar é Dudio, o irmão de Rela. O senhor Beck o viu.*

ALGUNS DIAS SE PASSARAM desde o massacre e ainda não soubéramos o que acontecera com Zygush e Zósia. Nosso jejum e nossas preces não trouxeram as crianças para nós. Todas as esperanças que eu alimentara quanto à sobrevivência de nossos seres amados agora se concentravam nos dois pequenos. A sobrevivência deles poderia aplacar uma pequena parte de nosso sofrimento. Se Uchka soubesse que os filhos tinham sobrevivido, aceitaria a dor de sua própria morte e ficaria em paz. Se estivessem vivos, aqueles dois corpinhos preciosos marcariam uma espécie de vitória sobre a dor, o terror e a morte sem sentido.

Eu me habituara a ficar sentada no estrado por longos períodos de silêncio. Sempre tinha o nariz enfiado em um livro. Era minha fuga; mas não havia mais meio de escapar. Antes da morte de Uchka e do último massacre, conseguia me isolar dos outros e mergulhar num outro mundo, situado além dos quase cinqüenta metros quadrados em que vivia. No entanto, àquela altura não conseguia nem mesmo ler. O livro ficava no meu colo, aberto. Eu olhava as páginas, mas as letras não formavam palavras que fizessem sentido. Não conseguia parar de pensar no que acontecera ao bebê Moshele. Eu precisava falar. Com minha mãe. Com Mânia. Com alguém. Contudo, antes que pudesse expressar uma só palavra, surgiam olhares que me mandavam calar a boca, sobretudo da senhora Melman e da senhora Steckel.

Minha mente começou a trabalhar em ritmo acelerado. Moshele era um bebezinho tão querido, de cabelos cacheados dourados e olhos azuis. Eu ainda podia ver a alegria nos olhos de meu tio Josek. Moshele, o primeiro filho nascido de um Reizfeld da geração de Josek! Sua circuncisão foi a última festa que celebramos na família. Como sempre, o senhor Beck não poupou detalhes. E, assim como ele era compelido a confessar, nós éramos compelidos a cobrar pormenores. Era loucura. Nós ansiávamos por suas informações, querendo ouvir cada comentário terrível que pintava os quadros vívidos daquelas mortes. A cor do céu, o tempo que fazia, as roupas que vestiam, as últimas palavras, suas expressões, se foram enterrados ou deixados a apodrecer, quem estava com eles, quantos pereceram, se havia sobreviventes, e uma centena de outras perguntas.

Beck dissera que um oficial alemão da SS viera ao gueto buscar um voluntário para enterrar um judeu lá perto do brejo. Dudio se ofereceu. Ele nunca fora voluntário, mas por algum motivo teve a sensação de que precisava ir. Não sabia por quê. Os dois homens foram andando para o brejo. Quando se aproximaram da fossa comum, Dudio percebeu que a chuva tinha arrastado muita areia da cova. Pedaços de corpos, braços e pernas e um ocasional rosto estavam visíveis. Entre eles, Dudio conseguiu distinguir um menininho de rosto vermelho e febril, olhos azuis brilhantes e inconfundíveis cachos de cabelos loiros. Imediatamente reconheceu Moshele. O choro do bebê era fraco, pouco mais que um sussurro, e ele estava sufocando e engasgando com as próprias lágrimas. Era um dia de primavera, frio e chuvoso. Deus sabe o quanto a pobre criança sofria, ou desde quando estava ali. Durante quase seis meses a mulher de Sluka segurara nos braços aquela criança, lhe dera de comer e lhe trocara as fraldas! Como pudera ter permitido que o marido cometesse um crime daqueles contra uma bebê que, sem dúvida, olhava para ela como sua própria mãe?!

Deus traz a cura aos que têm o coração partido e lhes pensa as feridas. Deus enumera as estrelas, dando a cada uma o nome de um deles. Pobre Dudio... Oferecera-se como voluntário para aquela missão sabendo que iria enterrar o corpo de um judeu, para que pelo menos um semelhante e amigo judeu pudesse dizer uma prece por sua alma. Só não imaginara testemunhar o assassinato daquela criança, o filho de sua irmã; um menino que ele susteve nos braços no dia do nascimento, da circuncisão e em numerosas outras ocasiões. O soldado SS praguejou e soltou palavrões enquanto atirava no pequeno Moshele. Tinha sentimento humano bastante para maldizer o destino que o forçara a cometer tal crime, mas não o suficiente para salvar o nenê inocente. Quem iria saber? Dudio e o oficial estavam sozinhos: ninguém teria sabido.

Deus é grande e cheio de poder, de sabedoria que supera a expectativa. Deus dá coragem aos humildes e leva esperança aos aflitos.

Sentada ali, rezando e pensando sobre a curta existência do pequeno Moshele... *protegei-nos dos inimigos e da pestilência, da fome, da espada e do desespero. Removei as forças do mal que nos cercam...* eu esperava que o senhor Beck batesse na porta do alçapão, de garrafa em punho, descesse ao subsolo e fizesse o relatório dos últimos momentos de Zygush e Zósia. Eles estavam sozinhos e decerto passando fome, dentro de um porão, um sótão, um armário. *Protegei-nos nas sombras de vossas asas, ó Deus, que velais por nós e que nos libertais, ó misericordioso Soberano*.

Na semana anterior, Mânia e eu tínhamos recitado essas orações, que meu pai nos ensinara: uma prece para quem sofre uma grande perda e uma que pede proteção a Deus. Vezes sem conta, as duas as repetimos, juntas; nós as dizíamos em voz baixa; murmurávamos as palavras; rezávamos em silêncio olhando fixo uma para a outra; nós as recitávamos antes de dormir e ao despertar. Sabíamos que aquilo irritava todos no recinto. Aqueles de que sentiam remorso pela decisão de não permitir crianças no abrigo se viam especialmente afrontados. Eles sabiam quem eles eram. Mamãe gritava conosco (tanto quanto podia gritar ali embaixo) e nos implorava que suspendêssemos o jejum, começado no momento em que ouvimos falar da matança. Ela suplicou a papai que nos fizesse parar.

— Seria um pecado jejuar sob risco de estragar a saúde — ele ponderou.

E informou-nos que, segundo o Talmude, seria possível fazer doações caritativas depois de sairmos do abrigo, em vez de jejuar e rezar. Mânia disse a mamãe que talvez a gente acabasse não saindo do abrigo, e isso não era coisa que minha mãe precisasse ouvir no momento de ter recebido a notícia de que a irmã, o irmão e o sobrinho tinham sido assassinados, e ninguém sabia a situação de Zygush e Zósia. A dor era intensa, uma névoa que não nos permitia enxergar; tão pesada quanto um cobertor de neve molhada, uma neblina que atacava os membros e os pulmões a tal ponto que era preciso um esforço para se mexer, respirar ou falar. Minha pobre mãe... Como seu coração poderia encontrar a vontade de continuar pulsando? E que dirá a de descascar batatas, fazer um chá, limpar as migalhas do chão de terra e lavar os pratos.

Passei a recitar as orações em silêncio.

Uma batida na porta despedaçou meus pensamentos e preces e trouxe de volta o nó no estômago que chegava a cada vez que isso acontecia. Se os esquimós podiam estabelecer diferenças entre centenas de tipos de neve, o mesmo acontecia conosco e as batidas na porta. O senhor e senhora Beck, seus irmãos e irmãs, cunhados, amigos, os namorados de Ala, Schmidt, o policial alemão, os SS que vinham beber e jogar baralho, os Casacos Azuis, cada um tinha sua própria batida. Mas mesmo que fosse alguma que eu reconhecesse, a possibilidade de engano ainda me aterrorizava.

Os passos familiares do senhor Beck cruzaram a casa. Ninguém se mexia nem respirava. Minha mãe, ocupada em descascar batatas, ficou sentada e imóvel, com uma solitária casca de a se balançar no descascador. Mânia agarrou minha mão quando a porta se abriu e nós ouvimos uma voz... uma vozinha familiar tentando parecer adulta e séria:

— Dudio falou que nossa mãe estava aqui.

Ah, meu Deus, era Zygush, ele estava vivo!

Mal pude ouvir a voz do senhor Beck sussurrar bruscamente:

— Entrem aqui, antes que alguém os veja!

Querido, querido Zygush! Eu até podia ver a expressão séria em seu pequeno rosto de ancião, que ele já tinha desde bebê, quando disse:

— Se o senhor não tiver lugar para mim, tudo bem. Posso cuidar de mim mesmo. Por favor, senhor Beck, por favor, tome conta de minha irmãzinha, Zósia.

Mânia me envolveu nos braços, aliviada, e murmurou "graças a Deus" muitas vezes, enquanto todos os demais torciam as mãos, pensando no que podia ser feito no abrigo em relação à pequena Zósia, de quatro anos. Zygush tinha idade suficiente para contarmos com que ficasse calado. Mas, lógico, não poderíamos condenar Zósia à morte e receber Zygush sem a irmã. Como eu odiava os nazistas por nos levarem a sequer cogitar algo tão grotesco!

Imediatamente houve troca de olhares e palavras abafadas, demasiado vergonhosas para serem pronunciadas em voz alta. Por ora. Eles estavam reunindo coragem. Eu sabia que a senhora Melman cochichava no ouvido do ar. Melman. Ela, que todo dia ao despertar nos acusava, de um modo ou de outro, de roubarmos sua água. E os Steckel, frios como gelo em seu silêncio, ficaram ainda mais frios naquele momento. Mas eu não tinha tempo para pensar nisso, porque mesmo enquanto Beck atravessava o quarto e esmurrava o alçapão, olhava fixo para minha irmã e via seu semblante repleto de tanta alegria e gratidão como eu nunca testemunhara em toda minha vida. A alegria da ação de graças, da criação e das preces respondidas se achava em seus brilhantes olhos castanho-escuros.

Patrontasch abriu a escotilha. O rosto de Beck estava ainda mais inchado e vermelho que de costume. Eu me assombrava de que ele conseguisse nos enxergar com aqueles olhos tão inchados. Estava de ressaca e zangado. Comecei a dizer algo, mas ele me cortou:

— Nem uma palavra! Nem uma palavra de nenhum de vocês. Clara, venha aqui em cima.

Eu não sabia por que Beck chamara por mim em vez de chamar minha mãe ou meu pai, mas Mânia me olhou, dizendo:

— Faça tudo dar certo.

Que Deus me ajudasse! O que porventura fosse suplicado, implorado ou argumentado em favor das crianças seria suplicado, implorado e argumentado por mim.

Suspendi-me para dentro do quarto, e Valentim fechou com estrondo a porta do alçapão às minhas costas. Beck não olhava para mim, talvez para não ver a súplica em meus olhos. Segui-o escada acima até o sótão, onde estavam Zygush e Zósia, vestidos com seus casacos, gorros e cachecóis, tão embrulhados que mal podiam se mexer. Os dois correram para mim e me abraçaram, felizes de estar com alguém da família, aliviados por um breve momento por estarem a salvo, ainda que fosse tudo ainda tão nebuloso. Fui obrigada a conter minhas emoções. Temia deixá-los assustados demais com o que eu mesma sentia. Através das camadas de roupas, o corpo desnutrido de Zósia tremia contra o meu. Ela chorava, atordoada, sem entender o que se passava, olhando por cima do meu ombro e ao redor, naquele quartinho, em busca da mãe.

Zygush verbalizou a pergunta por ela:

— Onde está mamãe? Por que ela não pôde vir aqui para cima? Dudio falou que nossa mãe veio para cá. Onde está?

O pequeno Zygush mirava Beck e depois a mim. Beck não sabia o que dizer, mas me fitou à espera de que eu dissesse alguma coisa.

Nós sabíamos que a preciosa mãe deles morrera, e eles não. Mas senti que Beck não queria que eu lhes dissesse, e a mentira que lhes contasse, qualquer que fosse, seria aquela com que nós dois teríamos que viver. Eu nunca mentira para Zygush ou Zósia, e aquela seria uma mentira que todos teríamos de sustentar todo os dias no esconderijo, se Beck cedesse e os deixasse ficar.

Não sei por que falei aquilo, mas ouvi a mim mesma, como se fosse outra pessoa, dizer em tom casual e tranqüilizante:

— A mãe de vocês precisou ir para Lvov. Irão vê-la assim que os nazistas forem embora da cidade.

A notícia atingiu Zygush como uma martelada. Seu rosto mudou de alegria para desespero. Zósia rompeu em pranto. Ela chorava e chamava pela mãe. Eu a abracei, e Beck ficou olhando. Quanto mais ela chorava, mais furioso ele parecia.

Eu repetia para ela, baixinho, que tudo estava bem e que logo veria a mãe. Disse-lhe que estava em segurança e que meus pais se encontravam lá embaixo. Não sabia mais o que dizer. O rosto normalmente expressivo de Beck se transformara num muro. Zygush abraçou a irmã e, em sua vozinha estóica, também garantiu que tudo ia dar certo. Que ele cuidaria dela até que pudessem ver a mãe.

Beck continuava calado. Instintivamente, removeu os gorros das crianças, revelando duas cabeças cheias de piolhos. O rosto dele passou do vermelho ao roxo. Suas mãos tremiam, e as veias latejavam na testa e no pescoço. Eu sabia o que Valentim pensava. Piolhos! Dezoito pessoas vivendo em condições de confinamento e de higiene precária. A epidemia de tifo que vinha fazendo o trabalho dos nazistas no gueto poderia matar todos nós. Talvez as crianças já estivessem contaminadas. Limpá-las era uma questão de sobrevivência, nem que elas só tivessem que passar cinco minutos ali dentro. Ele deve ter percebido a impressão que estava causando e deu um jeito de encontrar um sorriso para os pequenos.

— Precisamos dar banho neles. — E depois, num sussurro junto à minha orelha, completou: — Não tem cão dos inferno que os faça ficar aqui, e você nem mesmo peça! Não diga nada! Nem uma palavra de sua boca sobre isso.

Zygush era moreno e muito judeu de aparência, e nenhuma família não-judaica, em seu juízo perfeito, receberia um menino tão obviamente semita. Talvez houvesse esperança de encontrar um amigo polonês para cuidar de Zósia, mas não havia sequer como cogitá-lo depois do ocorrido ao pequeno Moshele.

Comecei a despi-los, e Beck desceu as escadas. Voltou com uma tina e um pouco de pão, que as crianças devoraram. Beck fez mais algumas viagens escada acima e abaixo com baldes de água quente.

Zygush tirou o casaco. Parecia uma miniatura de Charlie Chaplin! Debaixo do casaco estavam camisolas de seda, combinações, meias compridas, sutiãs, espartilhos e lingerie de todo gênero. Mesmo em sua melhor época, ele era um menino magrinho, e eu tinha estranhado o quanto me pareceu robusto em seu sobretudo. Zygush havia amarrado ao corpo as camisolas, combinações e meias e dado nós que agora lutava para desfazer. Parecia um desses palhaços de circo: quando Beck e eu acreditamos já haver tirado todas as peças, achávamos mais outras escondidas nos bolsos e até dentro das ceroulas compridas que usava. Em silêncio agradeci a Deus, porque Beck começou a rir.

Zygush esboçou um riso cômico diante da risada de Beck.

— Mamãe nos escondeu no sótão do Judenrat. Ela e as outras mulheres costumavam secar lá as roupas de baixo. Achei que nós podíamos vendê-las. Eu fiz bem?

Beck concordou com um sorriso. Pobre Beck. Todo dia mais uma decisão de vida e morte para tomar, sem trégua. E ali estava ele, de joelhos, com uma furiosa polêmica e uma ira crescente em seu rosto devastado pela bebida, que ele, sorridente, tentava ocultar das crianças assustadas.

Apesar de tudo isso, não pôde deixar de perguntar a Zygush como eles conseguiram evitar uma cidade cheia de SS, Gestapo e Casacos Azuis. Zygush nos informou:

— Fazia muitos dias que não víamos nem mamãe nem ninguém. Estávamos com muita fome quando tio Dudio chegou e explicou que mamãe se escondera aqui. Titio contou que, como era domingo de manhã, que todos os *goyim** estavam na igreja; assim, era uma boa hora de ir para mamãe. Disse para não termos medo, porque haveria judeus escondidos para todo lado, para nos ajudar se os fascistas ou a polícia nos vissem.

Quem afirma que os judeus se comportaram como carneiros deveria conhecer uma história como essa! Os cinqüenta últimos ju-

* *Goyim*, plural de *goy*: não-judeus. (N. da T.)

deus que restaram dos cinco mil, armados apenas de seu próprio medo e fome, arriscaram a vida para salvar talvez as duas últimas crianças judias de nossa cidade. Foi um milagre que duas crianças judias caminhassem dois quilômetros em plena luz do dia e não fossem presas. Beck murmurou que Dudio fora danado de esperto.

— Os SS, a Gestapo e os Casacos Azuis, depois de assassinar a semana toda, gostam de passar a manhã de domingo na igreja. E danem-se os padres, que lhes dão a confissão! — Valentim pontuou a declaração com um brinde eufórico à bravura de Dudio e um demorado trago do copo de vodca.

Beck perguntou aos garotos se alguém as vira. Zygush fez que não. Beck voltou-se para mim.

— O fogo é bom demais para essas roupas.

Tentei ler a expressão do senhor Beck enquanto ele olhava demoradamente para Zygush e Zósia, de barrigas saltadas e juntas inchadas. Em meu íntimo eu repetia *por favor, por favor, por favor...* Queria implorar a ele, agarrar suas mãos e beijá-las, mas sabia que se eu pedisse Valentim diria que "não". Sem dizer nada, ele se voltou e desceu as escadas para buscar mais água quente, gritando à senhora Beck que fizesse uma sopa para os pequenos. Rezei para que Júlia dissesse algo, porém, ainda que ela fosse muito bondosa, era Beck quem tomava as decisões de vida e morte para todos nós. Ele era Deus naquela casa.

Quando Beck tornou a subir, eu já estava cortando os cabelos das crianças e lhes rapando a cabeça. Loiros e cacheados, os cabelos de Zósia eram os mais lindos, que parentes e amigos elogiavam muito. Ela chorou, inconsolável, ainda chamando a mãe. Até mesmo no banho continuou agarrada a mim. Beijei-a muitas vezes, garantindo que a cabeleira voltaria a crescer tão linda quanto antes e que ela em breve iria ver a mãe. Também lhe cochichei ao ouvido que era muito importante que ficasse calada, tanto quanto um ratinho, e que lá no abrigo todos estavam brincando de ver quem conseguia ser o ratinho mais caladinho. Eu tinha certeza de que Zózia seria o melhor ratinho de todos. Tudo isso eu falava em benefício de Beck, e também de Zósia. Sabia qual era a regra do jogo. Uma criança pequena numa casa de judeus escondidos poria em risco a vida de todo o mundo, principalmente a dos benfeitores. Eu queria pedir a Beck com todas as fibras de meu coração, mas não deveria fazê-lo. Ele se achava num tormento tão grande quanto o meu, sem dúvida. Talvez até maior. A cada passo de nosso confinamento colocávamos à prova sua bondade, generosidade e coragem.

Não sei onde, mas Valentim encontrou roupas novas e limpas para os pequenos. Eu os ajudei a se vestirem. Beck ainda não me dava indicação de qual seria o destino dos irmãos. Ele disse que iria queimar as roupas lá fora. Eu via nos olhos de Zygush que ele queria ir lá fora com Beck e ficar olhando. Seria morbidamente fascinante e satisfatório para Zygush observar a imolação de um inimigo tão odiado. *Zygush!*, eu gritava mentalmente, *por uma vez na vida você poderia refrear esse amor incurável às travessuras! E não peça a Beck!* Ele fitou Beck e não disse nada. De certo modo sabia que sua vida estava em jogo e ficou extraordinariamente calado. Ainda uma vez Beck analisou a pilha de roupas íntimas aos pés das crianças e depois Zygush. Creio ter visto uma sobra de sorriso nos semblante de Beck. Eu tentava lê-lo da mesma forma como leria um livro ou estudaria uma pintura, procurando alguma indicação, oculta ou não, do que lhe ia no íntimo. Por vezes os sentimentos porejavam dele como suor. Mas em momentos como aquele eu sabia que Beck não queria trair nenhum. Naquele instante tive o pensamento exultante e absurdo de que eles dois haviam se tornado um pequeno exército. O general Beck e o soldado Zygush. *Hatikvah*! Esperança! Mas então ela desapareceu. Os olhos de Beck ficaram inexpressivos e vazios. Vazios de tudo.

Calado, Beck nos conduziu ao andar de baixo e ao quarto de dormir. Empurrou a cama, e Zygush ficou vendo, com os olhos cada vez mais arregalados, Beck erguer o tapete e bater no alçapão. A mão de Zósia ficava indo o tempo todo para a cabeça rapada, e ela continuava a chorar, mesmo enquanto eu dizia baixinho que os cabelos cresceriam mais bonitos que antes.

Patrontasch abriu a escotilha. Minha mãe, meu pai e Mânia estavam à espera, os rostos voltados para cima com apreensão. Beck entregou os pequenos a meus pais e minha irmã, que os abraçaram e cobriram de beijos. Beck e eu pulamos para dentro do abrigo.

Antes que Salka tivesse tempo de fazer a pergunta "eles já sabem sobre a mãe?", eu disse, como quem comenta uma fofoca:

— Contei a eles que Uchka estava em Lvov com Rosa, e os dois mal podem esperar para vê-la!

Essa era a mentira que seria a realidade deles até o final da guerra. Até que descobrissem a verdade. O que sentiriam quando soubessem que a mãe fora fuzilada a um passo da porta de casa, quando tentava conseguir comida para eles? Teriam ódio de nós por causa da mentira? Ódio de mim?

O senhor Beck apurou com Dudio que a pobre Uchka estava enlouquecendo por saber que as crianças se achavam famintas, assustadas e sozinhas a duas casas de distância, onde ela as escondera no sótão do Conselho Judaico. Sabia que era arriscado tentar vê-las, mas, segundo Dudio, Uchka resolveu que devia se arriscar. Ele e Josek tentaram impedi-la fisicamente, e ela lutou contra os dois até Dudio entender que teria que deixá-la ir. Josek disse que iria junto, pois não a deixaria ir sozinha. Nem bem ultrapassaram o limiar da porta, Dudio ouviu dois tiros. Quando chegou lá embaixo, ambos estavam mortos, cada um com uma bala na cabeça. Dudio removeu-lhes os casacos, pois manteriam aquecidos alguns dos judeus que restavam. Beck também descobriu que Sluka só expulsou Moshele depois de ser informado da morte de Josek e Uchka. O covarde, antes de matar o bebê, esperou que o pai estivesse morto. Eu nunca vira meu pai falar de vingança, mas ele rezou para viver por tempo suficiente para ver Sluka ser abatido com um tiro.

Os Melman e os Steckel olhavam para Beck, aguardando que condenasse as crianças à morte, embora eu soubesse que o senhor Beck nunca seria tão cruel ou insensível a ponto de condenar os pequenos a seus destinos em presença deles próprios. Mas os Steckel pagavam um bom dinheiro aos Beck por sua segurança. Seus *zloty*, marcos alemães e dólares eram o pagamento em espécie para manter as crianças fora do esconderijo antes que fôssemos denunciados por um pranto solitário. Não havia em seus olhos uma gota de piedade. Eu não queria dizer que era ódio. Queria encontrar medo e ansiedade nas expressões deles, algum tipo de emoção humana, mas seus olhos eram frios. Beck olhou direto para os Steckel.

— As crianças vão ficar.

Não sei como ele tomou a decisão. Talvez tenha sido o ódio nos olhos deles que levou Beck a explodir, ou talvez tenha sido Zygush e sua roupa de baixo o que fez Beck saltar mais uma vez no abismo por nós. Quem saberia se ao dizer aquilo Beck entendeu o que o significado? Agradeci a Deus por essas palavras, porque sabia que uma vez que as dissera Beck jamais iria retirá-las. Com essas quatro palavras ele amarrou nossos destinos num só, como se com laços de sangue. *Só por esse ato Deus deveria salvá-los e protegê-los.*

Herr Steckel não conseguiu dizer uma palavra antes que Beck o cortasse:

— Expulsar as crianças? Se Deus as trouxe aqui, quem é Beck para mandá-las embora? O que será será.

Foi Beck quem trouxe Deus à conversa e foi por meio do milagre de Beck que Deus respondeu às nossas preces. As crianças estavam conosco. Uma parte de Uchka voltara a viver, sob meus olhos e em meus braços. E ainda que morrêssemos, morreríamos juntos. Minha prece fora atendida.

Vi a senhora Melman tentando controlar a língua. Steckel não pôde deixar de dizer:

— Acho que não é prudente...

Mas Beck foi mais rápido:

— Se o senhor não gostou, já sabe onde fica a porta. E não se atreva a me insultar com dinheiro.

Graças a Deus as crianças não ouviram o diálogo. Achavam-se muito ocupadas sendo beijadas e abraçadas por minha mãe e por Mânia. Mamãe começou logo a mudar de lugar os estrados, para as crianças poderem dormir entre nós.

Minutos depois, Júlia trouxe a sopa, e então foi a vez de os Steckel ficarem olhando enquanto outros saboreavam o refeição. Zygush, alerta, olhava ao redor, absorvendo o ambiente. Zósia estava exausta, mais preocupada em se agarrar a Mânia.

Zygush olhava fixo para Klarunia Patrontasch, no lado oposto do abrigo. Ele não gostava da garota, um ano mais velha, e não perdia oportunidade de atormentá-la de algum jeito. Eu sabia que ele faria o mesmo no abrigo. O mesmo menino valente que caminhou pelo meio de uma cidade cheia de nazistas e disse ao senhor Beck que era capaz de cuidar de si mesmo estava tramando converter a vida de Klarunia num verdadeiro inferno. Murmurei:

— É muito importante que vivamos em paz aqui embaixo. Nada de mesquinharia. Nada de implicâncias. Entendeu?

Ele não respondeu.

— Entendeu?

Por fim Zygush acenou com a cabeça. Mas isso não me bastava. Obriguei-o a prometer. Agora nós éramos treze pessoas naquele cantinho do abrigo.

Quando os olhos de Zósia começaram a se fechar pela exaustão, o estômago cheio e o alívio, ela notou a senhora Steckel no outro lado do abrigo e chamou:

— Tia Giza!

Expliquei:

— Não é Giza, é a senhora Steckel, esposa do farmacêutico. Ele prepara o remédio que faz você melhorar quando fica doente.

Zósia insistiu:

— É tia Giza.

A mulher do farmacêutico já estava irritada.

— Não é tia Giza, Zósia — eu disse.

— Ah, Clarutchka, o outro nome é muito comprido e difícil de dizer. Vou chamá-la de tia Giza.

A senhora Steckel estava quase dizendo alguma coisa, mas, ainda que com esforço, soube ser prudente e não o fez.

Zósia ainda fitou a senhora Steckel por mais alguns segundos.

— Ela parece a minha tia. Mas se não é tia Giza, então sei que a titia ainda está viva.

O fato de uma criança de quatro anos procurar sinais de que seus amados continuavam vivos me deixou atônita. Zósia se deitou no estrado e adormeceu quase em seguida. Ninguém lhe contara que Giza havia morrido.

Mesmo no luto em que nos achávamos pelos parentes perdidos, a sobrevivência daquelas duas crianças nos trouxe muita alegria e alívio.

Todos ainda estavam dormindo, exceto Zygush, quando a luz pálida da manhã entrou pela pequena abertura que Patrontasch taparia com um tijolo, ao acordar. Só eu desfrutei a luminosidade por alguns momentos, enquanto escrevia meu diário, tentando colocar em palavras minha gratidão ao senhor Beck, por saber que aquela poderia ser a única chance que teria para tanto. Os breves instantes que tínhamos lá em cima, fazendo faxina, eram uma aventura. Ali, nunca havia um minuto de sossego só para conversar, sem o medo de uma batida na porta ou um rosto desconhecido na janela.

Zygush estava olhando minha irmã adormecida. Ele puxou do bolso uma pena — só Deus sabe onde a teria conseguido — e começou a fazer cócegas sob o queixo de Mânia. Ela esfregou o queixo com a mão e se virou. Zygush esperou um momento e tornou a lhe fazer cócegas.

Eu devia interromper o jogo de Zygush, que estava muito agitado, mas pelo momento em silêncio. Ele moveu a mão devagar acima do peito de Mânia, mal respirando, e tornou a lhe passar a pena sob o queixo. Dessa vez a mão de minha irmã deu um bote, como uma cobra, e agarrou o punho de Zygush.

A comoção acordou mamãe. Ela olhou para Mânia e Zygush, e as primeiras palavras que saíram de sua boca foram:

— Clarutchka, acho que será sua tarefa bancar a professora.

— Mas eu?!

Papai abriu os olhos e disse:

— Conversamos sobre isso depois que você pegou no sono, ontem à noite. As crianças têm de aprender a ler. Você sabe o que o rabino diz: "Quando tivermos de escolher entre construir um santuário e uma escola... Para rezar só é preciso reunir dez homens. Assim, se você tiver de construir alguma coisa, que seja uma escola".

Uma escola? Era por isso que eu adorava meu pai. Nós estávamos morrendo de pavor, escondidos num abrigo subterrâneo de um metro e vinte de altura e paredes de terra batida, definhando de fome, chorando a morte dos parentes, e o jeito de meu pai colocar em palavras a tarefa era dizer que iríamos construir uma "escola". Foi um trabalho que nos meses seguintes eu cumpriria muito a sério, como de suma importância, devido à baixa tolerância de Zygush ao tédio e à necessidade de manter as crianças ocupadas e silenciosas, além da precisão delas de aprender. Tamanha era a sabedoria de meu pai. Dar aulas aos pequenos iria beneficiar a todos no abrigo. Gente que levava uma vida normal tinha escolas; portanto, nós queríamos partilhar com eles dessa normalidade. E se uma escola implicava normalidade, a preparação cotidiana de aulas implicava que as crianças teriam de aprender para um futuro, e se elas tinham futuro, então todos nós também o tínhamos. E quem poderia deixar de observar com satisfação o rosto de uma criança no processo de aprender a ler?

Deixado à própria sorte, Zygush encontraria decerto algo para fazer que seria capaz de enlouquecer todos os adultos. O único brinquedo que ele tinha era um canivete pequeno, que lançava o tempo todo na terra, centenas de vezes já, e só havia duas horas que ele acordara. Zósia se agarrava a um pedacinho de pão, querendo comê-lo, mas sem saber quando o próximo estaria no prato de esmalte que minha mãe lhe dera. A senhor Melman e os Steckel olhavam para a pobre e pequena Zósia, careca e magrinha, como se ela fosse uma bomba, pronta a explodir e matar todos nós. Manter as crianças ocupadas manteria ocupados os demais.

As aulas começariam no dia seguinte. Assim, ainda era preciso nos preocupar com atividades para os garotos naquele dia. Não lembro quem foi — eu, Mânia ou Lola — que teve a idéia de nossa fábrica de bonecas.

Supervisionamos as crianças enquanto elas recortavam pessoas e animais em folhas de jornal velho, cheias de notícias das façanhas alemãs. Elas coloriram as bonecas de jornal com meu lápis azul e canetas que os homens lhes permitiram usar, o que não era pouco, visto que a tinta era preciosa. Vasculhamos o recinto em busca de pingos de vela, raspando a cera derretida dos estrados de madeira, das prateleiras e de nossos pratos de esmalte. Amassamos nas mãos os restos de cera. Quando esta amoleceu, mostramos às crianças como fazer uma base para as bonecas de papel, que lhes permitisse ficar de pé.

Zygush fez um soldado; Zósia, uma vendedora de leite; Klarunia, uma mãe; e Igo, um cachorro.

Trabalhamos durante horas, e então tivemos a satisfação de observar as crianças brincarem em silêncio com seus novos brinquedos. Ninguém disse nada, mas ao olhar para elas, pensamos que talvez a presença dos pequenos ali não fosse de fato uma sentença de morte.

Não sei o motivo, nem quem foi que começou, mas de repente a pequena Klarunia gritava para Zygush:

— Eu sou a mãe! Vocês todos têm de me obedecer!

Zygush apontou para o rosto dela o fuzil de seu soldado de papel.

— Se ficar mandando em mim, eu atiro em você!

Klarunia começou a chorar. Eu disse a Zygush que para variar fosse gentil com ela. Zygush se queixou de que Klarunia não parava de tentar mandar nele. Klarunia disse que Zygush precisava de alguém que mandasse nele, porque era um encrenqueiro, como todo o mundo o dizia, e, além disso, ela era mais velha.

Naquele momento o esconderijo ficou pequeno demais. Os Steckel não conseguiram achar nada melhor a fazer que olhar atrevidamente para nós e as crianças, como se não existíssemos. Em todos os meus anos de vida, nunca vira tamanha frieza em relação a outros seres humanos. Tenho certeza de que se os Steckel não estivessem ali, poderíamos ter distraído as crianças, ou elas poderiam ter se cansado, ou Klarunia teria ido se aninhar nos braços da mãe. Mas aquele olhar dos Steckel que passou de meus pais às crianças e daí aos Melman e aos Patrontasch foi um fósforo aceso.

Quando Zygush informou a Klarunia que pelo menos ele não era um bebê chorão, ela atirou longe a boneca e disse a Zygush que ela não iria mais ser a mãe. Tomou a boneca vendedora de leite de Zósia, que desabou em pranto. O pequeno Igor, de oito anos, pegou seu cachorro e o empurrou no rosto das crianças. Mânia e eu tentamos intervir sem falar alto e alertar o senhor Beck, no andar de cima, dessa comoção que poderia ser nosso bilhete de ida para um campo. Mas as crianças não deram atenção. Patrontasch agarrou a filha e lhe deu uma bofetada no rosto. Foi tão forte que senti sua mão ficar impressa em meu rosto. O pobre Patrontasch tinha uma expressão assassina. Ele nunca foi homem de bater numa criança. Adorava a pobre Klarunia, a quem sempre estragou com mimos. Ela era filha única, e nunca aprendera a apreciar ou a se relacionar bem com outras crianças. No mundo de Klarunia, a chegada de Zygush foi mais um golpe. A guerra, os nazistas, a vida num abrigo subterrâneo, a fome e agora Zygush. A chegada dele fizera seu pai levantar a mão contra ela. Klarunia estava inconsolável. Zygush ficou estupefato. Ele não vivia num mundo em que os pais espancavam os filhos, e vi o nó da culpa em sua garganta. Pobrezinho... Depois de tudo o que ele vivenciara, ter esse último vestígio de sua inocência arrancado.

O senhor Patrontasch desculpou-se e envolveu a filha nos braços. Prometeu, mais para si mesmo que para os demais:

— Depois da guerra, eu vou mimá-la de novo. Do mesmo jeito como fazia antes.

No meio da noite senti uma mão me sacudir pelo ombro. Sabia que era Mânia. Ergui as pálpebras sabendo que ela me fitava, com os olhos brilhantes e bem desperta, embora eu não conseguisse enxergá-la na extrema escuridão noturna do recinto. Senti o leve sopro de suas palavras em meu rosto. Todos os demais dormiam. Mânia passou alguns minutos falando da briga, mas havia outra coisa em sua mente. Sempre havia algo na mente de minha irmã. Naquela noite foi:

— Estou muito feliz de que as crianças estejam aqui.

— Também estou, Mânia.

Em seguida, vieram a pergunta e a conversa que ainda me perseguem. Ela perguntou baixinho:

— Você acha que Deus atendeu às nossas preces?

Eu gostaria de ter tido uma resposta melhor, mas só consegui dizer:

— Ele deve ter atendido. As crianças estão aqui, não é? Por quê?

Mânia não era uma criança propensa à introspecção ou à filosofia. Por isso, logo eu soube que ela devia ter estado pensando naquilo desde que Zygush e Zósia entraram no abrigo.

— Não quero que Deus ache que estou sendo gananciosa, Clarutchka.

Minha querida Mânia... Minha pobre irmã — de tão agradecida por causa dos pequenos ela estava matutando se teria o direito de rezar por sua própria vida, por nossas vidas, por comida, por segurança, por um vestido novo e roupas limpas.

De cada cem observações, noventa e nove podem ser respondidas, e são, sem a gente nem mesmo pensar. Mas como eu poderia começar a responder a esse comentário que vinha do fundo do coração de minha irmã? Tudo o que eu tinha a oferecer era o que achava que meu pai poderia dizer:

— Se você não estiver sendo egoísta, acho que Deus não se importa nem um pouco. Creio que ele gosta quando a gente reza pelo bem daqueles a quem ama.

Mânia concordou:

— Papai diz que as melhores preces são as boas ações.

Aconchegou-se a mim, colocando a cabeça em meu ombro e deixando-a descansar ali por um momento. Ouvíamos a respiração serena de Zygush e Zósia, deitados entre nós, separando nossos corpos. A voz de Mânia agora estava em meu ouvido.

— Nós duas nunca fomos tão próximas antes da guerra.

Minha irmã, que passava correndo pela vida numa bicicleta, despreocupada, com uma corda de pular enrolada no pescoço, estava agora, com suas palavras, abrindo à faca meu coração. A verdade exige verdade, mas como eu poderia concordar com a idéia de que nós nunca tínhamos sido tão próximas? Eu conhecia minha irmã. De sua parte, tratava-se apenas de uma constatação. Nada comentei. Embora ela não tivesse dito que faltava alguma coisa em mim, eu sabia o que faltava à pessoa intelectual e tímida que eu era. Quando foi que minha irmãzinha se tornou tão sábia?

— Você não gosta de falar sobre seus sentimentos, Clarutchka.

Mais uma vez não consegui encontrar palavras. Em cada declaração, em cada forma, principalmente nessa última, Mânia deixava claro o quanto me amava. Estávamos nos escondendo para salvar a vida; em perigo de morte iminente, vindo de tantas fontes distintas que não dava sequer para pensar nelas sem enlouquecer ou ter vontade de se matar; e al estava ela confidenciando seus segredos.

Depois de um prolongado silêncio, Mânia falou:

— Que bom que não fomos para as freiras.

Enfim eu tinha alguma coisa para dizer:

— Sem dúvida.

O amor dela simplesmente me preenchia. Naquela noite suas últimas palavras foram:

— Agora vou ficar quieta. Boa noite.

Fechou os olhos e no momento seguinte eu a ouvi respirar num ritmo sereno. Eu também estava feliz. Uma felicidade como talvez eu nunca tivesse experimentado. Como era possível que, mesmo quando nossas famílias eram chacinadas e cada momento podia ser o último, nós ainda sentíssemos tanto amor? Talvez esse fosse o maior de todos os milagres de Deus.

8

18 de abril

De 18 de abril a maio de 1943

O dia que recordarei até morrer. De madrugada, quando ainda estávamos deitados em nossos estrados com a "janelinha" aberta, senti cheiro de alguma coisa. Antes que pudesse identificá-lo, a senhora Beck bateu na porta do alçapão e gritou que havia um incêndio na rua.

NÃO SEI O QUE ME DESPERTOU. Talvez o vento soprando tão forte lá fora, gemendo ao entrar por nosso pequeno respiradouro. Ou o cheiro da fumaça, ou todo o mundo acordando de repente e entrando em pânico, enquanto Júlia batia com força na escotilha, gritando:

— Fogo! Fogo!

Patrontasch passou por cima de todos e escancarou a escotilha. Em pânico, apressamo-nos a nos vestir. Júlia continuava a gritar para que subíssemos, mas estávamos paralisados de pavor. Alguma coisa mais forte que barras de ferro nos mantinha no subterrâneo, evitando que todos saíssem à rua correndo para se salvar. Sabíamos o que havia lá fora. Os SS. A Gestapo. A polícia. Os Casacos Azuis. Poloneses e ucranianos que alegremente nos entregariam, em troca de alguns *zloty* e cinco litros de vodca. Beck berrou que os homens fossem ajudá-lo. Papai, Melman e Patrontasch correram ao andar de cima, enquanto ele corria para dentro e para fora do quarto com baldes de água, que era lançada às paredes. Ouvíamos os passos deles martelando acima de nós, correndo de um lado para o outro, indo do banheiro e da cozinha com seus baldes cheios e depois a pesada pancada da água contra a parede. Ouvi meu pai gritar que a quadra inteira do nosso lado da rua, uma, duas, três, quatro, doze, vinte casas estavam em chamas, que se despejavam pelas janelas, os telhados se despedaçando com o fogo e desabando sobre si mesmos. Um vento implacável soprou as labaredas inicialmente em uma direção, e depois em outra, e ainda em uma terceira; por fim, para o céu, em turbilhões de faíscas e fogo. Escutei Melman gritar que a fábrica pegara fogo, e pude apenas imaginar a expressão de seu rosto ao observar, impotente, sua vida se incendiar. Beck gritou que a casa do senhor Patrontasch também se incendiara. Por cima do rugido do fogo e da ventania, e dos brados de Beck por "mais água, mais água!" escutei os berros histéricos de Mânia:

— O que vamos fazer?!

Eu, ali, abraçando Zósia para acalmá-la, percebi pela primeira vez que Mânia havia subido pelo alçapão.

Não consegui ouvir o que meu pai disse à minha irmã, se é que ele disse alguma coisa. Sabia que papai devia estar pensando o mesmo que eu; portanto, não havia resposta aos apelos dela. A casa que ele tentava desesperadamente salvar era nossa vida. Se fosse queimada, nós morreríamos.

A fumaça começava a se infiltrar pelo assoalho do andar superior e invadia o abrigo. Ouvimos Beck gritar que a pilha de lenha ao lado da residênci explodira em chamas que incendiaram as paredes externas. Escancarando a porta, Beck e Ala correram para fora com baldes, saltando sobre as labaredas para jogar água nas paredes. Na cozinha, Júlia continuava a encher panelas e caçarolas com água do grande tonel de zinco. Ela passava as vasilhas a papai e a Melman, que jogavam água nas chamas internas. Mas, mesmo com a casa pegando fogo por cima de nós, não nos atrevíamos a dar um passo pela porta do alçapão. Ficamos amontoados com as crianças no abrigo, impotentes. Indefesos. Eu me esforçava por ouvir Mânia, mas só conseguia escutar os repetidos brados de Beck de "água, água!". Os homens e Ala não conseguiam levar água até ele na velocidade necessária. Os sinos da igreja tocavam, chamando toda a cidade a combater o fogo. Um pequeno exército corria pela rua, atendendo ao chamado...

A cada segundo estacionava mais um caminhão dos bombeiros, e com ele, carros e caminhões lotados de soldados da SS, soldados regulares do exército alemão e os apavorantes policiais ucranianos de camisas azuis. Dezenas, e depois centenas de nossos inimigos. Cada prédio à esquerda e à direita da casa explodindo em chamas. Metade da multidão estava uniformizada. Eu esperava a qualquer momento ver a casa se incendiar.

Beck passou a gritar que a polícia estava no pátio de trás da residência. Os policiais se achavam atrás da parede do esconderijo para a qual eu olhava, a pouco mais de um metro de distância. Se tivesse havido alguma esperança de sair correndo e desaparecer pelo quintal, teria se acabado naquele instante. Com os pisos encharcados, a água começou a pingar para dentro do abrigo, tornando a fumaça quase líquida em nossas gargantas e nossos olhos. Papai e Melman entraram de volta no abrigo enfumaçado. Todos os adultos falavam ao mesmo tempo uns com os outros, elevando a voz acima das dos demais para se fazer ouvir.

— Não podemos sair! Vamos ser fuzilados, Patrontasch!

— Todos nós? Ficou maluco, Melman?!

A discussão rodava em um círculo interminável, sem resolução à vista. À medida que o esconderijo ia ficando mais enfumaçado, o pânico aumentava.

Uma dúzia de judeus semimortos de fome, semidesnudos, correndo para fora da casa com a esperança de não levar um tiro? Ou pior? Pura insanidade. Finalmente, Melman gritou acima dos outros:

— O abrigo debaixo da sala de estar. É nossa única esperança!

Ele se referia ao esconderijo que construíramos embaixo do espaço de circulação distante, sob a sala de estar, para a hipótese de revistarem a casa. Não passava de um sepulcro com porta de alçapão. Mas a morte pelo fogo e sufocamento era preferível a ser apanhado pelos nazistas. Todas as crianças, entretanto, estavam histéricas, com exceção de Zygush. Mamãe me disse que iria à frente e que eu deveria colocar Zygush e Zósia adiante de mim. Ela temia que os pequenos fossem esmagados na corrida de todos ao abrigo para se salvarem. Zósia ainda estava em meus braços; colocando-a à minha frente, segui mamãe. Apoiados nas mãos e nos joelhos, engatinhávamos a toda pressa, esfolando toda a pele. A fumaça ficara mais espessa, acre, sufocante e negra. Queimava olhos e gargantas. Não conseguíamos ver nada, quando muito um lampejo do corpo à nossa frente. Até mesmo os Steckel pegaram seu lugar na fila. Lola, Artek, Patrontasch e sua mulher engatinharam com Klarunia entre eles. Ela gritava de medo, mas ninguém lhe ordenou que se calasse. Ainda que morrêssemos queimados, o rugir do vento lá fora teria varrido nossos gritos. Supus que nessa caravana de corpos Mânia estivesse em algum ponto atrás de mim.

Naquele espaço de circulação, meu pai, Artek, Melman e Patrontasch ergueram de um puxão a porta recamada de terra do alçapão que escondia nosso abrigo secreto. Havia água, velas e fósforos para emergências. Amontoamo-nos lá dentro, quadril com quadril, ombro com ombro, Zósia em meu colo, todos apinhados sobre o piso de terra. Embora estando sentados, ainda tínhamos que nos inclinar para a frente o mais possível, porque o teto era muito baixo. As crianças que não estavam no colo de alguém se sentavam espremidas contra as pernas dos pais. Nossos pés ficaram apertados contra a parede oposta desse túmulo agora transbordante de fumaça, enquanto os homens lutavam para puxar sobre nossas cabeças a pesada tampa coberta de terra. A última coisa que vi à luz mortiça foi a senhora Steckel segurando entre os dedos o frasco de cianureto* que usava pendurado no pescoço.

A escuridão era absoluta. Meu pai tinha à mão fósforos e uma vela, bem como os outros homens. Eu me concentrava na mão vacilante de meu pai, enquanto ele tentava acender a vela. Seu fósforo se acendeu e se apagou. Ele acendeu outro fósforo, depois mais ou-

* Um dos venenos mais letais, cuja dose mínima bastaria para um suicídio instantâneo, como foi supostamente usado na Segunda Guerra Mundial. (N. da T.)

tro e mais outro, com urgência cada vez maior. Sem luz, aquele lugar parecia um túmulo. Vezes sucessivas os fósforos foram esfregados nas lixas. Todos os homens se esforçavam para nos fornecer luminosidade. Mas toda vez só havia um piscar da chama e depois as trevas. A rua era um turbilhão de fogo. Em torno de nós, a casa ia sendo consumida pelas chamas, e não se conseguia acender um maldito fósforo! Naquele porão não havia oxigênio suficiente para acender nem uma vela.

Derrotado, meu pai disse:

— Não adianta...

Então minha mãe gritou que acendesse um fósforo. Ele estava furioso, frustrado.

— É inútil! — Ele tentava se acalmar. — Se nem ao menos conseguimos acender uma vela, não devíamos desperdiçar o oxigênio. Não devíamos sequer falar.

Acima da explicação dele, ela berrtou:

— Não estou vendo a Mânia. Mânia? Mânia!

A ansiedade de minha mãe foi recebida com o silêncio e o horror da ausência de minha irmã. Os homens estavam acendendo seus fósforos, o que produzia luz por desesperada fração de segundo, iluminando um nariz, um olho, uma face, um queixo, uma sobrancelha. Nenhum deles pertencia à minha irmã. Eu queria também gritar seu nome, mas sabia que com isso só aumentaria o pânico. Tentei lembrar se eu a vira descer pelo alçapão. Não vira. Procurei recordar a última vez em que a tinha visto. Eu revisava o caos de novo e de novo, e sempre saía o mesmo resultado. Não me lembrava da última ocasião em que avistara Mânia.

Eu sabia que ela não estava conosco, e tentar acender fósforos não passava de perda de nosso precioso oxigênio e o adiamento de uma dor que jamais seria curada. Se pudéssemos apenas continuar acendendo fósforos para sempre, não teríamos de aceitar a verdade de que jamais voltaríamos a vê-la. Meu coração parou quando percebi que meu pai já não mais gritava o nome dela, como o choque de perceber, no momento em que um relógio pára de bater, o quanto estava alto seu tique-taque. Papai sabia onde Mânia se encontrava, e não conseguia confessá-lo a minha mãe. Foi a vez de mamãe se calar. Ela sabia. Meu pai acendeu mais um fósforo. Apenas seus olhos e sua boca ficaram visíveis na pálida luz vacilante. Ele falou com toda a simplicidade, assim como simples é a morte:

— Salka, ela fugiu. Mânia me disse que estava com medo do fogo. Que queria viver. Tentei segurá-la com toda a minha força, mas se soltou de mim. Ela é uma menina tão forte... Falou-me que estava indo para o esconderijo da fábrica.

Era a fábrica que acabara de explodir em chamas. O fósforo dele se apagou. Ficamos na treva profunda. Minha mãe não pediu a papai que acendesse outro fósforo. Não havia necessidade. Salka murmurou:

— Perdi uma filha. — Depois, nada mais.

Minha mãe se achava em algum lugar da escuridão no outro lado daquele sepulcro. Estávamos tão apertados uns contra os outros que não havia como eu me aproximar dela, ou lhe beijar a mão. Não podia sequer lhe falar da minha própria dor, pois não podíamos desperdiçar o oxigênio. Eu estava tão sozinha que, ainda que houvesse luz, não teria notado se os outros partilhavam a nossa dor ou se estariam aliviados por não ter sido deles a criança que se perdera. Em que mundo horrível vivíamos, em que a dor alheia lembrava a cada um sua própria e inusitada sorte, que só não se perdera pela graça divina...

Papai deveria ter impedido que ela fosse, mas aquele dia era o quadragésimo aniversário da morte da mãe dele. Vovó também morrera em um incêndio, e Mânia recebeu esse nome em homenagem a ela. Eu não sabia de que jeito, nem por que motivo, mas tinha esperança de que o grito dessa criança fosse ouvido pelo Todo-Poderoso.

Tenho uma recordação muito nítida de tudo o que aconteceu no abrigo durante os dezoito meses em que permanecemos ali. Se eu fechar os olhos, ainda consigo ver cada detalhe. Mas pouco me recordo do restante daquele dia. Não sei como sobrevivemos sem ar por um intervalo tão prolongado. Nós rezamos. Ou devemos ter rezado. Se houve alguma conversa, não tenho lembrança dela. Se alguém chorou, não ouvi. Se as crianças choraram, eu não poderia dizer agora. Em algum momento posterior daquele dia ouvimos batidas que vinham de algum lugar no interior da casa e a voz de Beck nos dizendo que podíamos sair. Até hoje meu coração está cheio de amor e de dor, em partes iguais, por minha irmãzinha Mânia.

Quando Beck desceu para nos ajudar a sair da tumba e voltar a nosso abrigo habitual, já anoitecera. Olhei por nossa janelinha. A noite estava clara, iluminada pela lua cheia, e o vento ainda uivava. Eu não conseguia ver quantas foram exatamente, mas Beck nos disse que umas vinte casas à esquerda e à direita de nós ficaram reduzidas a cinzas. O vento soprava centenas e centenas de livros, móveis, brinquedos, roupas, cortinas, pedaços de telhado, carrinhos de bebê, todos queimados, e nuvens de cinzas que passavam por nós numa corrente interminável de vidas carbonizadas.

Minha mãe e eu nos sentamos juntas, entorpecidas. Com exceção dos Steckel, todos naquele recinto amavam Mânia. Mais que isso. Todos nós éramos *apaixonados* por ela. Há pessoas que são verdadeiros presentes para todos que as conhecem. Minha irmã era uma delas. Beck serviu uma bebida para si e depois uma para cada um dos outros.

Com sua rudeza habitual, comentou acerca de seu drinque:

— Minha coragem. Acho que vou ter de pedir a vocês para irem embora. — Sua voz soou inflexível, pois só assim conseguiria pronunciar as palavras.

Meu pai assentiu:

— Nós entendemos.

Então Beck nos contou que ouvira dizer que Mânia fora morta a tiros. Ele não sabia mais nada a respeito. Essa era nossa sentença de morte, e não podíamos sequer expressar uma palavra de nossa aflição por Mânia. Em breve estaríamos tão mortos quanto ela, a não ser que encontrássemos outro lugar para nos esconder. A morte de Mânia nos tirara nossa vontade de viver. Estávamos paralisados, derrotados. Como poderíamos argumentar com Beck? Ou mesmo implorar? Não havia nada mais que aquele homem e sua família pudessem fazer em nosso favor que não trouxesse a desgraça para eles também.

Só a franzina e rabugenta senhora Melman pediu a Beck uma conversa particular, lá em cima. Ela não conseguia encará-lo enquanto fazia seu pedido. De olhos baixos, mirava os próprios sapatos, cobertos de lama e cinzas. Ele assentiu com um gesto de cabeça e ajudou-a a subir pela escotilha.

Beck não determinou quando teríamos de partir, mas no momento em que saiu começamos a reunir nossas coisas. Tentei abraçar minha mãe, mas fui repelida. Ela não olhava para meu pai. Por muito zangada que estivesse, nem uma vez mencionou que meu pai não impediu Mânia de sair correndo da casa. As crianças nos olhavam, caladas, sem se atrever a falar. Os olhinhos infantis de Zygush tinham envelhecido. Como ele amava minha irmã, sua parceira de conspiração em todas as travessuras, a garota de nossa família que o defendia dos valentões e andava com ele sentado no guidão da bicicleta de tia Giza, enquanto Uchka corria atrás deles pela rua, pedindo-lhes que tomassem cuidado...

De súbito Beck estava gritando:

— Meta-se naquele maldito buraco, feche a porta atrás de si e fique lá até eu lhe dizer! Até o inferno congelar, se for preciso!

A senhor Melman cambaleou para dentro do alçapão, e minha mãe lhe perguntou o que dissera a Beck. Ela disse que não conseguia lembrar, mas que havia implorado. Isso era tudo. Ficamos em tal estado de estupor que os homens não conseguiam nem começar a pensar em lugares para onde irmos; nem as mulheres lhes perguntaram. A única de nós que teria pressionado seria Mânia, e ela estava morta.

Tudo em que eu conseguia era: aonde poderíamos ir? Direto para os alemães? Para culminar, fazia uma noite terrível lá fora. Os ventos pareciam um furacão. Sopravam a oitenta quilômetros por hora. Com um tempo desses a gente não manda um cachorro sair, e nós tínhamos duas crianças pequenas. Quem condenaria os Beck, no entanto? Afinal de contas, éramos para eles a sentença de morte...

Passados alguns minutos, Beck pulou de novo para dentro do subterrâneo. Olhou pela janela a ventania rugindo do outro lado e disse:

— Vão dormir. O que tiver de ser será.

"Deus, por favor, nos ajude", eu rezei, "a sobreviver e à retribuir a essas pessoas pelo que estão fazendo por nós".

Os dias que se seguiram foram uma sucessão de pesadelos. O sofrimento de mamãe era insuportável. Ela não conseguia ou não queria falar com meu pai. E não era pela raiva, embora em seu silêncio Salka o condenasse, mas porque olhar para ele era ver os olhos de Mânia nos dele, o rosto dela no dele. Os dois não podiam sequer chorar juntos pela filha. Ou em voz alta. Eu, entretanto, me agarrava a um fio de esperança de que minha irmã tivesse escapado, de que Beck houvesse se equivocado. E por isso continuei a fazer as orações que papai me ensinara.

Queria falar a meu pai sobre a conversa que Mânia e eu havíamos tido na noite anterior ao incêndio. Minha querida irmã questionava se teria o direito de pedir mais favores a Deus, pois Ele nos trouxera as crianças, mas perguntar a papai poderia abrir uma ferida ainda mais profunda. A única pessoa com que eu queria conversar sobre isso, ou sobre qualquer coisa que fosse, era Mânia. Perdêramos tanta gente, e, no entanto, de certa forma, nós quatro chegamos a parecer invioláveis. Ao nos manter vivos e reunidos, a sorte se mostrava estar do nosso lado. Minha apendicite evitara que eu fosse despachada para o Cazaquistão com tia Rosa. Mânia e eu não fomos para as freiras. Os russos prenderam o Meir Schwarz errado e o despacharam para a Sibéria, em lugar de meu pai. Os Beck vieram nos procurar. Demasiadas situações de que escapamos por um triz. E então?

Então teríamos que prosseguir sem ela, nosso amuleto da sorte. Quiséssemos ou não, continuávamos vivos. Sei que não existe coração partido. O coração continuará batendo para nos provocar, zombar de nós e nos dizer que até mesmo no sofrimento ele é indestrutível e cheio de amor.

A cada tanto, Beck voltava com um novo relatório. Ele nos disse que alguns vizinhos daquela rua tinham jurado aos SS que viram Mânia sair correndo da casa no meio do incêndio. Outro confidenciou a Júlia que vira Mânia correndo para as freiras na igreja a algumas quadras de distância. Se Mânia tivesse conseguido chegar lá...

Beck foi levado ao quartel da SS, e em sua presença um vizinho russo, o velho Stefaniuk, outro bêbado que morava na casa dos Britwitz, acusou-o de estar escondendo judeus. Quando os russos chegaram a Zolkiew, trouxeram consigo operários, na verdade espiões, para trabalhar com os comerciantes locais. Stefaniuk era nosso "espião", mas meu pai o tratava muito bem, como amigo, e o bom homem nos traiu. Graças a Deus calhou de estar no quartel ao mesmo tempo o amigo *volksdeutsche* de Beck, o senhor Lang, professor de latim do curso secundário. Lang declarou aos SS que quem estava escondendo judeus era o próprio Stefaniuk, um *moskol*, um odiado simpatizante soviético.

Beck nos disse que ficássemos:

— Estamos todos nas mãos de Deus.

Quantas vezes ele invocaria essa bênção? Beck se convencera de que os SS acreditaram em sua palavra, quando ele falou que Stefaniuk era um "cão russo mentiroso"; e como eles podiam acreditar no inimigo, quando era ele, Beck, um alemão leal, quem lhes dizia a verdade? Beck explicou aos SS que russos, poloneses, alemães étnicos e ucranianos viviam em pé de guerra havia anos. E ele agradecia ao Senhor por os nazistas estarem ali para trazer ordem à cidade. E queria que uma maldição se abatesse sobre sua cabeça se algum dia não lhe fosse permitido mijar na sepultura do russo.

Esperamos longo tempo pelas batidas na porta. Mas não as ouvimos. Os SS não vieram nos buscar naquela noite.

Entretanto, no dia seguinte eles chegaram para levar Júlia para interrogatório. Deus sabe por que não revistaram a casa conforme ameaçaram. Ficamos sentados em silêncio, aterrorizados, enquanto eles levavam Júlia, e ainda assim não dissemos uma palavra sobre Mânia. O destino dela não contava para nossa sobrevivência, e, assim sendo, era um luxo aos olhos dos demais. Esperávamos que Beck entrasse em pânico por causa de sua esposa estar sendo interrogada pela SS. Preocupava-nos que fosse torturada e assassinada por nossa causa. Mesmo assim, Beck não nos expulsou. Ficou esperando lá em cima, e nós, ali embaixo. Quanto piores nos pareciam as circunstâncias, mais calmo ele ficava. De novo disse:

— Não está em nossas mãos — o que significava, naturalmente, que aquilo estava nas mãos de Deus.

Algumas horas depois, Júlia entrou em sua sala e informou que os SS lhe haviam dito que Mânia confessara que era empregada dos Beck. Júlia negara, alegando que a polícia alemã, a Gestapo e as SS eram assíduas freqüentadoras da casa — como eles poderiam ter tido uma empregada judia? Disse-lhes que, se quisessem, que fossem perguntar a Schmidt ou a Krueger, pois eles garantiriam que os Beck não davam guarida a judeus: os dois policiais praticamente viviam na casa. Júlia foi dispensada, e os SS ainda não tinham vindo. De onde os Beck tiravam tanta coragem para olhar os SS nos olhos e mentir com tamanha convicção? No caso de Valentim, eu podia entender; mas Júlia era tão tímida e acanhada que mal conseguia sorrir em público, e quando dava risada ou um sorriso tapava a boca, envergonhada da aparência de seus dentes. Todos sabiam que os SS podiam quebrar o mais forte, homem ou mulher, caso tivessem a menor sombra de dúvida sobre a história da pessoa.

Depois que Júlia voltou, Beck trouxe uma garrafa e copos ao esconderijo e nos relatou o que acontecera com Mânia. Assinalou que reunira as informações com pessoas diversas: amigos, inimigos, guerrilheiros e traidores. Confessou que desejaria acima de tudo não ter que nos contar, mas tinha de fazê-lo. Precisava tirar aquele peso do coração.

Essa foi a história que nos contou:

— A rua toda se encontrava em chamas. Os policiais estavam ali em peso, empurrando todos para trás. No meio do fogo, achei que tinha visto Mânia correndo pela rua e desaparecendo na multidão. Mas não acreditei em meus olhos. Não pude crer que ela fosse nos abandonar, abandonar vocês.

Beck tomou outra dose. Seus olhos estavam vermelhos. Aquilo era muito difícil para ele. Nossa vontade de ouvir era tanta quanto a de Valentim de contar, ou seja, nenhuma. Mas sabíamos que precisávamos ouvir o que tinha acontecido com minha amada irmã.

Beck me perguntou se eu conhecia dois garotos, Tilzer e Schitling. Eu freqüentava uma escola diferente, só de meninas, mas os garotos eram de minha mesma idade e eu os via quase todo dia, indo e voltando das aulas, jogando futebol no parque ou correndo pelas ruas em bando. Eu era tímida, e eles também. Nunca chegávamos a nos falar, mas de vez em quando trocávamos um silencioso cumprimento de cabeça. Não podia dizer que o éramos amigos; mas todos nós costumávamos patinar juntos no rio. Patinar era um esporte que eu adorava. Formávamos longas correntes de mãos dadas e, se em alguma dessas vezes segurei a mão de Schitling, foi o mais perto dele que cheguei. Mas o garoto parecia simpático, e era sempre educado com os mais velhos.

Beck prosseguiu:

— Mânia caminhava depressa pela rua, indo para a igreja onde algumas outras garotas judias tinham sido recebidas pelas freiras. Tilzer me disse que eles a viram, e ela olhou para trás e os avistou. Segundo Tilzer, Mânia não saiu correndo, e eles ficaram sorrindo para ela, que sorriu de volta. Os meninos acreditam que Mânia deve ter se julgado segura. Os garotos eram pobres como Jó e naturalmente sabiam que havia um prêmio pela captura de judeus. Não disseram nada um ao outro, apenas começaram a correr atrás dela. Disseram que era muito ligeira. Mânia os ouviu correr em sua perseguição, e eles me falaram que quando ela os olhou de novo, pensou que iam ajudá-la. Mas então entendeu que na verdade a perseguiam. Mânia correra como os diabos e chegou a alcançar os degraus da igreja, mas Tilzer a alcançou. Ele tinha esperança de que nenhuma das freiras viesse para fora, visto que todas elas o conheciam. Nem eu entendi por que nenhuma das freiras saiu da igreja, com todo o rebuliço do incêndio. Tilzer disse que Mânia estava só a dez metros de distância da porta do convento. Ela implorou por sua vida, mas depois o seguiu. Só pediu a ele que algum dia contasse à família dela o destino que tivera. Quando os meninos chegaram ao depósito de bebidas para apanhar comigo a recompensa de cinco litros de vodca, sentiam tanto remorso que confessaram tudo, porque sabiam que Júlia trabalhara para a mãe de Mânia. Não faziam idéia de que vocês estavam aqui. Tive vontade de matá-los e ao mesmo tempo de chorar por eles.

Minhas lágrimas começaram a aflorar.

Júlia foi interrogada. Disseram a ela que tinham apanhado uma garota judia que alegou estar fazendo faxina para os Beck. Júlia os encarou, destemida, e chamou aquilo de mentira infamante e pediu para ver sua acusadora. Beck tinha algumas coisas mais a nos contar. Ele ouvira um conhecido seu da SS falando num bar sobre uma menina que eles haviam apanhado e que alegara ser de Lvov. Uma empregada doméstica! Mânia nunca nos entregou.

Seus últimos pensamentos foram nos proteger ao preço da própria vida. Uma menina de treze anos, de uns quarenta quilos, resistiu aos SS e à Gestapo, cujos oficiais e homens representavam o poderio coletivo do império nazista — e eles não conseguiram quebrá-la. Na luz tão brilhante de tamanho amor e de tanta coragem, como eu poderia deixar de encontrar a vontade de viver?

Dudio vira o assassinato e dera ao senhor Beck uma carta com a data 19 de abril. Nela estava escrito que levaram Mânia ao velho cemitério judeu, mataram-na a tiros e deixaram lá o corpo. O cemitério agora era um terreno árido de sepulturas sem marco. Meninos judeus foram obrigados a carregar as lápides em carrinhos de mão e quebrá-las com marretas, por vezes tão grandes quanto a maioria deles, transformando-as em pedras pequenas de calçamento.

Não sei o que eles fizeram a Mânia ou o quanto terá sofrido. Minha única certeza é que isso só pode ter acontecido na presença de dezenas de pessoas que tinham saído à rua por causa do fogo. Acontecera em nosso bairro, onde todos a conheciam e amavam. Para nos salvar, os Beck optaram por arriscar suas vidas, mas a Tilzer bastaria ter fingido que não viu minha irmã, e ela ainda estaria viva.

9

O caso amoroso

De maio a setembro de 1943

Terça-feira, 7 de setembro. É terrível o modo como dependemos de todo tipo de fator. Quando a cunhada quer se casar, o problema é nosso. Quando o senhor Beck joga baralho, ficamos preocupados. Quando ele bebe, ficamos em pânico. Quando se desentende no local de trabalho, nos desesperamos. Deus nos ajude para que todos os problemas se resolvam. Espero que o senhor Beck nos deixe ouvir o noticiário. Talvez haja boas notícias.

A AMARGA VERDADE INCONFESSADA sobre a morte de minha irmã é que, mesmo enquanto rezávamos por sua sobrevivência e depois que soubemos de sua captura, também rezávamos para que ela não nos traísse. Portanto, nossas lágrimas por Mânia foram também de alívio. Tínhamos medo de chorar de forma audível; assim, choramos em silêncio. Não podíamos ficar de luto em nenhuma das formas tradicionais. Não dissemos o *Kaddish*.* Não observamos *shivá*. Em vez disso, a presença de minha irmã enchia o abrigo em sua ausência. Os demais seguiram o exemplo de mamãe e papai e nunca lhes mencionaram o nome. As crianças também não fizeram perguntas. Mânia se fora. Toda manhã ao acordar eu procurava por ela.

---

* Prece rezada em ritos cotidianos e enterros. (N. da T.)

E a lembrança de sua morte se renovava. Parecia devorar o ar todo a meu redor, como se sua memória quisesse ficar tão viva que precisasse de ar. Eu tinha dificuldade em respirar; contudo, valorizava a dor, porque era tudo o que me restara dela.

Todavia, nossas vidas e necessidades precisavam ser atendidas. Levantávamos os estrados e respingávamos no rosto algumas gotas da preciosa água.

Duas semanas depois do assassinato de Mânia, eu, junto ao fogareiro, descascava e cozinhava batatas com mamãe e Lola. Com o avanço da manhã, o calor parecia se derramar das paredes. Patrontasch, com um jornal aberto, despejava das pontas de cigarros fumados os restos de tabaco cheios de alcatrão, mas sem queimar. O jornal era do mês anterior e continha notícias boas e más. Os SS iniciaram o ataque alemão ao gueto de Varsóvia. E Rommel se rendera no Norte da África. Estávamos orgulhosos dos combatentes do gueto, mas sabíamos que todos eles estavam condenados. Sentíamos como se eles estivessem lutando por todos nós, e meu desejo era poder lutar a seu lado.

A tarefa do senhor Patrontasch era árdua, e ele passava o tempo todo enxugando a testa com um lenço, para evitar que o suor umedecesse o tabaco.

Mamãe disse uma frase que repetia no mínimo vinte vezes por dia:

— O tempo está quente demais para comer, que dirá para fazer comida.

Todos caíram na risada, como se aquela fosse a primeira vez que ouvíssemos o comentário. Mânia teria rido.

Conseguimos sobreviver ao calor do verão, às brotoejas, à fome, ao tédio e à deprimente realidade de que pelo visto a guerra não chegava ao fim.

Beck desceu com um jornal e o entregou a papai, que o olhou.

— A Itália se rendeu! Agora já não pode demorar muito mais. — Meu pai estava empolgado.

Mamãe não conseguiu deixar passar em branco aquela observação:

— Foi isso o que você falou há dez meses, há nove meses, há oito meses...

Papai a interrompeu:

— Chega, já entendi seu ponto de vista. Aqui diz que o exército russo está em Zhitomir. Até os jornais alemães dizem isso. Então, provavelmente é verdade, e os russos estão até mais perto.

Zhitomir ficava a oeste de Kiev, o que significava que os russos se achavam a caminho de Lvov. Essa notícia era animadora, mas àquela altura nós temíamos depositar esperanças em qualquer coisa.

Mamãe mudou de assunto e nos disse que buscássemos no meio de nossas roupas se não haveria algo que desse para Júlia vender. Fazíamos isso de vez em quando e nunca encontramos nada realmente bastante bom. Dentro de mais ou menos uma semana seria Kol Nidrei* e queríamos ver se havia sobrado alguma coisa especial para nós usarmos. Os homens iam rezar vestidos com a roupa de baixo, já que o tempo esquentara. Eles tinham examinado o Talmude e apurado que se cobrissem a cabeça e usassem o *talit*, xale de oração, o resto era opcional.

Quando minha mãe começou a remexer entre as roupas que trouxera, elas foram se rasgando em suas mãos, destruídas pela umidade e pelos fungos. E então ela disse a meu pai que, por não terem nada para usar, talvez as mulheres devessem imitar os homens e rezar também só com a roupa de baixo, visto que, afinal, fazia tanto calor. Meu pai aprovou. Todas as outras mulheres ameaçaram a fazer o mesmo e ficaram muito surpresas de que os maridos não protestassem.

Júlia e Ala tinham saído para a igreja, como faziam aos domingos pela manhã. Quase em seguida à saída delas, Beck chamou Klara ao andar de cima para fazer algum serviço fictício. Desde o primeiro dia em que Beck convidou Klara a subir, nós vivíamos com uma fonte adicional de temor. Como esse romance poderia passar despercebido? A proximidade em que vivíamos, a crescente persistência e obsessão de Beck e sua embriaguez constante, responsável por

* Prece recitada durante o culto vespertino do Dia do Perdão. (N. da T.)

sua falta de atenção e prudência, fariam com que mais cedo ou mais tarde Júlia descobrisse que o marido e a melhor amiga dela, a mulher cuja vida — e de sua família inteira — ela estava salvando, a traíra.

Beck foi ficando cada vez mais ousado. Assim que a porta se fechava e os passos de Júlia ecoavam na calçada de pedra da rua, ele chamava por Klara. E talvez soubéssemos que, se Klara tentasse se livrar, também haveria conseqüências. Quem sabia o real sentimento de Beck em relação a ela? Havia amor entre os dois? E o que aquilo dizia sobre o caráter daquele a quem devíamos nossa própria vida? Se lhe pedíssemos que parasse, aquele homem valente e generoso iria desaparecer e deixar apenas um homem capaz de dormir com a melhor amiga da esposa? Esse homem arriscaria sua vida diariamente por nós? Nosso medo era de que o mero pedido de que parasse fosse bastar para Beck nos botar no olho da rua.

Ouvimos a porta da frente se abrir lá em cima. Não houve batida. Em seguida vieram os nove passos familiares de Júlia, que cruzaram a pequena distância que levava da porta de entrada até a cozinha. Eu os contara umas mil vezes. Ninguém se mexia, ninguém falava, ninguém respirava.

A voz de Júlia era animada quando disse, para ninguém em particular:

— Sou eu. Esqueci a bolsa. Eu estava na igreja e não tinha um centavo para a bandeja de esmolas.

Apenas cinco passos de travessia pela pequena sala de estar levavam ao quarto de dormir. Contei até cinco e ela chegou lá.

Os olhares de todos nós se ergueram para o teto. Até ali eu nunca ouvira Júlia levantar a voz, não acima de seu agradável tom costumeiro. Mas naquele instante ela estava aos berros:

— Seu canalha! Filho da puta! E você! Não quero cobra vivendo debaixo do meu teto! Saia daí! Saia daí!

Os pés de Klara atravessaram titubeantes o quarto, e ela se deixou cair pela escotilha, de cara para baixo. Estava vestida, mas com a roupa desabotoada. Sem encarar ninguém, abotoou apressada o vestido e passou por todos engatinhando, e, virando a esquina do corredor, buscou o lado mais distante do abrigo.

No andar de cima eu ouvia Beck rugir e depredar a mobília dentro do quarto. Só podia imaginar as cadeiras e os quadros arrebentando-se contra as paredes. Havia os retratos de casamento, os de Ala na crisma, na formatura, patinando no rio, e tantos outros. Zygush e Zósia engatinharam para mim e se enterraram em meus braços. A pior coisa no mundo, no nosso mundo, estava acontecendo, e éramos impotentes para detê-la. As implicações me percorriam a mente. Júlia ia botar Klara para fora. E todos nós também. Não havia jeito de mulher alguma tolerar o caso amoroso de Klara e Beck. E Klara não era qualquer mulher: antes da guerra, Klara e Júlia foram as melhores amigas uma da outra. Duas mulheres só poderiam ser tão próximas assim se fossem irmãs. Foi por causa de Klara que Júlia convenceu Beck a nos receber. Klara sabia disso. Todos nós sabíamos. Até mesmo Beck.

Agora Beck berrava como se ele fosse a parte ofendida, como se Júlia houvesse dado um jeito de destruir a felicidade dele, seu mundo perfeito e, do modo mais trágico, sua imagem de si mesmo.

— Deixe-me em paz! Deixe-me em paz!

Mas Júlia revidou:

— Tira aquela mulher daqui! Tire todos eles daqui! Todos eles!

Ficamos em total silêncio. Aquele era nosso pesadelo. Aquilo significava as SS entrando pela escotilha no chão; nós em marcha com nossos amigos para o pântano fronteiro à cidade, para sermos mortos a tiros. E na realidade tudo aquilo era apenas um marido infiel e uma esposa magoada. Essa cena fora vivenciada muitas e muitas vezes, quase a cada minuto de cada dia, no mundo todo. Mas dessa vez era uma questão de vida e morte para tantos... Zósia chorava, e por muito que eu tentasse consolá-la, dizendo que tudo iria acabar bem, sabia que estava mentindo.

Beck rugiu de novo:

— Você não gosta? Pois que se dane!

Mais um espelho estilhaçado contra a parede; ou talvez fosse um quadro, não sei. Depois ouviu-se o nauseante estalar de um punho fechado contra ossos e um corpo caindo ao chão.

Beck entrou em pânico.

— Socorro! Ajudem-me! Ajudem-me! Patrontasch!

Patrontasch engatinhou para fora da escotilha. Era treinado em primeiros socorros. Júlia estava caída, tendo convulsões, sangrando pela boca. Com os olhos revirados, ela se debatia no chão. Agarrando imediatamente um cinto, Patrontasch colocou-o entre os dentes dela, para que não engolisse a língua.

Beck não disse nada. Agarrou a garrafa de vodca que estivera bebendo com Klara e se sentou na cama, agora calmo como ele só. Patrontasch passou os braços em torno no corpo de Júlia e tentou conter as convulsões, mas o ataque continuava. Ele era um homem grande, mas mesmo lutando com toda a força ainda não conseguia controlar os espasmos. No subsolo, nós estávamos impotentes. Eu ignorava o que estava acontecendo, mas tinha medo de que Júlia morresse. Queria dizer ao senhor Beck que fosse correndo buscar um médico, mas como poderia fazê-lo? Patrontasch, enfim, gritou o que eu estava pensando:

— Você tem de ir buscar um médico!

Beck tomou mais um talagada.

— Ela tem isso o tempo todo. Estará bem em mais alguns minutos. Deus me ajude... Odeio esta casa. Odeio vocês todos. Acima de tudo, eu a odeio! — Levantou-se e saiu.

Beck tinha razão. Em minutos Júlia serenou, e Patrontasch, após deitá-la na cama, desceu para nos contar o que acontecera. Ele também temera que Júlia fosse morrer.

Algumas horas mais tarde, depois do retorno de Ala, ela, Lola e eu nos sentamos à mesa da cozinha, tomando chá com Júlia. O rosto dela estava inchado, os lábios, intumescidos e cortados. Embora fizesse calor, as janelas e as cortinas se achavam fechadas. Ala segurava a mão da mãe.

Júlia queria falar, como se tivesse algo a explicar ou confessar:

— Eu estava tão feliz! Semana passada estive na igreja, e depois da missa tinha pressa de chegar aqui para pegar algum dinheiro, porque era domingo e eu não queria perder o ônibus para Lvov. Estava correndo e escorreguei nas escadarias da igreja; meu vestido subiu, e a senhora Lueczkiewicz... vocês se lembram dela, não? —

Olhou para nós três. — Da sua professora de costura na escola? Bem, fiquei muito envergonhada de cair na frente de todo o mundo com meu vestido subindo acima dos joelhos. Vocês podem imaginar como me senti. A senhora Lueczkiewicz me ajudou a me levantar e viu como minhas meias estavam costuradas com o ponto ziguezague que Lola faz, e comentou que boa costureira eu era, e como minhas meias eram bonitas. Eu mal podia esperar chegar em casa para contar a vocês. Achei engraçado a senhora Lueczkiewicz pensar que eu tinha costurado, quando quem costurou foram três alunas dela. Tive vontade de dizer a ela que você e Lola estavam vivas, Clarutchka, pois sei que ela sempre gostou de vocês, mas óbvio que não contei.

Júlia se interrompeu em meio a um pensamento. Tomou um gole de chá e encheu de novo a minha xícara.

— Querem saber? Não agüento viver com uma víbora debaixo do meu teto. Vou-me embora. Preciso ir. Assim que aquele canalha voltar. Vocês vão me perdoar; desculpem deixá-las com ele.

Olhou para nós como se esperasse contestação ou pelo menos algum esboço de protesto. Mas nós só ficamos sentadas ali, caladas, tomando o chá que Ala fizera para nós.

Instantes depois, lá de baixo, do subsolo, nós a ouvimos arrumar uma sacola e depois seguimos os passos de Júlia e Ala atravessando o aposento. Escutamos a porta se abrir e se fechar. Ficamos sós e não sabíamos por quanto tempo. Nossos dois protetores tinham ido embora; e sem eles não daria para sobreviver mais do que alguns dias. Desde o primeiro momento em que o senhor Beck convidara Klara a subir, sabíamos que esse momento era inevitável, e ele enfim chegara.

A casa ficou deserta, e todos fingimos dormir. Minha cabeça estava no colo de mamãe; ela me abanava devagar, cuidando de não apagar a vela, o que nos deixaria no escuro. Klara continuava desperta, fitando o teto. Ninguém havia sequer mencionado nem discutido o que ouvíramos mais cedo, naquela manhã. Era demasiado apavorante. Estávamos em pleno mar, no meio de uma tempestade que não tínhamos poder algum de deter. Talvez o senhor Beck voltasse. Ou quem sabe Júlia. Desde a morte de Mânia eu nunca me sentira tão só e desamparada. E, mesmo parecendo loucura, gostaria que ela estivesse ali, pois era a única pessoa capaz de infundir coragem em todos nós. Mânia não teria medo de falar sobre o ocorrido. Ao contrário, teria infernizado nossos pais até vê-los atinar com uma solução para nosso problema. Mas eu não era minha irmã. Tinha vergonha de me sentir daquele jeito: impotente e sem vontade de lutar.

Expressar minha impotência era só o que me restava. Por isso, falei, tão baixinho quanto possível:

— Mamãe, tudo está fora de nossas mãos. Quando a cunhada do senhor Beck resolve se casar com um ucraniano, o problema é nosso. Quando ele bebe e joga baralho com a Gestapo, nós nos preocupamos. Quando fica bêbado no trabalho, entramos em pânico. Se ele briga com o chefe, nos desesperamos... Mas, de um jeito ou de outro, ele sempre acha que tudo acabará bem. Porém, e esse romance com Klara? Acredita que Júlia vai abandoná-lo? Ou que ele abandonará Júlia? O que faremos, mamãe? É só isso? Todo esse sofrimento para terminar assim?

— Não sei.

— O que a senhora acha que Júlia vai fazer?

— Nem Deus sabe.

Foi assim que minha mãe me indicou que parasse de fazer perguntas. Se nem Deus sabia, como eu poderia imaginar que ela tivesse uma resposta?

Era nossa terceira noite sem dormir desde a briga. A comida e a água se acabaram. Ficamos sentados em tamanha letargia que apesar do calor quase nunca nos lembrávamos de nos abanar. Pouquíssimas conversas surgiram desde a partida de Ala e Júlia. Por muito que desejasse, não podia fazer a meus pais a terrível pergunta: "O que acontecerá conosco se os Beck não voltarem?". Eu sabia que a questão estava em todas as cabeças. Mas verbalizá-la tornaria o terror ainda mais real. Portanto, embora dezoito pessoas estivessem vivendo amontoadas, quase sempre nos víamos sozinhos em nossos momentos de maior desespero. Estávamos em silêncio por temor de que as palavras dessem voz a nosso pânico e pudessem motivar ações frenéticas e intempestivas. Minha irmã saíra correndo durante o incêndio. Os Steckel guardavam suas ampolas de veneno. Havia até um galão de cinco litros de gasolina escondido conosco ali em baixo. Estávamos preparados, e os adultos já tinham jurado que os nazistas nunca nos pagariam vivos. Eu rezava para que os Beck se lembrassem de nossa presença ali. O Yom Kipur se aproximava, e nem sequer sabíamos se teríamos a chance de expiar os pecados. Mas a expiação não se achava em meus pensamentos. Quando alguém segura um travesseiro contra o rosto da gente para nos sufocar, só pedimos a Deus que nos deixe respirar mais uma vez.

O som da porta da frente se abrindo nos alcançou como uma descarga de eletricidade. Desejei que fossem os Beck; que afinal de contas houvessem se encontrado e estivessem voltando juntos para o lar. Mas só ouvia os estrondosos passos de bêbado do senhor Beck, e ele não vinha só. Viera também o sargento Krueger, da SS, seu maior amigo, colega de copo, parceiro no carteado e em diversos empreendimentos do mercado negro, dos quais cada habitante do abrigo conhecia todos os detalhes. Só Júlia e Ala ignoravam tudo.

Beck se encontrava mais embriagado que nunca. Ele só enrolava a fala quando estava beirando a inconsciência.

Perguntava-me se Beck teria perdido o juízo. Quando eu rezava, sempre pedia pela saúde dele, pelo bom funcionamento de todos os seus esquemas; implorava para que não fosse apanhado. E para que continuasse a ter sorte. Por vezes meu pai dizia que era melhor ter sorte que inteligência. A sorte de Beck era nossa sorte.

Beck chamou em voz alta por Júlia, e depois por Ala, várias vezes. Vasculhou a casa, indo de um cômodo a outro. Ouvíamos quando abria as portas e depois as fechava com estrondo. Finalmente caiu numa cadeira.

— Ao inferno com elas! Vamos lá, Krueger, sente-se logo, que você está me deixando nervoso aí de pé. Vou buscar uma bebida para nós.

— Hoje, não. Eu só queria garantir que você chegasse aqui inteiro.

— A gente pode jogar baralho. Ouvir as notícias de Londres.

— Londres?

— Vamos lá, Krueger... Não me diga que você não ouve a rádio Polônia Livre. É seu trabalho.

Não conseguíamos acreditar que Beck acabava de admitir perante um sargento da SS o fato de possuir um rádio clandestino de ondas curtas. Era um delito punido com a morte.

— Não é trabalho seu, Beck. E não quero saber de tudo o que acontece nesta casa.

Beck soltou uma gargalhada, e nós o ouvimos arrastar-se pelo cômodo em busca de uma garrafa e copos, que tratou então de botar sobre a mesa com estrépito.

— Ora, vamos. Pelo menos tome uma maldita bebida antes de atirar em mim. Aliás, pensando bem, você não atirará em mim. Sou a única porcaria de amigo que tem nesta porcaria de cidade. Eu te amo e você me ama. É o único chucrute que tem senso de humor. Na verdade, não entendo como consegue aturar esses outros filhos da puta, comandante. Não sei como não dá um tiro nos cornos deles por serem uns porras de uns chatos. Principalmente Von Pappen. Se ele me causar mais um problema, eu cago na mãe dele.

— Vá se deitar, Beck... antes de dizer alguma grande besteira.

Beck deu risada.

— Vá para o diabo, então, comandante!

Sem dúvida minha mãe tinha vontade me cobrir as orelhas diante daquele palavreado. Para variar, em vez de se preocupar com nosso iminente massacre, encontrava ali uma preocupação normal de mãe. Quando Mânia era viva, depois de os outros terem ido se deitar, ela me mantinha acordada discutindo repetidas vezes as conversas, examinando cada palavra, cada frase, e se empolgando ao fazêlo. Mânia vivia para ouvir às escondidas.

Suspiramos de alívio quando o sargento Krueger atravessou o cômodo e bateu a porta às suas costas. Um momento depois, Beck batia alvoroçado na escotilha. Patrontasch engatinhou até lá para abri-la. A luz se derramou dentro do esconderijo. Beck estava bêbado demais para se ajoelhar; ficou deitado no chão e enfiou a cabeça no alçapão.

— Por onde diabo anda minha mulher?

Patrontasch estava mais perto de Beck, portanto respondeu:

— Não sei. Ela e Ala foram embora há três dias, logo depois de você.

Beck meteu a mão no bolso e puxou um papel amassado.

— Então, entregue isto à sua irmã. — Pôs o bilhete na mão de Patrontasch. — E diga-lhe que quero uma resposta imediata.

Beck se levantou com dificuldade, e em segundos ouvimos seu corpo cair na cama. Patrontasch entregou o recado a Klara. Ela esperou um momento antes de ler, mas sabia que era importante demais para adiar. Todos os olhos estavam postos nela, mesmo os das crianças. Klara leu a carta, e a baixou devagar.

Numa voz que era monótona até para Klara, ela disse a todos e a ninguém em particular:

— Valentim quer que eu fuja com ele; quer me salvar.

Foi seu irmão mais velho, Patrontasch, quem perguntou:

— E o que você vai fazer?

Era difícil acreditar no quanto a entonação de Patrontasch soava normal, como se ele quisesse saber se ela queria limão ou leite no chá.

— Acha que não sei o que significaria eu ir embora deste covil? Vou dar a Beck a boa-nova.

Eu não soube desvendar o que Klara quisera dizer. Não sabia o que era real, ou o que era minha imaginação, ou o que eu queria ouvir. Distingui tristeza e arrependimento; amargura e vergonha; resignação, triunfo e vingança. A saudade que tinha da filha Luncia e o grande amor pelo falecido marido. E compreendi que o caso pouco significava, visto que sua própria vida pouco importava para ela.

Klara engatinhou até a abertura e subiu. O irmão lhe ofereceu a mão, cavalheiresco, para ajudá-la. Esperamos que Beck e Klara dissessem alguma coisa um ao outro. Houve um momento de silêncio, e então Beck ligou o rádio, que deixou tocando uma música dançante muito agradável. Ouvíamos o murmúrio de uma conversa, mas não as palavras.

Minha mãe se voltou para meu pai.

— Se eu tivesse sabido...

— Sabido de quê?

— Será que teríamos agido diferente?

— Não fique se atormentando com esse tipo de pensamento.

Eu sabia que eles se referiam a Mânia.

Mamãe insistiu:

—Só me lembro do dia em que os russos chegaram, levaram minha mãe e a mandaram para o Cazaquistão. Você me disse para não lamentar por ela... Que algum dia eu talvez a invejasse. Como foi que soube?

— Eu não soube de nada. O que poderia ter sabido?

— Não conseguia acreditar que eles a mandaram para longe, embora papai tenha morrido na prisão deles enquanto esperava a chegada do indulto. Quantas coisas, Meir, quanta loucura... Mamãe foi mandada para longe com meu irmão. Nós ficamos tão aflitos, e depois tão felizes por eles, quando os nazistas invadiram, porque eles estavam a salvo. Depois recebemos uma carta... Primeiro dia de trabalho, o avental dele ficou preso numa máquina. E então Mânia. Parece que não importa o que a gente faça. Estamos nas mãos de Deus, e Ele nem mesmo faz idéia de que estamos aqui.

As pernas de Klara deslizaram para dentro do abrigo. Sem dizer uma palavra, ela se arrastou para seu estrado e se deitou de cara na parede. No andar de cima, Beck rugiu. O que podia haver sobrado ali para ele quebrar eu não sabia, mas ouvíamos a mobília se partir quando atirava as peças contra a parede. Dei graças por todas as casas vizinhas terem sido destruídas no incêndio e não reconstruídas — senão a polícia estaria esmurrando nossa porta quase com certeza, por causa de tanta celeuma, tanta gritaria, tamanho tumulto. Depois, a quietude, o ruído da queda do corpo de Beck na cama de molas e o som inconfundível de soluços. Não podia acreditar que estivesse sentindo pena de Beck, mas eu estava.

Patrontasch engatinhou para junto de Klara.

— Que diabos você disse a Beck?

Klara não encarou o irmão, nem a nós.

— Parece que prometi fugir com ele?

Na manhã seguinte, Beck desapareceu e ficamos de novo a sós. Mais uma vez o terror começou a nos devorar em nosso silêncio. Quiçá dessa vez Beck não retornasse. Não ouvíramos nada da parte de Júlia ou de Ala. Estávamos acostumados com o alvoroço e os acessos explosivos de Beck, mas contávamos com Júlia. Ela era nossa rocha. Depois de cada emergência, Beck havia sistematicamente tomado a decisão de nos manter vivos. Mas era Júlia quem, dia após dia, fazia compras, cozinhava e mantinha nossos corações batendo.

Uma parede do esconderijo desabara, e os homens passaram o dia a escorá-la com ripas de madeira, talvez agradecidos por ter uma tarefa que lhes mantivesse os pensamentos longe de suas aflições. Então a porta se abriu e por ela entraram Júlia e Ala. Nossos sorrisos foram aplausos silenciosos. Júlia veio direto à escotilha e chamou Patrontasch para abri-la. Trouxera uma sacola de maçãs e, quando as distribuiu, foi como se só tivesse se ausentado por minutos. Mostrava-se sorridente e feliz, e nem um pouco desgostosa com nada do que ocorrera. Todos tivemos diarréia por causa das maçãs.

No final da tarde, Júlia me convidou, junto com Lola, a subir para uma conversa. Não sei por que nos escolheu, mas alegrei-me pela oportunidade, qualquer uma, de sair do abrigo. O prazer de me sentar numa cadeira com muitos centímetros acima de minha cabeça até o teto e com uma janela pela qual olhar, embora as cortinas estivessem fechadas, me bastou para fingir por um momento que minha vida era normal. Naturalmente, temia que Júlia me pedisse conselho. Eu tinha dezesseis inocentes e inexperientes anos. Era uma garota que nunca segurara a mão de um rapaz para valer.

Júlia serviu um chá e nos deu uns pãezinhos para amenizar a diarréia. Sentou-se conosco à mesa.

— O problema não é só a Klara.

Lola e eu nos entreolhamos. Dava para ver que Júlia queria desabafar fazia muito tempo. Vi que ela tentava dar ao assunto um tom casual, como se tivesse passado dias inteiros ensaiando na frente do espelho, agora quebrado.

— O que quer dizer, Júlia?

— É a cunhada dele. A que ele ironiza porque ela se dá ares de que pertence à aristocracia polonesa. Ora bolas, eu sabia em que estava me metendo. Valentim já era assim quando o conheci, e não vai mudar até o dia em que eu o enterrar, coisa que vocês sabem que vai acontecer. Vou sentir falta do canalha.

Tanto Lola quanto eu tínhamos perguntas a fazer, porém ouvimos a chave girar na fechadura. Beck entrou em casa, cambaleando de bêbado. Trazia lírios numa das mãos e um casaco de pele na outra. Lola e eu começamos a nos erguer.

Beck gesticulou que nos sentássemos:

— Não, não. Fiquem... Eu posso precisar de proteção.

— Isso depende de para quem são esses lírios.

Beck entregou as flores a Júlia e a beijou na face. O hálito e a pele dele fediam a álcool. Levantou o casaco de pele e o espalhou sobre a mesa.

— O que acha? Você precisa de um destes. Sempre quis lhe dar um mantô de pele, para que se igualasse a todas aquelas vacas endinheiradas que o tempo todo ficam nos olhando de nariz empinado.

— Não preciso de casaco de pele, Beck. Aliás, onde você conseguiu dinheiro para isso?

— Usei alguns dos dólares que recebi do farmacêutico.

— Dólares? Por que não vai logo dizer aos SS que estamos escondendo judeus?

— De quem você acha que comprei essa droga?

— De Krueger?

— É claro que de Krueger. Ele falou que recebe todos os dólares em que eu conseguir botar a mão. Está convencido de que agora é uma questão de tempo, coisa que deveria deixar vocês duas, senhoritas, muito satisfeitas, se até os SS têm certeza do fato.

Tornou a levantar o mantô num esforço de fazer Júlia admirar o agasalho. Realmente era uma pele de muita qualidade. Lola segurou o forro e olhou admirada os pontos da costura.

— Vejam só, é feito de peles inteiras, e não de retalhos costurados. Posso dizer que foi manufaturado por um de nossos melhores peleteiros.

Beck estava embevecido. Mas nesse momento algo chamou sua atenção. Olhou o casaco um pouco mais de perto. Ergueu-o contra a luz e meteu dois de seus dedos grandes e calejados em dois buracos. Remexeu os dedos e depois lançou o casaco sobre a mesa.

— Aquele filho da puta! Eu avisei a ele que era um presente para você. Acha que eu lhe daria um casaco com buracos de bala?! Acha que não sei como eles foram aparecer aí?!

— Beck, por favor, vá dormir. O casaco é lindo. — Júlia ficou de pé e tentou levá-lo para o quarto. — Lola pode consertá-lo. Vai ficar parecendo novo. Krueger é seu amigo; na certa nem sabia que os buracos estavam ali.

Beck lutou para se livrar dela.

— Ele sabia! Aquele filho da puta! — Cambaleante, dirigiu-se à porta da frente.

Júlia o agarrou.

— Clara, Lola, me ajudem aqui!

Agarramos o senhor Beck e tentamos afastá-lo da porta. Em outra circunstância teria sido uma tarefa impossível, pois ele é extremamente forte. Só de olhá-lo não se notava, pois era magro como um poste. Mas, por baixo, era feito de aço. Todos em Zolkiew garantiam que ninguém conseguia trabalhar tanto quanto Beck — quer sóbrio, quer embriagado.

— Depressa! Para o banheiro!

Era a única porta que tinha fechadura com chave. Júlia começou a empurrá-lo para dentro do banheiro. Beck resistia, mas estava tão bêbado que mal conseguia se manter no prumo. Sem muita dificuldade conseguimos metê-lo no banheiro e trancar a porta. Júlia agarrou uma cadeira, que colocou travando a maçaneta, para que o marido não pudesse girá-la.

Beck esmurrava a porta.

— Estão vendo o que ela faz comigo? Podem me culpar pelo que eu faço? Trago para ela um casaco de pele... Uma famosa pele de

Zolkiew; feita pelo melhor peleteiro judeu deste lugar amaldiçoado... Os filhos dele são todos peleteiros em Paris!

— Vá dormir. Pode se deitar na banheira. Você já fez isso antes.

— Não sou tão burro que vá gritar por socorro... Júlia, abra a porta! Abra essa maldita porta!

— Por favor, Valentim, deite-se e durma.

Esperamos por mais protestos, mas Beck havia desistido ou desmaiado. Lola abraçou Júlia, que nos disse:

— Podem ir, meninas. Procurem dormir um pouco neste manicômio. Eu ficarei bem.

Fiz o possível para evitar olhar as mãos de Júlia enquanto ela me ajudava a descer ao porão. As juntas dos dedos eram inchadas de artrite, decerto por todo o trabalho de ficar limpando e esfregando nas casas alheias, torcendo a água das roupas que lavava na tábua de ensaboar. Eu nunca pensara muito sobre nada disso até então. Uma parte do dinheiro que Júlia ganhava com as mãos e de joelhos, esfregando os assoalhos das mulheres dos oficiais alemães e lavando roupa para elas, estava indo alimentar três famílias de judeus das quais ela fora empregada doméstica. Sim, nós fôramos gentis com Júlia e bons empregadores. Mas teríamos arriscado nossas vidas pelo senhor e senhora Beck? Não sei. Gostaria de achar que sim. Quando o senhor Beck descia ao porão para beber, fumar e conversar conosco, Júlia ficava lá em cima, sentada na cama ouvindo a festa, se é que podemos chamá-la assim, acontecer sob seus pés. A artrite nos joelhos e quadris a impedia de descer ao subsolo, a não ser em ocasiões muito especiais, que em geral tinham a ver com salvar nossas vidas. Era uma mulher com poucas alegrias, mas com um impecável sentido de dever. Era religiosa, mas eu não sabia se era daí que advinha sua consciência. A Igreja Católica por aqui não era exatamente apaixonada pelos judeus. Júlia se autodenominava uma camponesa, com certa dose de orgulho. Os pais eram típicos camponeses da Polônia: sem instrução, supersticiosos, assustados e cheios de deferência perante todo e qualquer tipo de autoridade. O senhor Beck acreditava na própria sorte e era motivado por seu enorme desprezo por toda e qualquer pessoa em posição de mando. Mas Júlia Beck, banal, rústica, artrítica beirando à deformidade, precocemente envelhecida e desrespeitada pelo marido, era a mais forte de todos nós.

Se Beck fosse casado com outra mulher, nós já teríamos sido mortos havia muito tempo. Júlia era uma santa. Nossa santa. A santa padroeira dos judeus sofredores e dos maridos bêbados e infiéis. Desde que eu era criança me contavam as histórias dos trinta e seis justos por cujos méritos Deus não destruiu o universo. Eu gostava de pensar que o senhor e a senhora Beck eram dois deles. Deus sabe que eles não faziam lembrar o sábio rabino de longas barbas que, a meu ver, esses *tzadekim* recordavam, nos livros ilustrados. Mas, apesar de minha descrença em nossa possibilidade de escapar com vida daquela guerra, e da justificada insistência de minha mãe em me fazer registrar por escrito os tempos que passamos escondidos, para mais adiante se saber o acontecido aos judeus de Zolkiew, em noites como aquela eu me convencia de que iríamos sobreviver.

Lola entendeu o que eu queria dizer,porém, quando tentei explicá-lo à minha mãe, ela disse que eu era tão maluca quanto os Beck. Eu sabia que minha irmã teria entendido, e me dei conta de que, por mais que escrevesse para atender à insistência de mamãe, passara a escrever meu diário para Mânia. Ela teria dado qualquer coisa para estar viva e assistir à briga dos Beck por causa do belo casaco de pele de Zolkiew, perfurado de balas. Mânia teria adorado meter os dedos nos buracos.

10

Dias de temor e expiação

Setembro de 1943

Quinta-feira, 23 de setembro. Os próprios alemães admitiram a rendição de Poltava. Por conseguinte, alguma coisa está acontecendo, afinal de contas. Talvez em breve a gente vá conseguir ir embora deste buraco. Ah, meu Deus! Se ao menos Mânia estivesse viva! Ela ficava tão feliz com qualquer notícia positiva! Como se agarrava à vida! E morreu tão jovem... Graças a ela nós fomos nos esconder. Desde o dia em que chegaram os alemães, minha irmã ficou implorando: "Vamos nos esconder. Eu quero viver". mamãe não queria vir por causa da asma, mas acabou vindo graças à insistência de Mânia. Recordo distintamente as palavras dela: "Eu quero viver e quero que a senhora viva por mim".

ZÓSIA ESTAVA DORMINDO com a cabeça em meu colo, e, embora eu quisesse escrever, não queria acordá-la. Ainda era muito cedo, mas o calor no porão já estava opressivo. Os rostos e braços dos outros, até mesmo os das crianças, se achavam coberto de suor. Em mais três dias seria o Yom Kipur, e nosso primeiro Kol Nidrei sem Mânia. Zygush e Zósia agora dormiam junto comigo, um de cada lado. Dissemos a eles que Mânia tinha ido se esconder em outro lugar e, embora eu visse que Zygush não acreditou em nós, ele nada disse. Mais que a minha própria reação, eu temia a reação de mamãe durante o serviço memorial que faz parte do Dia do Perdão. A tensão aumentava, mas nenhum de nós ousava mencioná-la. Esse dia santo assumira significado especial, tendo em vista que todos tínhamos perdido tanta gente que eu não conseguia sequer escrever todos os nomes em meu diário. Deveriam ser centenas e centenas. Estávamos pedindo a Deus que nos perdoasse por nossos pecados e também ajuda para perdoar aqueles que pecaram contra nós. Mas como poderíamos pedir a Deus que perdoasse os SS? Como era possível? Como eu poderia dizer semelhantes preces com sinceridade, e como rezar por eles sem me sentir a maior mentirosa do mundo? Como Deus podia nos pedir que fizéssemos isso? Como poderia não ser um escárnio a tudo o que considerávamos sagrado?

Ouvi e senti alguma coisa se mexer de encontro à combinação suada que eu usava para dormir. Ali embaixo, ratos e camundongos não chegaram a ser um problema, pois disputávamos com eles cada farelo e migalha de comida, e sempre ganhávamos a briga. Até as cascas de batata entravam na sopa e eram devoradas. Nos milhões de anos de suas existências, os bichos nunca tinham visto gente tão louca por alimento. Assim, eu não conseguia imaginar o que poderia estar se arrastando atrás de mim.

Voltei-me e não pude acreditar no que via. Uma rã saltara no peito de Zósia e estava descansando ali. O animal devia ter entrado pelo buraco de ventilação que abríamos à noite. Ao erguer as pálpebras, Zósia descobriu a rã olhando para ela. A expectativa era de que Zósia reagisse bruscamente assustada, mas ela ficou só olhando a rã, fascinada. Nem Zósia nem eu nos mexemos. Zygush abriu os olhos, viu a rã e sorriu. Quando eu pus um dedo nos lábios de Zygush, a rã saltou para meu peito. Ficou subindo e descendo a cada respiração. Eu tinha certeza do que passava pela cabeça de Zygush. Se o proibisse de apanhar a rã, essa seria a primeira coisa que ele tentaria fazer. Dava para ver a mente daquele diabinho em funcionamento. Ele resolvera que aquele seu novo bicho de estimação era o melhor que lhe acontecera desde a chegada ao abrigo. Em sua cabecinha já construía uma gaiolinha e ensinava à rã alguns truques, e lhe dava um nome que seria um insulto para todos nós ali, muito provavelmente Klarunia, a quem ele atormentava sempre que surgia oportunidade. Quando o recriminavam, fazia de conta que não sabia do que todos estavam falando. Olhando-o, eu sabia que ele não poderia resistir à tentação nem mais um segundo, não importava o que fosse dito ou feito. Saiu caçando a rã, que deu um salto e escapuliu pelo abrigo afora, saltando de corpo em corpo, acordando todo o mundo. Zygush a perseguiu para o lado extremo do esconderijo, onde o bicho desaparecera.

Apanhei o diário e comecei a escrever. Algumas vezes escrevia para me isolar o mundo; outras, para escapar ao tédio ou ignorar uma disputa; ou como forma de lembrar a mim mesma o que os Beck estavam fazendo por nós. Mas naquele dia eu queria escrever porque algo maravilhoso estava acontecendo. Nós tínhamos uma rã.

Mas logo o lápis azul caiu de minha mão, quando me juntei aos outros para assistir à comédia de Zygush e a rã, ainda que os demais tentassem se agarrar à própria dignidade, enquanto Zygush se arrastava por cima de todos. Pelo menos daquela vez, por alguns minutos, haveria motivo para sorrisos. Quando Zygush emergiu dos fundos do porão, veio todo coberto de terra. Brancos, só seus dentes.

A rã me fez pensar que a chegada daquele menininho ao abrigo fora tão milagrosa para nós quanto fora para ele. Quando conseguíamos esquecer, mesmo por momentos, o lugar onde nos achávamos e a razão de estarmos ali, tal fato nos nutria mais que o alimento; e mais que qualquer outro no abrigo quem nos trazia esse alívio era Zygush. Mesmo quando ficava sentado como uma pedra, seus olhos continuavam animados pela travessura.

À medida que os dias foram passando, ele se transformou de um garoto incapaz de ler uma palavra em um devorador de livros. No ano anterior Zygush teria começado a escola e aprendido a ler. A privação de instrução talvez parecesse irrelevante se comparada à morte da mãe e tudo o mais. Mas nós precisávamos colher nossas vitórias em pequenos lugares, e esse era um deles, sobretudo para mim, que tinha a alegria de ensinar ao garoto. Mesmo ali embaixo, por insistência de meu pai, o aprendizado acontecia. Se o mundo exterior de Zygush estava circunscrito por paredes de terra, seu mundo interior se expandia para dentro do passado; para terras distantes; para aventuras que só ele poderia imaginar. Corações de pedra poderiam amolecer ao ver Zygush e os outros enquanto lhes dávamos instrução. Também o tempo e o tédio eram nossos inimigos, e Zygush era nosso paladino, mais que qualquer outro no abrigo. De vez em quando ele resgatava algum de nós do próprio tormento. A senhora Melman foi a próxima a passar por isso.

Como toda manhã, a primeira coisa que ela fazia era examinar sua preciosa jarra de água. Naquele dia, ao virar a jarra, constatou que estava totalmente vazia. A senhora Melman ficou satisfeita de ter enfim a prova irrefutável de que alguém vinha roubando sua água durante a noite. Levantou a jarra para todos verem.

— Vejam bem, eu avisei a vocês. Tem ladrão aqui dentro! Nós estamos morrendo de sede e alguém está roubando minha água.

Zygush, recém-chegado da caça à rã, sentou-se ao lado da senhora Melman. Ao olhar para o chão onde a jarra estivera pousada, notou alguma coisa e começou a apalpar a terra. Estava úmida. Pondo o nariz no chão, começou a começou a farejar, como um cachorrinho terrier. A senhor Melman ficou a observá-lo em silêncio. Zygush lhe tomou da mão a jarra, virou o objeto ao contrário e examinou com todo o cuidado o fundo. Apontou para o solo.

— Senhora Melman, veja. A terra está molhada no lugar exato onde estava a jarra! Ela está trincada. Ninguém vem roubando sua água. Olhe só a rachadura. Vai de um lado a outro!

Ele ergueu a peça para todos poderem ver, enquanto Patrontasch acendia a luz. Zygush acabara de desvendar um dos mistérios de nosso universo e resolvera o alegado crime, que, se não chegou a nos separar, estava nos enlouquecendo. Ninguém queria crer que entre nós houvesse um ladrão de água. Por muito irritante que a senhora Melman fosse, roubo de água era uma séria acusação.

A senhora Melman examinou a jarra e viu que no fundo havia de fato uma leve rachadura. Apalpou a terra molhada e desviou os olhos. Não conseguia encarar ninguém, e vi em seu olhar que tinha vontade de quebrar a peça. Em vez disso, porém, pegou-a e colocou-a em uma das prateleiras.

Inclinando-se para mim, mamãe cochichou:

— Pelo jeito ela vai precisar de outra jarra. Talvez vá buscar a próxima no museu.

Conheço minha mãe. Se eu tivesse dito uma coisa dessas, gostaria de retirá-la. Mas eu sabia que seu único arrependimento seria a própria covardia de não dizer aquilo em voz alta.

Olhando em torno vi que todos estavam muito aliviados com a solução do mistério da jarra. No abrigo havia mandamentos não escritos: não se permitia mau humor, nem gritarias, nem bate-boca. Éramos três famílias acostumadas a manter reserva. Pelo menos dali em diante não teríamos mais que ouvir a senhora Melman reclamar todo santo dia. E o que era mais importante, a pobre não iria mais suspeitar de que nós, amigos e familiares de tempos imemoriais, estivéssemos roubando sua água. Por causa daquilo, ela andara consumida de desgosto. Naquele instante, apenas sentia vergonha, sentimento que com certeza superaria bastante rápido. Porém, o mais aliviado seria, sem dúvida, o senhor Melman, já que não precisaria mais pedir perdão pela esposa. Ele nunca se desculpava com palavras, só com o olhar. A senhora Melman jamais agradeceu a Zygush por ter lhe removido esse peso da alma.

Na manhã seguinte agiu como se nunca tivesse pensado que lhe roubavam a água. Ao começarmos nossas preparações para o Yom Kipur, distante apenas dois dias, o ânimo no esconderijo se tornou solene e santificado. O ar estava carregado de emoção e de inconfessada tristeza. O subterrâneo ficou apinhado de fantasmas das pessoas queridas que perderâmos; seus rostos se escondiam nos recantos escuros e suas vozes nos sussurravam as coisas mais ternas que elas haviam dito, o que neutralizava cada momento mesquinho que transpirara entre nós. Suas almas nos enchiam de amor. A derradeira ironia da vida é a morte ser o estopim e a centelha que acende a eterna chama do Espírito de um amado, o qual vive para sempre dentro do peito. E não nos passou despercebido o fato de que no Dia do Perdão desse ano rezaríamos como jamais tínhamos rezado, para sermos inscritos no livro da vida. Não posso afirmar que nos anos anteriores faltasse significado a essas preces, ou a mais fervorosa sinceridade, mas posso dizer que ao oferecê-las ao Todo-Poderoso tínhamos consciência de que nós, os suplicantes, estaríamos presentes no ano seguinte para dizer as mesmas preces. Naquele abrigo, no entanto, sabíamos da probabilidade de aquele vir a ser nosso último Yom Kipur. E nossa última chance de rezar pela expiação, na existência atual.

As mulheres limpavam da melhor forma o subterrâneo. Os homens dividiam entre si o serviço religioso. Meu pai atuaria como rabino e cantor. Discutiu-se sobre tirar do esconderijo no sótão e trazer para baixo a Torá que por duzentos e cinqüenta anos estivera na família Schwarz. Todos sabíamos que a leitura feita nessa Torá nos daria uma profunda conexão com tudo o que era sagrado. Cada letra de cada palavra dos Cinco Livros de Moisés fora escrita com tinta *kosher*, obtida da trituração da camada externa de um ninho de vespa; escrita com a pena retirada de um peru ou ganso; gravada sobre um pergaminho elaborado com a pele de uma novilha abatida para alimento, conforme fizeram por milhares de anos os escribas precedentes. Nossa Torá levara um ano para ser concluída, como toda Torá. Não é permitido o menor erro, e cada Torá, depois de completada, é lida e relida muitas vezes. Os homens estavam preocupados de que a umidade e o mofo do recinto pudessem danificar o volume. Portanto, resolveram deixá-lo no sótão, onde se mantinha seco e seguro. Nós iríamos ler a passagem da Torá em um *Humash*, a Torá em forma de livro.

Eu tinha comido mais algumas das maçãs que Júlia trouxera de Lvov, e então enfrentava as conseqüências. Sabia que haveria mais gente precisando usar o balde, mas estava agachada sobre ele e não podia sair dali. Minha mãe veio ver se eu estava bem.

— Você sabe que só pode comer batatas, Clarutchka.

Creia-me: *isso* eu já sabia. Mamãe voltou à faxina. Do ponto onde me encontrava eu via os homens reunidos em torno de um mapa e um jornal alemão que Beck fizera baixar ao subsolo. Linhas e datas marcavam o avanço dos russos. Suspendendo momentaneamente as preparações para o dia santo e quebrando o clima, o senhor Melman anunciou:

— Estamos paralisados na periferia de Zhitomir.

Ainda não estávamos mortos — enquanto tivéssemos fôlego iríamos discutir. Eu sentia que se aproximava um debate acalorado.

O senhor Patrontasch, que agia como se ele e Melman estivessem a cargo das tropas russas, expressou sua frustração:

— Para a frente, para trás, para a frente, para trás, assim já tomamos e perdemos Zhitomir meia dúzia de vezes. A guerra inteira está sendo disputada em Zhitomir! Nunca sairemos desse lugar.

— Se necessário, poderíamos nos enforcar, mas não faríamos isso com os Beck. — Melman meneou a cabeça.

Meu pai lançou a Melman um olhar que só vi uma ou duas vezes em minha vida toda.

— Não quero ouvir conversas desse tipo! Ainda mias perto das crianças.

Melman era do tipo que para fazer uma piada sacrificaria qualquer amizade. Dono de um bom senso de oportunidade, aguardou até estarem todos prestando atenção, antes de soltar o desfecho:

— Afinal, como eles iriam se livrar dos corpos?

Chacoalhando um descascador de batatas, a senhora Melman nem ergueu os olhos do trabalho para dizer:

— Esse é o senso de humor com que sou obrigada a conviver. Mas uma coisa eu agradeço a Deus: agora todos vocês sabem o que tive de aturar durante todos esses anos.

Ali estava um comentário que ninguém esperaria da senhora Melman. Eu ria e gemia ao mesmo tempo.

Mais tarde, Júlia veio recolher dinheiro para fazer as compras de nossa refeição do final do jejum de Yom Kipur. Debilitada pela diarréia, e deitada em meu estrado, escrevendo sobre meu episódio no balde, eu via as pernas de Júlia por trás do marido, de pé dentro do abrigo, com metade do corpo para fora. Incomodamente agachado diante do senhor Beck, Herr Steckel lhe entregava algumas cédulas.

Como sempre, Steckel dava ordens:

— Quero uma bela galinha.

Ouvi Júlia falar, impaciente, usando sua plácida expressão habitual:

— Farei todo o possível.

Steckel estava a ponto de dizer algo, mas o senhor Beck o encarou. Senti que Beck se achava a ponto de explodir. Steckel também.

— Todos sabemos quanto o professor adora seu *pupik*, obviamente pelas qualidades medicinais. O cuzinho da galinha é uma iguaria refinada, não é mesmo?

Todo o mundo ficou rindo escondido, menos Zygush, que se virou para mim.

— Vamos comer galinha, Clarutchka?

Meu pai ouviu de passagem e o beijou na cabeça.

— Em outra ocasião Zygush.

O menino tinha o bom senso de não discutir, nem implorar, nem reclamar. A resignação era quase tão difícil de suportar quanto o medo e a tristeza. Rezei para conseguirmos sair dali antes que o espírito do menino se quebrasse. Ele era pequeno para a idade, exatamente como sua mãe quando criança, e tinha uma carinha de homem que parecia envelhecer um pouco mais a cada dia.

Minha mãe cochichou para meu pai:

— Em meio ano, alguma vez pedimos algo a eles? Será que nem mesmo no dia mais sagrado do ano poderiam abrir mão de alguns *zloty* para as crianças?

Meu pai cochichou de volta:

— Eles não têm filhos, não entendem.

— Eles não entendem porque não têm coração.

Era isso o que eu adorava na minha mãe.

Fazia um calor tremendo na noite mais sagrada daquele ano. Os homens, ainda vestidos em suas roupas de baixo, tiraram com cuidado os xales de oração das bolsas e latas onde eram guardados, e depois de beijá-los no centro, à esquerda e à direita, puseram-nos sobre a cabeça. A essa altura eu já me habituara à visão deles, suas pernas esquálidas e meias pretas — depois de os homens terem passado meses vivendo só de roupa de baixo, já não se discutia mais a adequação de rezar em semelhantes trajes. Ainda assim, me pergunto como me sentia a respeito, na ocasião. Antes da guerra a idéia de homens em roupa íntima em dias santos consagrados nos teria feito cair de rir, Mânia e eu. Não que o habituar-se à visão das pernas magras tivesse tornado aquilo normal para mim. Era o sentimento da imensa relevância que tinha aquele Yom Kipur. Seria o último para mim e nós todos? Iríamos rezar por Mânia e minhas emoções estavam febricitantes. Eu sentia que pela primeira vez no Yom Kipur rezaria de verdade. Havia tantas coisas que desejava pedir a Deus...

As mulheres, por instinto, se reuniram solenemente num dos lados do abrigo, cada uma segurando seu livro de oração. Meu pai, de livro de oração em punho, ficou de pé inclinado para diante, com suas pernas magras e longas de cegonha e as costas curvadas como um pescoço de flamingo. O tempo todo conferia a hora no relógio. Zygush e eu permanecemos na janelinha, olhando lá fora a luz do dia que findava. Um estilhaço de luz do sol poente refletiu-se na vidraça de nossa casa, no outro lado da rua.

Herr Steckel olhou o relógio e pigarreou. Era importante começar no momento exato de uma hora antes do poente. Assim ordenara nossa tradição por milhares de anos. Por objetivos militares, os jornais alemães publicavam amavelmente os horários do nascer e do pôr-do-sol. Mas Herr Doktor Professor Steckel estava impaciente, como sempre.

— O senhor Beck se dedicou com muito empenho a descobrir a hora exata do pôr-do-sol de hoje.

O sol poente é um só, mas meu pai não queria usar o tempo anunciado num jornal controlado pelos alemães. Naturalmente, não se deu ao trabalho de comunicar a Steckel que iria usar o método agrícola talmúdico, no qual se calcula como pôr-do-sol o momento em que o sol desaparece no horizonte. No caso, o horizonte era nossa casa, na calçada em frente.

— Estou ciente disso, professor Steckel. Tenho certeza de que só irá tardar mais um momento.

Eu olhava pela janelinha através de um véu de flores e folhagens. Os últimos raios de sol atingiram a casa e depois, mergulhando, desapareceram. Desci e fiz um aceno de cabeça a meu pai, que se voltou para nós. Por trás de seu sorriso tímido ocultava-se a tristeza.

Nosso rabino sempre começava o ofício com uma breve história, destinada a humanizar a imponência e o teor solene do acontecimento. Muito embora fôssemos só alguns judeus num porão, sobre um piso de terra, eu me sentia tão sagrada quanto nas ocasiões em que eram tantos os judeus na sinagoga da rua Sobieski que nem todos conseguiam entrar. Durante toda a nossa história, os judeus rezaram em esconderijos, em cavernas, em subsolos. Portanto, aquele ambiente não parecia inadequado.

Meu pai respirou fundo.

— Antes de começarmos, estou me lembrando de uma perguntinha que nosso amado rabino sempre fazia aos estudantes.

Sem dúvida meu pai passara meses pensando no modo de dar início ao serviço. Se não tivesse virado comerciante, decerto teria sido rabino, como foi o irmão. Todo o mundo dizia isso. Ele conhecia a Torá e o Talmude de trás para a frente e gastava horas de seu tempo livre em leituras, indo até tarde da noite. Sabendo o que ele iria dizer, não pude conter o sorriso. Papai perguntou:

— Por que o Dia do Perdão é chamado, em hebraico, um dia que lembra o Purim?

Olhou em torno. Claro que não havia mãos erguidas para responder.

— Ninguém sabe? Então vou lhes dizer. Nesses dois dias os judeus costumam se fantasiar. No Purim, fantasiam-me e se enfeitam como gentios. No Yom Kipur, como judeus piedosos.

Esperou um instante para que suas palavras fossem assimiladas. Mirou cada um, mas fez questão de não fitar os Steckel. Depois começou a cantar quase num sussurro. Sem dúvida as palavras saíam de seu coração antes de chegarem a seus lábios: a prece de abertura do Kol Nidrei.

— *Kol Nidre, Vi Et Areh, Vi Char Ra Me...*

A prece completa é assim: "Todos os votos, as obrigações, os juramentos ou anátemas, as interdições, os empenhos e os compromissos que a nós mesmos impusermos, seja por voto solene, juramento, anátema ou autoproibição, a partir deste Yom Kipur até o próximo Yom Kipur (cuja chegada aguardamos venturosos) — de todos eles nos arrependemos por antecipação; todos são declarados absolvidos, perdoados, anulados, sem valor e sem efeito. Os votos não são contados como votos, os compromissos não são obrigatórios e os juramentos não são considerados como juramentos".

Quando eu era pequena não entendia essa prece. Como era possível que a prece mais sagrada de nossa religião nos absolvesse por antecipação de todos os pecados? Era pura loucura. Às vezes eu ouvia as discussões do tema. Alguns homens diziam que essa prece era o motivo de haver tanto anti-semitismo, porque permitia aos gentios acharem que para os judeus estava correto quebrar as promessas e os acordos de toda forma possível, e que o Deus semita aprovava a prática. Meu pai explicou que essa prece era entre o ser humano e Deus, não entre um ser humano e outro, e demonstrava o grande e abrangente sentido da fragilidade humana e a capacidade divina de compaixão e perdão. Papai dizia que começávamos a cerimônia religiosa entoando o Kol Nidrei como inspiração para nos assemelharmos mais a Deus. Disse-me que a oração foi escrita no começo da Idade Média, quando sob ameaças e torturas muitos judeus foram obrigados a renunciar à própria religião ou a se converter. Como nós, os judeus, levamos tão a sério nossos votos, Deus não deseja que nos sintamos atados por votos que custariam nossas vidas. Eu nunca pensara tanto sobre o significado do Kol Nidrei quanto naquela noite.

Enquanto implorávamos a Deus que nos perdoasse os pecados e nos inscrevesse no livro da vida para o ano seguinte, eu pensava no significado das palavras de nossas preces. Quando a pessoa tem dezesseis anos e o pior que já lhe aconteceu foi ter contraído caxumba ou quebrado o braço ao patinar no gelo, tem a impressão de que viverá para sempre. Naquele momento, contudo, eu não sabia se viveríamos um dia a mais. Não conseguia parar de pensar em Mânia. Eu sentia raiva de Deus. Não sabia como nosso Deus poderia existir e permitir que tudo aquilo acontecesse a nós, supostamente o povo eleito. A matança, o sofrimento e a tristeza eram enormes, mais do que eu ou nós conseguíamos suportar. Era uma carga excessiva para um coração humano. Eu sabia que o coração de minha mãe estava perto de explodir, mas continuou a pulsar, como continuaram o meu e os dos outros. Como era possível uma coisa assim? Como podia ficar tão furiosa com Deus e, no entanto, encontrar tamanha consolação em nossas preces?

Não conversamos muito depois de terminado o ofício vespertino. Fui dormir abraçando forte as crianças. Como não precisavam fazer jejum, demos a elas um pouco de pão. Para os restantes, jejuar não era nada. Era uma forma de vida. O jejum nunca fora tão fácil para mim.

× × ×

Para mim foi difícil prestar atenção ao ofício religioso na manhã seguinte. Estava apavorada ante a perspectiva do serviço de Yizkor* que viria a seguir, no qual íamos trazer à memória todos aqueles que tinham morrido no ano anterior. Eu sabia o ritual quase de cor. Nós suplicávamos de todas as formas possíveis pelo poder e o perdão de Deus. Ressoando com novo significado e nova força, as palavras me mortificavam, me assustavam. Uma das preces mais poderosas era uma simples enumeração de todo e qualquer tipo de pecado que uma pessoa pode cometer contra si mesma, sua família, seu próximo e por fim contra Deus. Nós batemos no peito ao enunciar cada prece.

"... nada está oculto aos Vossos olhos. Vós nos sondais o mais íntimo dos pensamentos e o coração... e assim, que seja Vossa vontade apiedar-se de nós e perdoar nossos pecados, conceder-nos vosso perdão...

"Pelo pecado que cometemos perante Vós de endurecer o coração... de imoralidade... de luxúria... de enganar o próximo... de confissão enganosa... por ingestão de comida ou bebida... por cometer usura... por lançar longe o jugo do céu... com ares de soberba... pelo olhar ressentido... consciente ou inconsciente... pelo ódio descabido... por todos esses, ó Deus do perdão, perdoai-nos, concedei-nos a expiação... eu sou pó em minha vida... permiti que seja minha vontade, senhor meu Deus e Deus de meus pais, que eu não volte mais a pecar, e as transgressões que eu houver cometido perante Vós, apagai-as em Vossa munificente misericórdia..." Estávamos pedindo perdão de nossos pecados, mas e quanto aos pecados dos fascistas, dos nazistas, dos SS, da Gestapo, dos ucranianos, de Tilzer e Schitling? Quando eles foram perdoados? E para quê? Teriam eles sequer achado que estavam pecando, nesse mundo virado de pernas para o ar?

Meu pai se voltou. Chegara o momento do serviço de Yizkor. Era e ainda é nosso costume que durante essa parte do culto saiam do recinto as pessoas cujos pais ainda estejam vivos. O senhor Melman

* Consiste em rezas pelos mortos e a recitação da oração El Malé Rachamim. (N. da T.)

nos mandou os três — eu, Igo e Klarunia — para o corredor vizinho às latrinas. Éramos os únicos com pais vivos. Zygush e Zósia esperaram na parte principal do abrigo, e ficaram atentos vendo os outros engatinharem para o corredor.

Papai aguardou até estarmos no corredor e então entoou a prece de abertura do serviço de Yizkor:

— "Deus, o que é o Homem?"

Sempre achei essa uma das mais belas de nossas orações. Papai me disse que nossas preces não eram só a obra de rabinos, mas que muitas tinham sido escritas por rabinos/poetas na Espanha da Idade Média.

Senhor, que é o homem, para que Vós o reconheçais?
O filho de um frágil humano que levais em conta?

Qual um sopro é o homem; uma sombra fugaz são seus dias.
Pela manhã, desabrocha e rejuvenesce,
Pela tarde, é cortado e se enrijece.

Segundo a soma de nossos dias, que Vós possais nos instruir;
Assim iremos adquirir um sábio coração.

Protegei o perfeito e velai pelo correto,
Pois o destino do homem é a paz.

Mas Deus resgatará minha alma do poder do submundo,
Pois Ele me tomará, selah!
Minha carne e meu coração sentem saudade,
Rocha de meu coração, e minha sina, eternamente, é Deus.

Então, assim sendo, o pó retorna ao pó,
E o espírito retorna a Deus, que o facultou.

Ouvindo a oração eu pensava em Mânia e olhava para o pequeno Zygush. Via em seu rosto que aos poucos ele começava a entender que Uchka, sua mãe, estava morta. Era esperto demais para saber que meu pai jamais se enganaria nessas questões. Assim, começou a chorar baixinho. Fitou a irmãzinha, que reconhecia as palavras e as recitava sem saber o que de fato significavam. Zygush pegou a mãozinha de Zósia, que ficou segurando; depois, levou-a aos lábios e a beijou. Ela sorriu para o irmão mais velho, mas não compreendeu que ele chorava porque a mãe deles morrera.

Quanto todos fitamos Zygush, nos demos conta do terrível engano e da carga que lhe colocamos sobre os ombros. O subterrâneo tinha se tornado mais sagrado que qualquer sinagoga.

Apesar de tudo, meu pai prosseguiu:

— Que o Pai todo misericordioso que habita as alturas celestes possa, em sua profunda compaixão, lembrar com clemência os pios, os corretos e os perfeitos.

Demos a resposta:

— Aquele que estabelece a paz em Seus céus, que Ele possa estabelecer a paz para nós e para todo Israel. Amém. O ano que vem em Jerusalém.

As famílias se abraçaram, enxugando as lágrimas. Engatinhei até Zygush e Zósia e os apertei contra o peito. Vi minha mãe parada sozinha enquanto meu pai fechava e recolhia os livros de oração. Mamãe pronunciou em silêncio o nome de Mânia. Fui até onde ela estava e nós nos abraçamos, e ficamos abraçadas, presas uma à outra, com medo de nos soltar algum dia.

Ouvimos uma batida no alçapão. Patrontasch abriu a porta e deparamos com o senhor e a senhora Beck emoldurados pela escotilha acima de nós, nossos dois anjos, no céu do dormitório deles. Entregaram-nos as bandejas com as iguarias de quebrar o jejum. Os Melman, os Steckel, os Patrontasch, todos tinham bandejas com pequenos frangos assados. Zygush e Zósia ficaram olhando a comida passar. Minha mãe não conseguia se conter. Fitava a comida e os pequenos com o coração amargurado, embora soubesse que os Melman e os Patrontasch iriam compartilhar nesse dia.

Então Júlia desceu ao subsolo, apesar do reumatismo. Girando o corpo, e munida de dois pegadores de panela, trouxe para baixo um panelão de sopa de galinha, cheia de massinhas e empanadas fervidas.

— Senhor e senhora Schwartz, isto é para os senhores.

Dessa vez minha mãe ficou quase sem palavras. Só conseguia dizer:

— Mas nós...

Beck sorriu.

— Nem "mas", nem meio "mas"...

Júlia, ruborizada, disse com um largo sorriso:

— Eu até lhe conseguiu um galo. Lembrei-me do costume. Sabia que a senhora precisava de um galo.

Minha mãe abraçou Júlia, e depois Beck, e logo nós todos nos abraçávamos. Zygush começou a chorar, pois se permitiu lágrimas de alegria. Mamãe começou de imediato a separar os melhores bocados da carne para colocar nas tigelas das crianças. Ninguém mais conversava. Todos comíamos em um silêncio satisfeito, agradecidos por alguns minutos.

Eu não conseguia deixar de pensar em Mânia. A presença dela no recinto estava mais forte que nunca. Recordei o último Yom Kipur antes da ocupação. Na noite da véspera, nós nos reunimos no quintal de casa, conforme nossa tradição. Minha família, todos os meus tios, tias e primos, mais de vinte de nós. Uchka chamou Zygush de cima da nogueira, e ele desceu correndo da árvore, como um macaquinho, para onde mamãe tinha reunido todas as crianças num círculo. Passamos os braços em torno uns dos outros. Meu pai tinha nas mãos um galo vivo. Segurou-o pelos pés e o fez girar em torno, sobre as cabeças das crianças e nós começamos a rezar:

— Abençoai e protegei estas crianças, ó Deus, e que os pecados delas possam todos ser assumidos por este galo que sacrificamos em Vosso nome.

Terminada a oração, ele entregaria o galo a mamãe, que o levaria ao *schochet*, o abatedor ritual.

Fazia quase um ano que vivíamos no abrigo. No ano anterior, depois do massacre, agradecemos a Deus por nos salvar da morte. Não contávamos viver mais um ano. Não sei onde é que a gente encontra a vontade de continuar vivo.

A luz elétrica piscou, se apagou, piscou de novo, tornou a voltar... depois se apagou. Fomos deixados às escuras.

11

Um ano no abrigo subterrâneo

De novembro de 1943 ao ano-novo de 1944

Segunda-feira, 22 de novembro. O policial foi embora de manhã, mas voltou com outro policial para jantar, e de novo eles se convidaram para pernoitar. Deus! Quando será que irão embora? Hoje voltamos a ter eletricidade. Deixamos três velas acesas por ser o aniversário do "Massacre de novembro", em que Melman e Lola perderam suas famílias. Meu Deus! No ano passado, depois da chacina, nós saímos do subterrâneo e agradecemos a Deus por nos salvar da morte. Naquelas circunstâncias, não contávamos viver mais um ano. Não sei onde é que a gente encontra a vontade de continuar vivo! Você perde as pessoas amadas e ainda assim quer prosseguir vivendo...

Agora são onze da manhã. Os alemães ainda não chegaram. Talvez não venham. É muito ruim ficar sentada e tensa o dia inteiro. É ainda pior quando não se pode dormir.

DORMÍAMOS CADA VEZ MAIS. Os nazistas tinham começado a racionar a eletricidade e atiravam nas trevas a cidade inteira. Agora só tínhamos luz por algumas horas, no começo da noite e pela manhã. Nunca sabíamos em que momento seria. Na escuridão e no frio, pouco nos restava a fazer; então, dormíamos para conservar o calor. Zygush sempre mantinha um livro ao alcance da mão e o agarrava no momento em que a luz voltava. Desde que aprendera a ler, passava horas com seus livros. Lia em silêncio para si mesmo, ou então em voz bem baixinha para Zósia, com a boca a um sopro de distância da dela. Mesmo na penumbra, eu via a centelha nos olhos de Zósia quando o irmão mais velho lia para ela. E adorava o fato de que eles gostassem de livros tanto quanto eu.

Já que iríamos permanecer no esconderijo por "algumas semanas" eu só levara comigo alguns de meus preciosos livros. Não sei por quê. Talvez tenha achado que trazer mais livros atraísse azar. E ali estava eu no abrigo, sozinha enquanto minhas belezas continuavam nas minhas estantes, em nossa casa. Os romances históricos eram meus favoritos. Livros grandes e grossos, com histórias que duravam uma eternidade. Dumas, Dickens, Hugo. Li tudo que escreveram. E quando penso em alguns dos títulos, *Os miseráveis, A casa soturna, Grandes esperanças, O corcunda de Notre-Dame, O homem da máscara de ferro*... E os enredos! *O conde de Monte Cristo, Um conto de duas cidades, David Copperfield*... prisões, masmorras, guerras, revoluções, falsas detenções, traidores, líderes corruptos e sanguinários sedentos de poder, traições, ganância, heróis, falsificação de personalidade, julgamentos simulados, tortura! Enquanto eu lia, no terror de meus pesadelos mais apavorantes, nunca imaginei que minha vida fosse de alguma maneira se assemelhar a tais livros.

Também adorava as histórias de Varsóvia escritas por Isaac B. Singer, mas eu era considerada jovem demais para ler I. L. Peretz, embora tivéssemos um retrato dele, composto inteiramente de letrinhas miúdas, na parede da sala de estar.

Eu gostava muito de Henryk Sienkiewicz, o escritor polonês de romances históricos que publicou títulos como *A ferro e fogo, O dilúvio*, e *Fogo na estepe*. Sienkiewicz, que recebeu o Prêmio Nobel de Literatura, também escreveu *Quo Vadis*, que já rendeu três filmes e uma ópera. Mas vocês precisam se lembrar de que eu era apenas uma adolescente, e sempre achava tempo para o último livro de Kurzmahler. Nas histórias dela, meninas órfãs sempre se transformavam em princesas e só havia finais eram os felizes.

Ali, porém, minha leitura dependia daquilo que o senhor Beck conseguia arrastar das centenas e centenas de volumes abandonados nas ruas, saqueados das casas dos judeus deportados ou assassinados. Pelo visto esses livros apresentavam pouco interesse para as tropas alemãs ou para os poloneses e ucranianos. Mesmo que tivesse dinheiro, Beck não conseguiria comprar livro algum sem levantar suspeita. Sua fama se devia a muitas coisas, mas nenhuma delas tinha a ver com leitura. Eu ficava grata por qualquer coisa; não poderia pedir a ele que se pusesse de joelhos para procurar entre as cinzas meus escritores favoritos. Havia um livro cujo título não recordo, e que Artek, Lola e todos os adultos passavam de uns para os outros como se fosse um petisco. Eu queria lê-lo, mas minha mãe me disse que era muito ousado e inadequado para alguém de minha idade.

— Salka, é um livro! — lembrou-a Artek. — Se algum de nós vai sair daqui ninguém sabe; e você não está querendo que Clarutchka leia porque pode ser ruim para ela, não é?

Nós tivemos que rir.

Zygush não era a única marionete naquele armário de criança. Tão logo a porta se abria e a luz o iluminava, todos nós voltávamos à vida. Limpando. Descascando batatas. Fervendo água. Lavando o rosto. Recolhendo nossos estrados. Cortando fatias do pão dormido, que pelo menos era fácil de cortar. Se a energia continuasse ligada por mais algum tempo, eu ensinava às crianças suas lições ou até, de vez em quando, nós partilhávamos alguns momentos de brincadeira, de confecção de bonecas. Se os fascistas soubessem que eram os judeus a lhes cerzir as meias! Graças a Deus Lola estava ali para nos ensinar todas essas coisas. Nós procurávamos ganhar dinheiro de todas as formas possíveis, mas sem luz elétrica passamos a ganhar menos que antes.

Achávamos à beira da desnutrição; no entanto, sempre dávamos um jeito de conseguir ir vivendo. Qualquer objeto decente que tivéssemos possuído fora vendido tempos atrás. Meu derradeiro vestido nos trouxera duzentos *zloty* e cinco quilos de farinha. Beck vendera parte das roupas íntimas de papai por cento e dez *zloty* e nos dera cento e vinte. Deus o abençoe. Mas àquel altura, de fato, não restava mais nada para vendermos.

Papai tinha boa memória. Sempre lembrava cada aniversário de cada membro de nossa enorme família. Sabia de cor o texto do Talmude e da Torá, que conseguia citar com capítulo e versículo. Ele era o guardião de nossa memória coletiva. Mamãe estivera revirando o fundo de nossas estantes improvisadas, embutidas na parede, numa tentativa derradeira de encontrar algo, quando tropeçou num grande pacote amarrado com barbante. Nenhum de nós sabia do que se tratava. Tínhamos embrulhado tudo em jornais, na vã tentativa de evitar que os objetos mofassem. Quando Salka levantou o lindo sobretudo cinza-grafite de papai, meneou a cabeça, surpresa.

— Ah, esse distraído do meu marido!

Mamãe mandara fazer o sobretudo pouco antes da guerra. O tecido de lã era importado da Inglaterra, e com sua gola de pele de astracã do Afeganistão, o casaco valia uma fortuna. E nos rendeu apenas seiscentos *zloty*. Mas foi suficiente para comermos durante uma semana. Até mamãe, que andava abatida, com dor de cabeça constante por causa das preocupações e da tristeza, começou a ficar parecida com o que fora um dia. Nos dias que se seguiram, cada vez que ela olhava meu pai, sacudia a cabeça e sorria. Pelo menos nós estávamos a salvo — enquanto passávamos fome e ficávamos agachados no escuro, outros enfrentavam a morte ou a deportação.

As notícias vindas do mundo exterior não estavam favoráveis. De fato, notícia mesmo não havia nenhuma. Pelo que pareceram semanas, nada aconteceu. Por fim a BBC anunciou que os russos tinham tomado Zhitomir e Kiev. Foi o primeiro avanço significativo dos russos em meses. O senhor Patrontasch pegou seu mapa e marcou o novo *front*. Mas apenas alguns dias depois os nazistas retomaram as duas cidades. Quando o senhor Patrontasch apagava o avanço em seu mapa, eu sentia como se ele estivesse igualmente apagando nossa esperança. Eles lutaram na frente oriental e ocidental. Fizeram uma conferência em Moscou e outra em Londres, mas tudo se movia a passo de tartaruga.

Durante um ano inteiro ficamos naquele buraco, sobrevivendo da generosidade dos Beck e de pura sorte, quase na mesma medida. Apesar do fato de que o tempo no esconderijo parecia ter parado, um ano inteiro se passou. Em 22 de novembro, o aniversário do primeiro massacre, acendemos três velas em memória dos judeus chacinados. Se para cada pessoa que tinha morrido fosse acesa uma vela, nosso esconderijo teria brilhado com mais intensidade que a estrela mais brilhante. Era quase inconcebível recuar, na memória, ao tempo em que chegamos ali. Naquela época estávamos convencidos de que iríamos ficar presos no abrigo por no máximo duas semanas. Naquele momento, com o jogo de xadrez que a Rússia e Alemanha nazista vinham jogando, temíamos que aquilo durasse para sempre.

A troco de nada, Beck dissera que achava possível que tivéssemos de ficar ali até novembro do ano seguinte. Mais um ano! Nem consegui imaginar tal coisa. Acho que Beck não entendia o quanto nós dependíamos, para nosso sentido do real ou do imaginado, de cada palavra dita por ele. Eu acreditava que para nós seria impossível agüentar mais um ano. Foram muitas as ocasiões em que escapamos por pouco; a embriaguez de Beck o tornava pouquíssimo confiável; e agora Júlia e Ala pareciam divididas entre nos salvar e se proteger de sofrimento e humilhação mais adiante.

Durante as últimas semanas, as duas foram embora de casa e voltaram meia dúzia de vezes. Júlia já nem mesmo batia na porta do alçapão para anunciar seus planos. E quando ela estava em casa, deixava a mala junto à porta, numa espécie de lembrete para Beck. Ele passara a participar de "jantares" freqüentes na casa da cunhada. Quinze dias antes, ele nos contou que a cunhada vinha tendo um caso com um policial ucraniano. Já que desde o último Natal ela estava informada a nosso respeito, as confidências íntimas entre os dois poderiam resultar desastrosas. Mas Beck nos aconselhara a não nos preocuparmos.

— Vou demovê-la disso. Ela é uma mulher sensata.

E saiu para a casa dela, na periferia da cidade. Era evidente que Beck fazia mais que conversar. Seria esse seu jeito de mantê-la calada? Nós não sabíamos sequer o nome de batismo dessa mulher, e nem Júlia nos revelou. Ela só se referia à outra como "a cunhada". Não se referir à própria cunhada pelo nome equivalia a um tapa na cara. Tamanho insulto era tudo o que Júlia podia fazer como vingança. Ela não nos deixava perceber o quanto se sentia magoada. Até Beck se endireitar, só voltaria para casa à noite, quando o marido estivesse no trabalho. Se não fosse por nossa causa Júlia o teria abandonado por completo.

Estávamos horrorizados por causa de Júlia, mas nada podíamos fazer. Nossas vidas se achavam em suas mãos. Não iríamos nos arriscar a zangar Beck, embora o novo romance lhe estivesse colocando em risco a mulher e a filha, tanto quanto a nós. Não havia como entendê-lo. Qualquer um que se atrevesse a esconder dezoito judeus tinha que ser louco, desafiador, arrogante e confiante. Eu não conseguia nem mesmo me zangar com ele. Nenhum de nós, aliás. Ficávamos sentados em silêncio, lidando com essa ameaça adicional à nossa sobrevivência, e tocando em frente.

Para agravar o problema havia o novo namorado de Ala, um piloto nazista. Adolph passara dois anos na frente russa pilotando aviões de caça. Beck nos dissera de imediato que Adolph era um homem bom, e que lhe havia confessado seu desprezo por Hitler. No entanto, mesmo alguém que desprezasse Hitler poderia nos trair. Mas Ala estava apaixonada, e por isso Adolph era assíduo freqüentador da casa. Ele vinha pela tarde, por vezes sem anunciar, espalhando pânico no subsolo. Ou vinha para jantar, trazendo flores e presentinhos, ficando até tarde e, em algumas ocasiões, até pernoitando. Beck gostava dele, e assim por vezes Adolph aparecia quando Júlia e Ala estavam fora, na casa da irmã de Maria. Nossa pequena janela de liberdades fora fechada com estrondo. Quando Adolph se achava presente, não podíamos nos mexer, cozinhar, falar e nem mesmo fazer nossas necessidades. A mesa do carteado ficava no dormitório dos Beck, bem acima de nossos baldes. Adolph e Ala jogavam cartas, conversavam e ouviam música durante horas. Eles dançavam bem na direção de nossas cabeças. E quando não eram eles, era Beck entretendo seus colegas de baralho ou outros. A impressão era de que à noite quase sempre havia gente lá em cima. Embora essas visitas pudessem contribuir para desmentir boatos e acusações de que os Beck estivessem acoitando judeus, elas nos condenavam a longos períodos de silêncio, de imobilidade e silêncio absoluto. Até minha própria respiração se tornara superficial. Nossas vidas eram deprimentes.

Por fim, Patrontasch acabou pedindo a Beck que levasse para a sala de estar a mesa de jogo, permitindo assim que nos aliviássemos sem medo de ser ouvidos.

× × ×

Embora o progresso entre os russos e Aliados parecesse irremediavelmente paralisado, as notícias de nossa pequena cidade eram muito funestas. Todo dia Beck ou Júlia tinha forçosamente de ser o infeliz mensageiro de más novas. A cada dia se alongava mais a lista de amigos perdidos pelos quais eu mantinha luto.

Quando Beck voltou no campo de trabalho de Janowska, em Lvov, aonde costumava ir colher informações para nós, obtidas de conversas furtivas junto à cerca de arame farpado, viu-se obrigado a anunciar o extermínio dos internados ali. Havia tempos que sabíamos da morte de Hermann durante o verão, mas já não tínhamos como proteger Lola da verdade. Ela perdera todos os seus.

Quando Júlia voltou de Zaleszcryki, uma cidade próxima, disse que os guerrilheiros foram enforcados, e pendiam das árvores como enfeites natalinos. A velha senhora Twordyewicz tinha sido deportada. Ela era corcunda, praticamente cega e surda, só um vestígio de mulher. Sem mencionar que se convertera ao catolicismo na infância e participara da missa todos os dias de sua vida. Mas mesmo assim a deportaram. Outro amigo nosso, Misko Segal, foi encontrado e assassinado. Às vezes, os detalhes eram nebulosos. Encontraram um outro judeu escondido. Talvez o nome dele fosse Springer, Beck não tinha certeza. Pelo visto o nome da pessoa já não importava. Beck anunciou que o homem pelo menos teve tempo de se enforcar, roubando assim aos nazistas o prazer de matá-lo.

Será que nos veríamos levados a tanto? Parecia inconcebível que semelhante idéia consolasse alguém em tal ocasião. Mas muito do que ouvíamos e vivíamos parecia inconcebível. Beck ficou mais abalado pelo que se deu com o senhor Chachkes, um famoso advogado de Zolkiew. Beck ouvira dizer que ele e a cunhada tinham sido capturados num povoado na periferia da cidade. Beck não conhecia o advogado, mas ele e Júlia ficaram muito transtornados, pois a polícia encontrara em poder de Chachkes documentos incriminatórios para os camponeses que os esconderam. Os judeus e seus salvadores foram levados para Lvov acorrentados.

Surgiu uma nova onda de boatos de que os Beck talvez estivessem escondendo judeus. Pelo jeito, o chefe de Beck no depósito de bebidas, Meyer, achava que o subordinado estava levando uma vida "opulenta demais" e "boa demais" para o salário que ganhava. Meyer comunicou suas preocupações ao Obersturmführer Von Pappen, o oficial da SS que organizava as deportações e extermínios em Zolkiew. Até mesmo dois dos colegas de carteado de Beck, poloneses pertinazes, Eisenbard e o doutor Lucynski, que não se importavam de jogar com Krueger, Schmidt e os outros nazistas, tinham terror a Von Pappen e já não se atreviam a aparecer para jogar baralho. Eisenbard tinha contado a Beck que ouvira dizer que a casa dele era "impura". Se o melhor amigo de Beck dizia isso, o que estaria pensando o restante da cidade?

Beck tinha motivo para se afligir. Von Pappen era implacável. Era de conhecimento público o fato de que Von Pappen tivera um talentoso carpinteiro judeu trabalhando para ele, chamado Hiam Schott. Von Pappen gostava dele e o protegia. Baixou ordens para que ninguém incomodasse Schott. Portanto, esse foi poupado da deportação e da chacina. Quando Schott decepou parte de um dedo, Von Pappen o levou pessoalmente ao hospital para ser tratado. Mas quando ambos saíam juntos do hospital, Von Pappen sacou displicentemente a arma e matou o senhor Schott com um tiro na cabeça. Só Deus sabe o que aconteceria se Von Pappen ou qualquer outro traidor descobrisse que Beck certa vez roubou a carpa natalina do tenente, para comemorar com os judeus que estava escondendo no porão!

Beck acabara de ser mandado a Von Pappen porque lhe haviam roubado o fuzil. Só esse delito já bastava para que o fuzilassem ou enforcassem. Durante o expediente ele pegara no sono, e seu fuzil foi roubado por um ucraniano dos Casacos Azuis. Beck teve o atrevimento de alegar para Von Pappen que fingira dormir — já que todos os ucranianos eram canalhas e ladrões, ele quisera apanhar um deles em pleno ato. Von Pappen respondeu que precisaria pensar nas medidas a serem tomadas e mandou Beck para casa.

A litania de mortes, os boatos e o próprio comportamento provocativo de Beck convenceram os homens do subterrâneo de que algo precisava ser feito. Essa grave ofensa não passaria sem punição. Depois de muita discussão chegaram a uma possível solução. O senhor Patrontasch teria de convencer Beck a pedir desculpas a Von Pappen.

O senhor Patrontasch bateu na porta do alçapão, que Beck abriu logo.

— Uma palavrinha, se o senhor tem um minuto — foi só o que disse o senhor Patrontasch.

Eu convivera com aqueles homens minha vida toda, e mais uma vez me admirou ver o quanto haviam se tornado tímidos. Com nossas vidas em risco, estávamos mandando o senhor Patrontasch numa missão tão perigosa quanto uma escapada do gueto, ou a diplomacia de alto nível entre Roosevelt e Stálin. Convencer Beck, tão teimoso quanto qualquer ser humano podia ser, a se desculpar perante um homem que ele considerava um assassino seria tarefa difícil.

Mas instantes depois Patrontasch retornou, de caneta e papel na mão: Beck queria que Patrontasch escrevesse uma carta para "amaciar" Von Pappen. Embora fosse alemão étnico, ele tinha pouca fluência no idioma. Com sua elegante escrita alemã, Patrontasch começou a escrever o quanto Beck se sentia honrado em poder servir ao Reich em qualquer posição em que pudesse ser bem utilizado. Afirmou que sempre sonhara que a Alemanha voltasse à Polônia e cumprisse seu destino de expansão para o oriente, trazendo cultura e civilização para as massas eslavas. Escreveu o quanto admirava pessoalmente Von Pappen e que estava encantado por ter o privilégio de servir sob semelhante patriota alemão. As mentiras saíam sem esforço. "Beck" pedia a Von Pappen compreensão com seus defeitos pessoais, que em nada diminuíam a lealdade devotada por ele à pátria.

Quando Beck voltou, algumas horas depois da entrega da carta, com vodca e tabaco como prêmio, gabou-se de que o tenente estava comendo em sua mão. A crise foi evitada e os homens partilharam com Beck uma risada constrangida. Imaginem se Von Pappen soubesse que um judeu havia redigido a eloqüente ode à pátria. Mas o alívio durou pouco.

Naquela mesma noite fomos despertados por Júlia, que gritava e batia na porta do alçapão:

— É a polícia ucraniana!

Seriam umas três da manhã. Mamãe ficou tão perturbada que desmaiou; as crianças começaram a chorar, mas àquela altura já sabiam chorar em silêncio. Os demais nos pusemos a rezar. Beck devia ter sido denunciado por um de seus diversos inimigos. Talvez por causa do fuzil. Ou por qualquer outra coisa. O porquê não fazia a menor diferença. A polícia estava à porta e em breve saberíamos.

Ouvimos quando os policiais informaram a Júlia que precisavam levar Beck preso. O comandante da polícia ucraniana queria interrogá-lo. Com toda a calma possível, Júlia indagou o que o marido fizera. Os policiais não sabiam a história completa, mas disseram que Beck tinha estado "bêbado como um polaco" e que tinha dito "alguma coisa" ao chefe dos Casacos Azuis deles.

De Beck nós já tínhamos ouvido o pior. Logo, sabíamos que "alguma coisa" podia ter sido uma entre centena de coisas horrendas. Beck acabara de escapar de Von Pappen, e então eram os ucranianos que estavam atrás dele, e no meio da noite. Esses homens tinham rixas que remontavam a anos e anos, e pelo visto resolveram acertar as contas antigas.

Beck devia ter perdido os sentidos, pois de outra forma estaria com certeza berrando aos Casacos Azuis:

— Vão cagar na mãe!

Essa era a expressão padronizada que usava em seus xingamentos. Na primeira vez em que a usou, a pobre Salka ficou muito chocada, e imediatamente lançou a Mânia e a mim um de seus olhares que diziam: "É melhor vocês não terem ouvido isso; e se ouviram, acho bom esquecerem". Mas naquele momento ela já estava grata por ser essa a única praga que no arsenal de Beck. Normalmente ele a dizia a Júlia.

Um dos policiais achou Beck e resmungou aos colegas que se quisessem levá-lo preso teriam de carregá-lo. A comoção deve tê-lo acordado, porque ouvimos um outro dizer:

— Vá dormir, Valentim. Diremos que não encontramos você em casa.

O mesmo policial a quem Beck acusara de lhe roubar o fuzil agora o protegia. Pouco depois, os policiais se foram.

Júlia ainda tentava descobrir de Beck o que exatamente ele dissera, e que ocasião combinar para um interrogatório, quando o marido, em seu estupor de bêbado, resolveu que tinha que ir à delegacia de polícia confrontar seus acusadores e ir até o fundo daquele "arremedo de justiça".

Júlia tratou de ganhar tempo enquanto Ala foi esconder a bicicleta do pai, na esperança de que, se ele insistisse em ir, a caminhada pudesse pelo menos deixá-lo mais sóbrio. Ouvi Júlia gritar "Não agüento mais!" e sair com Ala para a rua, batendo a porta atrás de si. Beck continuou a praguejar e a atirar objetos a seu redor, ao mesmo tempo procurando a bicicleta. Então, uma porta foi arrebentada. Pareceu a do banheiro. Por que ele procurava a bicicleta no banheiro? Beck devia estar no último grau de embriaguez. Ele xingou Júlia de idiota.

— Estou cagando em sua mãe!

Não sei se Valentim entendera que a mulher e a filha tinham partido. Ouvimos a porta de fora bater de novo e depois o silêncio se fez. A idéia do que um Beck bêbado diria ao chefe de polícia ucraniano, que o odiava e estava buscando qualquer pretexto para mandar fuzilá-lo, nos enchia de terror. Toda esperança de dormir nos abandonou. Ficamos todos à espera do retorno de Beck ou da polícia.

Quando voltou, de madrugada, Beck recusou-se a nos contar o que houvera e, para piorar tudo, sua ressaca era tão forte que não foi trabalhar naquela noite. Estávamos vivendo debaixo de um vulcão ativo que podia entrar em erupção a qualquer momento. Júlia só retornou por alguns minutos para nos avisar que iria a Lvov comprar tabaco, e Ala saiu para trabalhar. No momento em que escutamos o ônibus de Lvov sair do ponto na calçada em frente, Valentim bateu na porta do alçapão.

— A casa está imunda. Quero que venham aqui em cima para limpá-la.

Lola e eu nos encaminhamos à escotilha, pois em geral éramos nós que fazíamos a faxina. Mas Beck disse:

— Klara, por que você não me ajuda?

Ficamos olhando a mão de Beck, galante e cavalheiresca, descer pela abertura para auxiliar Klara a subir.

Os homens observavam e discutiam com talmúdica fúria a guerra entre os Aliados e as potências do Eixo. Mas, para nossas vidas, a guerra de maior relevância era aquela entre os Beck. Itália, Alemanha, Inglaterra, esses eram lugares dos romances que eu lia. Era impossível fazer a conexão das conferências e batalhas com o campo de batalha no andar de cima. Uma palavra equivocada e estaríamos mortos. A questão era muito simples. Havia uma guerra mundial: estava sendo disputada no pavimento superior.

E a guerra havia se espalhado dentro do abrigo, entre as famílias, por causa de uma faixa de madeira de cinco centímetros de largura. O conflito fermentara durante meses e meses, desde que Zygush e Zósia vieram viver conosco e Mânia morreu alguns dias depois. Era quase demasiado horrível para se comentar. A morte de Mânia nos deprimiu demais para pedirmos mais espaço de dormida onde acomodar as duas crianças. Nada podia estar mais distante de nossas mentes. Meus pais tinham sido religiosos em relação a nunca falar no nome dela. Não contaram nenhuma história sobre ela que lhes trouxesse um pouco de alívio. Não trocaram recordações de Mânia. Nós não tínhamos nem um retrato de minha irmã. Cada um ficou sozinho com sua dor. Zygush e Zósia aprenderam a jamais mencionar seu nome. Nosso próprio silêncio era nossa canção fúnebre. Mas, com a chegada das duas crianças, não havia espaço eficiente para nós cinco. Já ficava difícil dormir naquelas circunstâncias, e com os pequenos ficou impossível. Não sei por que toleramos por tanto tempo o desconforto adicional. Talvez tenha sido porque os dois irmãos tomaram o lugar de Mânia em nossos estrados, e, mesmo após oito meses da morte dela, pronunciar em voz alta as palavras iria evocar sua lembrança de forma muito dolorosa.

Eu sabia que não podíamos continuar eternamente a ser educados e solícitos uns com os outros. O ressentimento de nossa parte em relação ao espaço e o ressentimento das três famílias em relação aos corações empedernidos dos Steckel foram como um vazamento no cano de gás. Bastou uma fagulha. De vez em quando os homens ficavam cochichando sobre pedir ajuda aos Steckel, pelo menos para as quatro crianças. Mas acabavam por não pedir. Meu pai temia ofender os Steckel, pois sabia que os Beck dependiam do dinheiro deles, e papai não queria ver Beck se zangar conosco. Aqueles homens, do mesmo jeito que Mânia e eu, tinham sido criados para nunca pedir nada. Não era questão de orgulho. Era só que no mundo judaico de Zolkiew ninguém nunca precisara pedir ajuda. Ela sempre era dada sem uma palavra. Era um pecado humilhar alguém chamando a atenção para sua pobreza. Os Steckel enxergavam muito bem e conseguiam calcular até os gramas de qualquer porção de pão, toucinho, carne, batata, cebolas; o que quer que fosse. No entanto, eram cegos o bastante para não ver que as pernas das crianças pareciam bastões, só um osso com a bolinha do joelho no meio. Víamos seus olhinhos se arregalarem quando a comida passava bem diante de suas caras. Sei que os pequenos gostavam de olhar a comida e cheirá-la, porque não podiam evitar fazê-lo, e isso era melhor que nada. De tanta fome, a carinha de Zygush parecia a de um velho. Às vezes eu sonhava com o dia em que ficaria sozinha com um pão de fôrma e uma faca, e poderia cortar para mim uma fatia tão grande quanto quisesse.

Em oito meses as duas crianças nunca perguntaram, nem uma única vez, por que os Steckel não dividiam o alimento conosco; e nem uma única vez elas pediram sequer uma migalha. Deve existir uma palavra para definir gente incapaz de sentir vergonha. Para mim, os Steckel eram tão maus quanto os fascistas. Para mim, só havia dois tipos de pessoas no mundo. As que queriam nos salvar e as que queriam nos matar. Mesmo em ocasiões como aquela, uma pessoa não pode pensar apenas em si mesma. A pobre Mânia suportou a tortura para nos salvar a todos, inclusive aos Steckel. No entanto, eles se atreviam a esconder seu dinheiro como se não soubessem sequer o nome de Mânia. Deviam a ela suas vidas, mas algum dia ofereceram pêsames? Não! Em memória dela ofereceram-se para dividir o que comiam, ainda que fosse só com as crianças? Não! Eu procurava não ter por eles o ódio que sentia pelos fascistas. Afinal de contas, os Steckel estavam se escondendo dos nazistas do mesmo modo que eu. Eles eram judeus como nós, mas para eles a morte de minha irmã só significava alguns centímetros a mais de espaço para dormir.

Meu pai disse em voz tão baixa que mal se ouvia:

— Venho querendo mencionar isso. Desde que as crianças vieram morar conosco... nós não temos tanto espaço para dormir...

A fagulha — nós agora éramos cinco pessoas e só tínhamos espaço de dormida para quatro. Logo que as crianças chegaram, ficamos tão felizes que estivessem ali, e tão agradecidos que lhes tivesse sido permitido ficar, que não nos atrevíamos a pedir espaço extra para acomodá-las. Significava que nenhum de nós podia dormir de costas ou de bruços; nem nos virar no sono.

As palavras saíram do nada. Sei que papai deve ter passado meses a fio pensando em pronunciá-las. Eu tinha esperança de que, envergonhados de não terem pensado naquilo por iniciativa própria, os outros concordassem. Mas quando vi a expressão de todos os rostos, sobretudo os dos Steckel, entendi que não seria assim. Nenhum de nós pedera nada extra em mais de um ano. Nem uma vez. Nem uma xícara de água. Nem uma casca de batata. Nem uma gota de óleo, quando o tínhamos. Mamãe ergueu a vista das batatas que descascava. No começo não houve reação, já que todos observavam em torno, à espera de que alguém dissesse alguma coisa. A senhora Melman começou:

— As crianças...

Não precisou terminar a frase — pude ler o que tinha em mente. "As crianças podem causar a morte de todos nós! Nós não as queríamos. Beck as enfiou por nossa goela abaixo, e agora o senhor quer que a gente abra mão de nosso espaço? *Genug is genug*, já basta, já chega!"

— Cada família, cada qual tem mais espaço que nós. A senhora acha que é correto?

— Nós fazemos um favor a vocês e é isso o que recebemos? Um monte de *tsuris*, problemas! — continuou a senhor Melman.

— Olhe para você e olhe o que nós recebemos! — disse mamãe, apontando para nossa área de dormida. — Como se atreve?! Quem é você, aliás, para vir assim com tanta arrogância?

— Pode ir baixando a voz! — sibilou a senhora Steckel.

— O que foi que você disse? — retrucou mamãe.

— Você me ouviu. *Shatt! Shatt!* Calada!

A senhor Melman tentou apaziguar, mas era tarde demais. Nós éramos abusados, mandões, exigentes; estávamos nos aproveitando da situação e arriscando a vida de todo mundo. Inclusive as dos filhos deles!

Eu tremia, as crianças choravam. Elas entenderam que ninguém as queria ali. Era inacreditável que as outras três famílias estivessem em conluio contra nós. O que fizéramos? Só tínhamos perdido minha irmã. Eu tinha medo de Beck ouvir lá de cima e se zangar conosco. Nunca vira meu pai tão zangado. E então comecei a gritar:

— Silêncio! Todos calem a boca!

Papai se voltou para mim, e antes que eu percebesse me deu uma bofetada no rosto. Ele nunca erguera a mão para ninguém de nossa família. Jamais. Olhou para mim como se quisesse me bater de novo. Seus olhos, tão negros e esgotados de exaustão, mostravam um brilho que eu nunca tinha visto. Quente e brutal. Furioso de desprezo. Tive vontade de morrer. De vergonha. De mágoa. De tê-lo magoado. De sentir o quanto ele se sentia infeliz. Mas então papai se deu conta do que fizera. Todo o calor voltou a seus olhos. Era meu pai de novo. Eu nunca tinha visto aquela expressão em seu rosto, exceto na morte de Mânia. Todos no recinto ficaram atônitos. Eu alcançara êxito. Tudo estava em silêncio.

Mamãe disse apenas:

— Meir...

Naquele momento papai me abraçou, me beijou e me pediu que o perdoasse. Não havia nada a perdoar. Ele não conseguira chorar por minha irmã. Sentia-se responsável pela morte dela e nada jamais removeria aquela dor do peito. Iria pranteá-la pelo resto da vida. A morte de Mânia, uma muda acusação, permaneceria entre meus pais até o final de seus dias.

O senhor Patrontasch pegou sua fita métrica e engatinhou até nós. Pediu licença e mediu o espaço que partilhávamos. Depois mediu o espaço de dormida de cada uma das outras famílias no abrigo principal. Abriu sua caderneta, molhou na língua a ponta do lápis e fez alguns cálculos, enquanto todos o observavam.

— O que é justo é justo — anunciou. — Cada um tem trinta e cinco centímetros para dormir.

Agarrando um sarrafo ou dois de cada uma das três outras famílias, colocou-os ao lado dos nossos. Ninguém disse nada. Quando fomos dormir naquela noite, não tivemos a sensação de dispor de mais espaço. Mânia teria achado cômica a situação.

× × ×

Os Beck proclamaram uma trégua de Natal. Nós todos estávamos deitados em nossos estrados, ouvindo a festa do andar de cima. O rádio fora ligado e todos dançavam. A sensação era de que a cidade inteira de Zolkiew viera parar bem acima de nossas cabeças. Reuniram-se ali a família de Beck, a de Júlia, Adolph, Krueger e os outros colegas policiais de Beck, o professor Lang e Eisenbard. Eu ignorava se havia outra alma desperta, mas concluí que estávamos todos acordados. As pancadas dos pés, na dança, pareciam vir de dentro de minha cabeça. Mais cedo, eu chorara de amor e gratidão pelos Beck. Mas naquele instante as lágrimas caíam porque aquelas pessoas festejavam, felizes, enquanto muitos milhares estavam mortos ou morrendo.

As passadas do senhor Beck cruzaram a sala para chegar ao rádio. Ele desligou o aparelho e praticamente um após outro os pés foram parando de dançar. Beck disse:

— Escutem só.

Ao longe, ouviam-se cânticos natalinos. Eu imaginava os cantores caminhando pela neve, todos agasalhados por causa do frio, segurando velas para iluminar o caminho. Pelo som de suas vozes, sem dúvida estavam perto da igreja, onde Mânia foi capturada. A lembrança dela se intrometia em quase todos os meus pensamentos. À medida que os cantores se aproximavam cada vez mais, fui identificando a canção: *Przybiezeli do Betlejem*. Era uma das mais belas canções de Natal polonesas e uma das que Mânia e eu cantáramos juntas havia coisa de um ano.

Então, distingui as palavras dos cânticos. Mas não eram as canções de Natal que eu conhecia. E o pior: ouvíamos os Beck, Ala e todos os convidados deles rindo junto com os cantores, que cantavam num exagerado arremedo do sotaque iídiche, rindo tanto da própria zombaria que mal conseguiam pronunciar as palavras...

Alegria no mundo, os judeus morreram
De enforcamento, bala na cabeça;
Alegria no mundo, o sangue escorreu
Começou como um fio e agora é maré...

Beck rugia numa diabólica explosão de riso. Zygush e Zósia se encolheram em meus braços, apavorados demais para falar. A risada dos Beck só ampliava nosso terror. Fiquei repetindo baixinho nos ouvidos das crianças que tudo estava bem, mas eu não acreditava naquilo nem por um segundo. A impressão era de uma daquelas missas satânicas com que as velhas camponesas adoravam apavorar as crianças locais.

Alegria no mundo, um presente
De nosso Senhor, Jesus,
Encontrei sob a árvore...
Corpos da família judia...
Mãe, pai, filha, filho...
Matá-los foi tão divertido...

Sabíamos que não haveria sossego até a última garrafa ter sido esvaziada, o último brinde, levantado, e a última dança, terminada. Um a um os convidados saíram andando para dentro da noite limpa e refrescante de inverno. Adolph demorou a ir embora. Após ouvirmos a porta se fechar pela derradeira vez, Beck mandou Ala ao subterrâneo para nos fazer subir todos. Desculpou-se a não mais poder por ter participado da cantoria. Fora puro fingimento. Todos os Beck estavam envergonhados. Depois de tudo o que tinham feito por nós, o fato de se preocuparem com uma coisa daquelas lhes atestava a bondade. O senhor Beck pediu perdão chorando e beijou cada uma das crianças.

A árvore, com seus ramos tão frescos, enchia o recinto com a fragrância de pinheiro. A centena de velas pousadas nos ramos era um coral de luz. As crianças olhavam maravilhadas. Como esse mundo ousava ser tão diferente do nosso no subsolo? Ala e os pais tinham saquinhos de balas para os pequenos, que esqueceram tudo ao apanhá-los, conferindo peça por peça, cuidando para que ninguém recebesse um doce a mais. Deus abençoasse os Beck por terem se lembrado das crianças.

A trégua dos Beck continuou pelo ano-novo afora, quando eles desceram ao abrigo trazendo vodca para os homens e biscoitos para os garotos. Júlia tinha boas notícias: enfim conseguira vender alguns suéteres que eu havia tricotado e veio entregar o dinheiro a meu pai. Mamãe sorriu para mim, e papai simplesmente acenou com a cabeça, em aprovação. Eu não era mais apenas sua garotinha. Senti muito orgulho de poder ajudar de forma tangível. Até Zygush me agradeceu. Quem me dera aquele dia pudesse ter terminado assim.

Em seguida, Beck nos disse algo com que eu não poderia ter sonhado. Encheu mais uma vez os copos de vodca, pigarreou e anunciou:

— Os alemães requisitaram um de nossos quartos. Escalaram dois ferroviários para morar conosco. — Acrescentou, quase como um pedido de desculpas: — Não tivemos opção. Mas não achem que é tão ruim. Vamos ficar mais seguros. Com os ferroviários morando em cima, ninguém iria pensar que vocês estão aqui! Isso é positivo. De verdade.

Só Beck conseguia ser otimista daquele jeito, e até eu sabia que não era possível que acreditasse no que nos dizia. Não sabíamos se esses ferroviários que seriam nossos vizinhos de cima não eram os próprios ferroviários que levaram para os campos nossos amigos e famílias. Papai indagou:

— Por quanto tempo?

Beck deu de ombros:

— Quem sabe? Uma semana, uns meses... Não tenho a menor idéia.

E foi só. Disse-nos o que tinha a dizer. Não havia nada a acrescentar. Nem mesmo a vodca podia abrandar o golpe. Beck nos deixou a garrafa e se recolheu ao quarto.

A voz do senhor Patrontasch rompeu a quietude:

— Talvez tenha chegado a hora de cogitarmos a alternativa.

Eu nunca ouvira uma declaração tão neutra em minha vida. A entonação dele não tinha emoção alguma. Era como se estivesse pedindo a alguém que passasse o pão. Já que aquela deveria ser uma conversa só para adultos, pediram-me que levasse as crianças para o canto mais distante do subterrâneo.

Zygush começou a ler em voz alta as páginas de seu livro, e eu me esforçava para ouvir os outros. Mas era impossível entender mais que algumas coisas, aqui e ali.

— Nós não temos saída...

— Não há como sobreviver a isso.

— Ainda temos o galão de gasolina.

— Mas devíamos poupar as crianças o mais possível.

Vi a mão da senhora Steckel agarrar a ampola de veneno que usava pendurada no pescoço.

Minha mente estava em polvorosa. Papai estaria mesmo pedindo o veneno para as crianças? Depois de tudo o que tínhamos passado, depois de Mânia e seu sacrifício por nós, seria aquilo o fim? Seria aquele o momento em que o "se" virara o "quando"? Não restaria vestígio de esperança? Beck parecera tão otimista... Não era hora de parar de confiar nele. Beck lograra nos fazer atravessar tantos perigos antes; ele também conseguiria dessa vez. Eu não estava pronta para parar de lutar. Se Mânia estivesse ali, não deixaria isso acontecer. Como meus pais podiam concordar com tal coisa? Idéias de suicídio me passaram pela cabeça, claro, mas naquele momento em que estava sendo discutido abertamente, eu queria gritar "Não!" a plenos pulmões. Mas não saiu nenhum som.

Nos olhos de mamãe havia muito sofrimento. Sua expressão era a mesma do dia em que Mânia morreu. Depois disso não consegui ouvir mais nada. O senhor Melman já estava quase em cima de mim quando o ouvi dizer:

— Clarutchka, nós já acabamos.

Não suportei fitar os demais. Não queria ver a verdade dos fatos. Só pude ficar abraçada a Zygush e Zósia, ouvindo o final da história deles.

12

O dia de São Valentim

De janeiro a fevereiro de 1944

> *Quinta-feira, 1º de fevereiro. O senhor Beck esteve hoje no abrigo. Ele diz ter ouvido no rádio que estão sendo realizadas conferências em Londres. Querem terminar a guerra no meio de março, para salvar o restante dos judeus... Sinto muito, mas já é tarde demais — quando tudo isso terminar terão sobrado pouquíssimos judeus. Não consigo imaginar que haja mais gente como os Beck, que estão salvando dezoito de nós.*
>
> *Hoje é o primeiro dia do mês. Precisamos pagar. Todo o mundo pagou. O senhor Patrontasch pagou a metade, e mamãe entregou a aliança de casamento, que até agora não tinha sido vendida. Papai achava que o senhor Beck ficaria contrariado, mas a generosidade dele não tem limites — ele não disse nada. Por favor, meu Deus, abençoai-o, pois um ser humano sozinho não poderá agradecer suficientemente a Valentim Beck.*

QUANTAS VEZES DURANTE O ANO anterior precisei enfrentar o momento de minha morte iminente? Cinco? Dez? Vinte? Decerto com mais freqüência do que fiquei de barriga cheia. O momento em que tinha de me preparar, visualizar a bala e o clarão saído do cano da arma, ou o machado ou qualquer arma que estivesse à mão... Imaginar a dor, o inferno de ser arrastada pelas ruas e atirada num trem rumo a um campo. Eu vira com meus próprios olhos. Sem ser uma garota mórbida, obcecada por minha própria morte, era uma testemunha. Tudo estava memorizado, mais indelével do que se estivesse entalhado no mármore com um raio. E teria que sopesar cada segundo de vida contra cada segundo de sofrimento. Sabia que não havia equação capaz de me dar a resposta. Que a maior parte dos suicídios de que ouvira falar foram reações desesperadas a situações iminentes. Homens e mulheres correndo para o arame farpado, em vez de para o pântano. Passando a corda no pescoço no momento em que os SS derrubavam a porta. Tomando veneno em um vagão de transporte de gado, juncado de cadáveres. Alguém teria que informar aos Beck. Alguém teria de convencer os Steckel a cederem o veneno para as crianças. Uma coisa era cogitar tirar a própria vida; entretanto, uma vez tomada a decisão, os meios e o momento se tornavam questões de teor prático. Nós não tínhamos tempo. O senhor Melman retirou o galão de gasolina de sua tumba no extremo do abrigo e o deixou por ali. Mas ninguém se mexia. Ninguém dizia nada. O galão parecia zombar de nós.

Sabíamos o que aconteceria. Nosso suicídio seria o assassinato dos Beck. Aquilo era coisa que jamais faríamos. Não havia mais nada a fazer senão encarar a chegada de nossos novos hóspedes e seguir adiante.

Por muito que eu tentasse me preparar para a chegada dos ferroviários nas horas seguintes, percebi que não havia nada que pudesse fazer. Eu já tinha prática nas modalidades da fome, da sede e do silêncio. Treinara meu sistema digestivo para aguardar longos períodos antes de poder evacuar. Era capaz de me manter sentada sem me mexer durante horas, e de dormir com dor. Suportava coceiras de enlouquecer e o prurido da brotoeja sem me coçar. Eu rezava para conseguir encontrar a vontade de continuar, caso fosse necessário desenvolver mais qualidades desse tipo. Podia mesmo controlar, até certo ponto, o medo. Mas o que os ferroviários traziam consigo era um terror incessante e contínuo de sermos descobertos, e da morte contingente, porém infalível. Sob semelhantes circunstâncias, será que eu seria capaz — que nós seríamos capazes — de lutar até o final, fosse ele trágico ou feliz? No próprio momento em que pensávamos dar fim a tudo, se não agíssemos como quem vai sobreviver, não haveria possibilidade para nada.

Todos esperávamos com apreensão desesperada. Era como se os homens já estivessem ali. Ninguém aproveitava os últimos minutos de liberdade; estávamos paralisados. Então, houve uma batida na porta. Ouvimos o senhor Beck fazer o convite para que entrassem na casa, duas vozes estranhas e seus passos. Se havia qualquer tensão no andar de cima, não dava para sentir. Parecia uma visita social, com a devida troca de amenidades e decoro, e não a imposição nazista que realmente era. Beck serviu vodca, e Júlia ofereceu o tradicional pão com sal. Reconheci o tom de flerte na entonação de Ala enquanto contava aos homens um pouco sobre a cidade. Dava para intuir uma grande diferença de idade entre os dois. Um parecia moço, quase adolescente, mas a voz do outro era muito mais máscula.

Os dois conversavam, e eu percebi por trás da calorosa acolhida de Beck que ele tinha um plano. Estava jogando verde para colher maduro e obter informações sobre os horários dos homens, na intenção de minimizar surpresas. Manifestava comiseração por eles pelos longos expedientes e viagens prolongadas. O cronograma variava muito. Às vezes eles trabalhariam alguns dias; às vezes, só no horário noturno. E depois, algumas risadas à custa da eficiência alemã. Haveria ocasiões em que passariam dias sem ir a lugar nenhum. Eu escutava de orelha em pé. Todos nós, aliás. O que faríamos se os ferroviários ficassem em casa por dias inteiros? Já era bastante difícil nos manter imóveis e evitar detecção quando Adolph pernoitava na residência, ou durante aquelas intermináveis festas. Mas dias inteiros? Eu não via jeito de conseguirmos cozinhar, esvaziar os baldes, pegar nossa comida com Júlia, fazer todas as coisas mínimas, conquanto essenciais, a que se haviam reduzido nossas vidas.

Os ferroviários não adiantaram aos Beck nenhum detalhe sobre seus trabalhos. Talvez estivessem apenas sendo reservados. Ou haveria algo específico a esconder dos anfitriões? Acerca deles só sabíamos que eram ferroviários. Em tempos de guerra, uma posição hierárquica era tudo o que a pessoa tinha — quando possível, ela se calava sobre os pormenores. Tudo o que eu sabia dos nazistas, e principalmente dos trens, me aterrorizava. Houvera todos aqueles ossos fraturados e feridas de bala dos passageiros que saltaram. E depois a terrível história que Beck nos contou. Ao que se dizia, os ferroviários poloneses que trabalhavam nos trens de deportação, e nos que se dirigiam a Belzec e Auschwitz, baixavam da composição alguns quilômetros antes dos campos. A partir dali os ferroviários alemães assumiam, para o percurso final. Eu não queria que os homens do andar de cima fossem *aqueles* alemães. Queria que fossem meros trabalhadores, mecânicos ou graxeiros, qualquer coisa menos os homens que conduziam meu povo à morte. O que será que os outros pensavam, enquanto aqueles dois se punham à vontade, e quando ouviam seus corpos pesados desabarem na cama (pelo rangido das molas eles tinham de ser pesados)? Mas quando suas grandes botas com cravos na sola batiam no assoalho, eu me perguntava se aquelas vozes amenas e roucas pertenceriam de fato àqueles que dirigiam os trens para Belzec e Auschwitz. E, se pertenciam, como é que eles podiam dar risadas e gemidos com tamanha satisfação entre os lençóis recém-lavados dos Beck?

Empenhamo-nos ao máximo em organizar nossas vidas em torno do cronograma dos ferroviários. Quando eles saíam de casa, Beck os observava caminhar pela rua até desaparecerem de vista. Então, batia na porta, e nós, como nosso próprio pequeno exército, partíamos para a carga. Patrontasch corria para cima a esvaziar os baldes. Júlia fazia baixar os mantimentos e mamãe começava a cozinhar. Júlia só podia receber os pedidos de comida nos raros momentos em que eles não estavam presentes; portanto, fomos obrigados a reduzir nossas rações a quase nada. Pela manhã, uma xícara de "café" e uma fatia de pão. Para o almoço, sopa aguada. E para o jantar, uma batata do tamanho de uma noz.

Como todas as demais circunstâncias a que eu achava que não conseguiríamos nos ajustar, nós acabamos nos ajustando à coabitação com os ferroviários. Não poderia chamar de força de vontade ou mesmo de resistência. Demos um jeito de ir fazendo o necessário, a qualquer momento dado. Ficar imóveis quando os homens estavam no andar de cima, e concentrar todos os movimentos nos horários em que deixavam a casa. Apesar de meu insuportável terror de saber que aqueles nazistas se achavam no andar de cima, comia minhas adoradas batatas e continuava a respirar o ar fétido. Eu tinha lido a palavra "fétido" em não sei quantos romances e então podia finalmente dizer com orgulho que entendia o conceito em toda a sua nauseante glória. Continuaríamos a viver, de refeição em refeição e de um dia a outro, até sermos libertados ou mortos. Semanas antes os demais tinham discutido a possibilidade de nos suicidarmos; mas, depois de ouvir notícias do intermitente avanço soviético, começáramos a nutrir esperanças de que houvesse uma vida para nós depois da guerra.

Porém, acima de tudo, tínhamos sede das notícias de Beck. Se os russos avançavam alguns quilômetros ou tinham apenas tomado Szeptowka, uma cidade no caminho de Lvov, a esperança bastava para me fazer prosseguir por mais alguns dias. E quando a imprensa alemã noticiou que os russos vinham fazendo uma ofensiva de Rovno em direção a Lvov — meu Deus! Quanta alegria! Lvov! Ouvir o nome da cidade mencionado no rádio transformou em realidade a idéia de nossa libertação. E quando Beck nos disse que dez divisões alemãs, num total de duzentos mil homens, tinham sido cercadas nas imediações do rio Dnieper, e estavam condenadas, rezei de todo o coração pelos próprios russos que tinham matado meu avô.

Em Zolkiew, as notícias também eram animadoras. Júlia nos contou que Pan Domrecki, famoso como um dos mais cruéis colaboracionistas, se preparava para partir. Ele vendera, por dinheiro e por vodca, dezenas de judeus e os poloneses que os protegiam. Pan e seus amigos marginais patrulhavam o leito da ferrovia procurando pessoas que tivessem saltado do trem. Quando encontravam um judeu, fingiam oferecer ajuda. Em vez de ajudá-lo, no entanto, levavam-no direto para os SS. Depois compareciam ao depósito de bebidas em que Beck trabalhava, e trocavam a fatura pela vodca ensangüentada. Eu me sentia capaz de cortar em pedacinhos todos os sequazes e colaboradores do nazismo.

Beck disse que sabia quem era cada um desses canalhas. Se Domrecki e essa corja estavam prestes a fugir, aquilo com certeza queria dizer que os russos iam ganhando a guerra. A esperança nos galvanizava; estivéramos subsistindo com tão pouco, e agora os sinais positivos se achavam próximos. Mas, afinal de contas, eles não mudavam nada em nossas vidas. Não podíamos olhar para o futuro com esperança porque precisávamos de todas as fibras da vontade e da concentração para nos focalizar em qualquer tarefa que estivesse à mão.

As deportações e as mortes continuavam. Não estranhava que estivéssemos enlouquecendo. Ficávamos numa gangorra de emoções. Mamãe desmaiava cada vez que alguém batia na porta, cada vez que Beck ou Júlia nos contavam o fim brutal de mais um amigo. Quanto voltava a si, sempre dizia:

— Escreva, Clarutchka, escreva.

Se cada judeu da cidade fosse destruído, pelo menos haveria meu diário para contar a história. Mamãe fez Beck prometer que nada jamais aconteceria ao diário. Não precisou acrescentar "se morrermos". Todos nós entendemos.

De vez em quando o senhor Patrontasch pegava um papel e escrevia diversos tipos de equações e colunas de números. Quando acabava, anunciava que já havíamos passado trinta e um milhões, quinhentos e trinta e seis mil segundos naquele esconderijo. Ele mostrava no semblante uma expressão de satisfação, como se tivesse acabado de descobrir o sentido da vida. Aí, registrava a cifra num livrinho.

Lola escrevia de vez em quando, mas não nos mostrava o quê. Naturalmente, ninguém perguntava. E as mulheres, sobretudo quando não havia no chão de terra uma migalha que uma barata comesse, começavam a trocar receitas. Discutiam se o pudim de aletria ficava melhor com passas escuras ou com as sultanas. Ou como fazer o pão-de-ló mais levezinho. E quanto de açúcar mascavo usar para os saborosos biscoitos de passas que eu adorava. Era um grande festival de loucuras.

Por fim, papai não agüentou mais:

— Se vocês, *balabustas*, perfeitas donas-de-casa, são tão boas de fogão, por que não fazem para nós um bolo de mel com as cascas de batata?

Todos esses disparates só tinham um significado: nós ainda estávamos vivos.

Eu insistia em lembrar a mim mesma de nossa boa sorte, até quando a temperatura foi vinte graus negativos durante semanas e os ferroviários não se mexeram da cadeira por todo o período. Só ficavam sentados lendo jornal e ouvindo rádio. Cada segundo do relaxamento deles significava uma agonia para nós. Às vezes, eu tinha impressão de ouvir o roçar das páginas, quando eles as viravam.

Com a presença deles na casa, o senhor Patrontasch não podia se arriscar a subir para despejar os baldes. Mas se estes não fossem esvaziados regularmente, o mau cheiro iria denunciar nossa presença. Em diversas ocasiões Beck foi obrigado a mandar Ala distrair os homens no quarto deles e mantê-los ocupados. Depois que ela aumentava o volume da música, Beck batia na porta do alçapão e montava guarda enquanto Patrontasch, descalço, se esgueirava pelo corredor até o banheiro e despejava os baldes. Durante esses momentos ninguém sequer respirava. Só duravam alguns minutos, mas pareciam intermináveis.

Eu não tinha nada a fazer o dia inteiro, exceto ficar sentada olhando o vazio, num estado de constante expectativa e pavor de tudo. Não havia nada pior que estar imóvel por horas e horas, dia após dia, com a mera interrupção dos períodos de sono. Tínhamos nos convertido em animais. Nossa pele já nem mais era pálida — estava cinza, da cor de lençol encardido. E nossos olhos afundados, até mesmo os das crianças, eram cercados de olheiras muito escuras. Nós éramos *dybbuks*, espíritos dos mortos. Enquanto isso, os ferroviários relaxavam lendo jornal.

Lógico que eles ignoravam o efeito causado sobre nós, e sobre os Beck, mas eu os odiava por causá-lo. A única compensação para a presença dos hóspedes era os Beck se verem forçados a agir como se tudo estivesse maravilhoso no casamento deles. Pelo menos aquilo trouxe a casa um pouco de paz.

Quando o tempo esquentou um pouco, os ferroviários receberam uma tarefa e viajaram por uns dias. Depois que saíram, tive a sensação de que respirava pela primeira vez em semanas.

Beck chegou do trabalho às seis da manhã e bateu na porta do alçapão. Eu estava desesperada por qualquer tarefa que me levasse ao andar de cima. Ele instruiu papai e Artek a irem ao porão cortar lenha para o forno e pediu que eu e Lola fizéssemos uma faxina no quarto. Após semanas e semanas no subterrâneo, a visão da luz do sol atravessando as cortinas, um piso limpo e polido e o cheiro do ar fresco foram suficientes para me embriagar.

Beck também parecia ter sido afetado. Ordenou que enchêssemos de lenha a estufa. A madeira andava tão escassa que a casa estava sempre fria, mas agora ele queria calor! É que tinha levado para o quarto algumas plantas que a cunhada lhe dera. Júlia as transferira do quarto do casal para a despensa, na esperança de que o ar frio as matasse.

Os homens rachavam lenha no porão quando Klara assomou à escotilha e pediu a Beck uma panela de água. A água era tão preciosa quanto comida ou dinheiro. Era nossa linha de vida. Nós a usávamos para cozinhar batatas e fazer sopa; e a água da lavagem dos cabelos era reutilizada para colocar de molho nossas roupas. Nem uma gota era desperdiçada. Nunca. Klara era a maior consumidora de água e vivia pegando emprestada conosco ou com os Melman. Seu pedido ao senhor Beck de um balde inteiro era comparável a pedir um milhão de dólares. O que dera nela para pedir água com Júlia em casa? Só podia ser um sintoma de nossa loucura coletiva naquele dia. Será que eu ouvira direito? Que diabos Klara estava pensando? Isso com certeza ia causar uma briga enorme, bem quando as coisas estavam finalmente serenando entre os Beck. Eu não queria desviar a vista da tarefa de encher a estufa, mas não consegui evitar. Vi Beck trazer o tal balde.

Como se pegasse a deixa, Júlia entrou naquele momento e viu o balde de água trocar de mão entre eles. Também deve ter visto que Beck trouxera as plantas de volta ao quarto, pois começou a gritar:

— Não ponham essa lenha na estufa! Parem com isso! Acham que vou desperdiçar lenha com as plantas aquela puta?! Nem mais um pedaço nessa estufa!

Beck gritou que não fizéssemos caso dela.

Júlia repetiu:

— Nem mais um pedaço! Estão ouvindo?

Lola e eu nos entreolhamos sem saber o que fazer, ou a quem dar ouvidos. Então Júlia apanhou alguns pratos e começou a atirá-los nas paredes e no chão.

— Nem mais um pedaço! Nem mais um pedaço! — repetia.

A dor dela vinha direto do coração, por se ver impotente para fazer o marido mudar. Parecia que aquilo seria o fim do casal. Por muito assustadas que estivéssemos, senti muita pena daquela pobre mulher. Beck não dizia uma palavra em defesa própria. Júlia agarrou os vasos de planta e os atirou no chão.

— Minhas flores! — ele berrou, e, de mão aberta, deu uma bofetada no rosto de Júlia.

O sangue escorreu dos lábios dela.

— Nunca mais vou chegar perto do alçapão! Por mim ela pode morrer de fome. Eles todos podem morrer de fome!

Aos olhos de Júlia todos nós nos havíamos transformado na outra mulher. Ela saiu correndo para o quarto de Ala e bateu a porta atrás de si. Lá de dentro nós ouvimos seus soluços. Então, a aldrava da porta bateu na madeira. Os ferroviários estavam de volta.

Beck nos deu depressa umas batatas, mandou-nos descer e fechou o alçapão. Minutos depois de os homens se acomodarem, Valentim saiu de casa. Não tornou a voltar em nenhum momento daquele dia ou daquela noite. Nós sabíamos, como Júlia também deve ter sabido, que ele estaria na residência da cunhada.

Júlia fora pressionada como nenhuma outra mulher que conheci. Sua força de caráter e generosidade eram ilimitadas. Eu sabia que o senhor Beck adorava essas qualidades nela. Ele o admitira para em diversas ocasiões. Ignoro se alguma vez o teria dito a ela. Mas, lógico, diante de seus casos amorosos, tais palavras soariam como outras tantas bofetadas no rosto. Mas a verdade é que a amava. E Júlia a ele.

Na manhã seguinte, Júlia bateu no alçapão para nos dar um pouco de água em que cozinhar as batatas. Ela recebeu nossos pedidos de mantimentos. Não olhou para Klara. Não sei o que havíamos feito para merecer a generosidade dela. Rezei a Deus para que desse um jeito de recompensar aquela mulher que sofreu tanto por nós. Não sabíamos o que lhe causara essa mudança de sentimento. Teria feito as pazes com Beck, ou ele com ela? Mas eu tinha certeza de que se não estivéssemos ali Júlia o teria abandonado. No entanto, com nossa permanência, ela estava presa.

Algo deve ter acontecido entre os dois, porque pouco depois Júlia resolveu fazer para o marido uma grande festa de São Valentim em homenagem ao santo protetor dele. Na noite da comemoração, ouvi os ferroviários, o doutor Lucynski, Lang, Schmidt, Krueger, o policial Hans (que tinha uma queda por Ala) e algumas vozes que eu não reconhecia, todos darem os parabéns a Beck ao entrar. A vodca foi servida e a música estava tocando. Não havia nada para fazermos, além de nos sentar em silêncio e ouvir. Normalmente durante essas festas as crianças se sentavam junto a mim. Mas nessa ocasião, quando os primeiros convidados chegaram, elas estavam brincando com Klarunia, e, portanto, no lado do abrigo próximo aos Patrontasch. Sempre que havia estranhos lá em cima, nenhum de nós se mexia. Ficávamos congelados. Pequenas estátuas subterrâneas.

A dança estava mais lenta e dava para ouvir cada pormenor da conversa. Lang falava:

— Deus nos ajude quando a guerra acabar e os judeus se vingarem.

Era difícil acreditar que se preocupasse com isso. Pelo menos, tinha alguma consciência.

Um dos ferroviários deu risada.

— Não se nós os pegarmos antes.

Alguma coisa na risada do homem apavorou Zósia. Ela começou a choramingar e depois a chorar. E dali, a chorar aos gritos. Em todos aqueles meses ela fora treinada para só falar quando absolutamente necessário. Aprendera a ser a mais calada de todos nós. Passavam-se dias a fio sem nunca ouvirmos dela uma palavra. Nem para pedir comida, ou água, ou para ir ao banheiro. Nada. Mas naquele momento ela estava berrando como só pode berrar uma aterrorizada criança de quatro anos. Tentei fazê-la se calar pondo um dedo nos lábios. Todos nós estávamos fazendo a mesma coisa. Fiquei assustada demais para me acercar a Zósia e abraçá-la. Meu medo era tanto que nem mesmo tentei falar baixinho para acalmá-la. Era muito arriscado acrescentar outro barulho ao dela. Eu observava, paralisada e mortalmente apavorada. Os passos de Júlia soaram apressados rumo ao alçapão, e ela bateu de leve acima de nós. Sua voz era um sussurro:

— Está dando para escutá-la.

Alguma coisa tinha de ser feita ou os convidados com certeza nos descobririam. O senhor Patrontasch agarrou um travesseiro e o colocou sobre o rosto de Zósia. Ela se debateu, arranhando e agarrando as mãos dele, mas pelo menos o som foi abafado.

Lá em cima prosseguia a conversa informal sobre a guerra. Os assuntos variavam das condições do clima — O leve degelo era bom ou ruim? Ajudaria os russos? Ou os alemães? — ao contingente de refugiados alemães que chegara do leste e estava parado na estação. Beck comentou que os passageiros passavam fome, mas que os SS não os haviam deixado descer do trem. O tempo todo Zósia continuava chorando debaixo do travesseiro. A conversa mudara para o governador de Lvov, que fora assassinado. Beck estava dizendo que foi obra da resistência judaica. Hans gracejou:

— É claro que foram os judeus. Não existe resistência de poloneses, nem de alemães étnicos, não é mesmo, Beck?

Ergueu-se um coro de gargalhadas.

Então o doutor Lucynski acrescentou:

— Talvez os judeus que Valentim está escondendo sejam da resistência!

Seguiu-se um longo silêncio. Fiquei esperando o doutor Lucynski dizer a todos que se tratava de uma piada, mas ele não disse. Imaginei que cara teria feito Beck, enquanto procurava, sem ser óbvio, medir a reação dos ferroviários. Estes não viram nem reconheceram que o comentário tinha sido uma brincadeira. Nem uma risada. Nem um muxoxo. Apenas silêncio. Eu não conseguia acreditar que o doutor Lucynski, supostamente amigo de Beck, soltasse um gracejo tão incriminatório. Não sei se ele de fato sabia a nosso respeito. Não imaginava que Beck tivesse contado a ele ou a qualquer outra pessoa.

De repente, como se o vento tivesse mudado de rumo, eles começaram a discutir se acreditavam na propaganda russa ou na alemã. Os russos tinham retomado Leningrado? E o discurso de Churchill em que ele prometia que o bombardeio da Alemanha se intensificaria para a possível invasão da costa atlântica da Europa? O único ponto em que os homens concordavam era que todos os políticos e generais eram mentirosos. Seguiu-se outra gostosa gargalhada. Graças a Deus. O comentário de Lucynski não surtira efeito. Rezei para os ferroviários acharem que tinha sido apenas uma piada de mau gosto e que só merecia um silêncio educado.

O senhor Melman pegou um caramelo e o enfiou debaixo do travesseiro. As pernas e os braços de Zósia ficaram imóveis. Respirei aliviada. Ela parara de lutar e estava deitada no colo de Patrontasch, tão imóvel como se estivesse num sono profundo e sossegado. O doce funcionara. Patrontasch removeu o travesseiro de cima do rosto dela, e mesmo na penumbra vi que estava roxo. Os olhos, fechados, e o peito não oscilava com a respiração.

Mamãe engatinhou para junto dela e começou a lhe massagear o tórax, com força, pelo que pareceu uma eternidade. Colocou os dedos nos lábios de Zósia e os separou.

— Zósia, Zósia, abra os olhos.

A pequena obedeceu. Encarou para mamãe e cochichou:

— Posso comer a bala? — Segurava na mão o caramelo.

Salka a envolveu nos braços e ajudou-a a tirar o envoltório da bala.

Patrontasch quase matara Zósia, mas quem podia condená-lo? Dei graças por Zósia ter sobrevivido. Eu ficara petrificada; não conseguia mover um músculo. Nunca mais iria deixá-los sozinhos.

Era uma noite gélida, e mesmo ali embaixo dava para ouvir o vento fustigar as janelas do andar de cima. Não havia razão para os convidados desafiarem os elementos enquanto ainda houvesse vodca. De madrugada, a casa ficou em silêncio. Eu estava exausta. Tinha esperança de dormir até depois do meio-dia, como todos vínhamos tentado fazer desde que os ferroviários vieram morar acima de nós. Então houve uma batida inesperada na porta do alçapão. O senhor Patrontasch acendeu a luz. Era Beck, que desceu ao abrigo. Disse que precisava conversar. Trouxera consigo uma garrafa de vodca. Parecia perturbado. Anteriormente ele já nos havia acordado, mas, em geral, quando se tratava de boas notícias no rádio. Dessa vez, contudo, algo parecia estar pesando em sua consciência.

Beck serviu uma dose aos homens. Era um ritual. Disse que o doutor Lucynski o chamou à parte, durante a festa, e lhe contou que tinha conversado com alguns refugiados dos trens. A razão de não terem sido autorizados a descer da composição foi que os nazistas não queriam que eles dissessem a ninguém o que tinham visto — os russos ao avançar estavam assassinando todos os *volksdeutsche* e poloneses que haviam colaborado com os nazistas. O doutor Lucynski acabou convencido de que com o final da guerra os judeus iriam assassinar todos os poloneses que pudessem, em vingança pelas mães, pais e filhos deles chacinados. Beck ficou aterrorizado. Papai e os outros homens tentaram tranqüilizá-lo, prometendo que iriam cuidar para que ele não fosse molestado. Por sua vez, Beck desejava nos informar que jamais nos abandonaria. Não devíamos nos preocupar, pois ficaria conosco até o fim. Entendi que Beck nunca pesara as conseqüências que nossa sobrevivência poderia acarretar. Ninguém o fizera, aliás. Só pensáramos em nós mesmos. Naturalmente os russos iriam massacrar os alemães étnicos e todos os colaboracionistas. Nós víramos bem o que eles fizeram à minha família.

Beck deixou a garrafa para os homens e engatinhou de volta à escotilha. Antes de subir, declarou:

— Não quero incomodá-los, mas tinha esperança de que talvez fizessem uma coisa por mim.

Eu sabia que faríamos tudo o que pedisse. Mas o modo como pediu foi tão fidalgo... Sua voz soava solícita.

— Qualquer coisa — afirmou papai.

— Há grupos de resistentes, de desertores da SS, de bandoleiros, invadindo as casas... Temo pelo que poderia acontecer a Júlia e Ala. Quando os ferroviários não estiverem aqui, vocês fariam a gentileza de deixar aberta a escotilha à noite, quando estou no trabalho?

Quem diz que não há anjos aqui na terra não conheceu Beck. Por muito que seu rosto estivesse devastado pela bebida e exaustão, em seus olhos havia pureza e bondade. Ele disse:

— Não posso tomar parte na morte das pessoas.

Era uma simples declaração. Aquelas palavras nos mantiveram vivos; e mantiveram-no lutando, quando sua coragem falhou e sua fé foi posta à prova. Com a guerra grassando lá fora e milhões comprometendo todas as suas convicções para continuarem vivos, quantos seriam como Beck? Nossas vidas estavam em suas mãos, e a ninguém neste mundo eu as teria entregado com mais confiança. Em momentos assim sentia com mais força que nós sobreviveríamos. Jamais conhecera alguém como Beck. Meu pai era um homem bom. Bons eram também todos os demais daquele abrigo. Mas não sei se teriam o que Beck tinha. Não sei se papai arriscaria minha segurança para salvar um estranho. Nós um dia fôramos estranhos para Beck, mas agora eu tinha a sensação de sermos sua família. Eu gastara quatro cadernos, e o lápis azul que Beck me dera se transformara num toco. Cada vez que me dava um caderno novo, ele dizia a mesma coisa:

— Clarutchka, espero que você diga coisas boas a meu respeito.

Eu rezava para ficar viva de modo que o mundo viesse a conhecer a coragem dele e seu imenso amor.

No momento em que os ferroviários saíram para o almoço, no dia seguinte, os homens começaram a conversar. Nenhum deles possuía dinheiro e sem comida. Nenhuma família, exceto os Steckel. Não consegui me conter por mais tempo. Perguntei de novo a papai:

— Por que não pedimos a eles?

— Não podemos. Não é esse o nosso jeito.

Eles resolveram pedir ajuda a Beck, e o transformariam em sócio da empresa com 25% do negócio. O senhor Patrontasch lavrou o contrato em sua vistosa caligrafia.

Quando Beck veio para casa mais tarde e abriu a escotilha para eu subir e pesar as batatas, os homens pediram para conversar. O senhor Patrontasch explicou que estavam todos sem dinheiro e não podiam mais pagar-lhe pelos mantimentos. Que iriam torná-lo sócio da empresa. De todas as conversas absurdas que ouvira no abrigo, aquela talvez tivesse sido a mais louca. Quem sabia se sobreviveríamos? Se ainda haveria a empresa depois da guerra? Se a fábrica não seria bombardeada, ou se todas as máquinas não seriam colocadas num trem e despachadas para o leste, ou o oeste, dependendo de quem ganhasse guerra? Havia grande possibilidade de que o contrato não valesse a tinta com que foi escrito. Eu sabia que Beck estava tão consciente quanto eu da improbabilidade de tudo aquilo. Mas a oferta o agradou imensamente, e ele apertou com vigor e energia a mão de cada um dos três. Em seguida, foi lá em cima buscar uma garrafa de vodca para brindar o acordo. Nós tínhamos ouvido os brindes erguidos durante a festa. Todos os tradicionais brindes vulgares de que os poloneses gostavam tanto, e que em nenhuma ocasião festiva estavam completos sem as frases: "Eu bebo até cair, eu caio até levantar, me levanto para beber, bebo até ficar sábio"; "Cada trago é um prego em meu caixão — vai ser um belo caixão"; "Ao beberrão, que vive a metade da vida, mas enxerga tudo em dobro"; "À saúde de nossas esposas e amantes, e que elas nunca se encontrem!"; e muitas mais.

Quando levantou o copo, Beck fez um gesto em nossa direção. — *Sto lat*. Cem anos. — Era um brinde feito tradicionalmente no dia em que um homem recebia seu nome.

E depois disse:

— *Na zdrowie*. À sua saúde.

Eu escutara esses brindes dezenas de vezes, feitos em tom sentimental, casual ou irrefletido. Mas Beck estava desejando saúde e longa vida a cada um de nós. Também ergui um brinde a ele no silêncio de meu coração. Vida longa. Viva cem anos, querido Beck.

13

Os SS vêm morar na casa

De março a abril de 1944

Quarta-feira, 1º de março. Já é março, o inverno acabou, porém não nos ajudou muito. Chove, o gelo está derretendo, é impossível para os militares se mover. Nada acontece na frente de batalha. Nossos nervos estão em frangalhos por causa dos constantes alarmes. Qualquer barulhinho feito por alguém no abrigo subterrâneo é como um trovão. Ficamos com palpitações quando alguém precisa preparar a comida na mesa, e por cima de tudo isso há o medo de passar fome. Quase ninguém tinha dinheiro em março. Se tivéssemos um pouco mais não precisaríamos cozinhar batatas, poderíamos comer pão.

COMO EM TUDO O MAIS, Beck cumpriu a palavra dada. Nosso dinheiro terminara, e ele agora estava nos provendo o alimento. Não nos dizia onde nem como o conseguia. Ou que tipo de risco ele e Júlia vinham correndo. Em sua voz nunca havia o menor vestígio de complacência. Quando descia para nos contar que a Finlândia declarara um cessar-fogo com a Rússia, poderia perfeitamente estar numa taverna discutindo a novidade do dia com seus amigos e bebendo aguardente. Ou quando batia ruidosamente na porta, algumas horas depois, para nos comunicar que ocorrera um mal-entendido entre a Inglaterra e a Turquia, por causa de alguma coisa que ninguém conseguiu entender direito, ele poderia estar nos contando as notícias recentes das Olimpíadas de 1936. Beck assumira não apenas nossa sobrevivência física, mas também, com suas piadas, notícias, bebidas e fofocas, cuidava de nossa sobrevivência moral e emocional. Para mim o mais notável era que seu esforço era sem esforço. Esse anti-semita confesso, misantropo que desprezava qualquer autoridade, era o ser humano mais naturalmente generoso que eu já tinha conhecido. E tudo lhe saía tão espontâneo quanto servir sua próxima bebida ou dormir com Klara ou com a viúva do irmão.

Desde que se conheciam por gente meu pai, o senhor Melman e o senhor Patrontasch fizeram doações. Para eles a caridade constituíra uma forma de vida. Ninguém mencionava o quanto eles tinham doado ao sustento das escolas, dos orfanatos e dos famintos em Zolkiew. Ou quanto dinheiro fora enviado à Palestina. Eu sabia que, para eles, doar era tão natural quanto respirar, e que tinham a profunda convicção de que um homem devia cuidar da família. Entretanto, ali estávamos, naquele abrigo, dependendo dos Beck para tudo. Eu ainda era uma criança, mas cada um, sobretudo os adultos, se tornara uma espécie de criança.

Como todos nós, papai era uma parcela, um fragmento do homem que fora outrora. As roupas pendiam de seu corpo como se um dia tivessem pertencido a um negociante robusto, e ele as houvesse encontrado no lixo, quatro números acima de seu manequim, e resolvido usar assim mesmo. Fazíamos um esforço para nos manter com todo o asseio possível, mas àquela altura, com os ferroviários vivendo como reis bem acima de nós, não podíamos nem lavar as roupas tanto quanto lavávamos antes. De todo modo, além de encardidas de tanto serem lavadas, elas agora também estavam sempre sujas. E ainda que papai alegasse para minha mãe não se importar com isso, eu sabia que, mesmo sem um pingo de vaidade, ele adorava a sensação de vestir um paletó bem cortado e uma camisa passada e levemente engomada.

Papai e os outros tinham feito mais furos nos cintos, com a freqüência com que marcavam os dias no calendário do senhor Patrontasch, e seus trajes estavam cingidos e arrepanhados em torno da cintura. Nos olhos de meu pai, onde outrora havia respostas, passou a haver só perguntas. E ele sofria mais com a perda da dignidade que com a falta de comida. Tantas coisas nos foram tiradas que de nosso passado pouco restara no presente.

Tínhamos sorte por um dos resíduos de nosso passado ser o vaso sanitário com descarga dos Melman. Quando o senhor Melman mandou fazer a instalação, todos pensaram que ele estava se julgando superior. Muitas piadas invejosas percorreram o circuito das cozinhas e das portas dos fundos, afirmando que se haviam concedido *Tam Genadyn*... provar do Jardim do Éden. Na roda de jogo do clube social, a senhora Melman era considerada a instigadora. Mas já não importava como a história se espalhou. Estávamos gratos por Júlia não ser obrigada a correr para uma latrina externa no quintal com baldes e baldes de dejetos, o que decerto teria alertado a vizinhança de nossa presença.

Enquanto os russos lutavam com os nazistas na lama e na neve, avançando polegada a polegada em direção a Lvov, e os Aliados subiam penosamente a península italiana, nossa guerra era nos livrar dos dejetos. Nenhuma operação de espionagem jamais foi conduzida com maior precisão militar. Entretanto, quando os ferroviários passavam semanas sem se mexer de casa, por dias inteiros, nós sofríamos. Era uma tortura precisar conter a bexiga e os intestinos durante horas e horas. Deixávamos as crianças fazerem suas necessidades na terra e enterrávamos as fezes.

Um dia, quando os ferroviários foram ao cinema — e quando foi seguro —, Beck bateu no alçapão para Patrontasch correr escada acima e esvaziar os baldes. Ficamos aguardando o senhor Patrontasch descer com os baldes vazios, quando haveria pressa de usá-los de novo, as crianças em primeiro lugar. Mas algo estava errado: o senhor Patrontasch não voltava.

Meia hora se passou, e não os minutos que nós sempre ficávamos contando até vê-lo de volta com os baldes limpos. Então vi sua cabeça na escotilha.

— Problemas com a privada. A danada entupiu. Não desce nada. Meti a mão até o cotovelo, mas não se mexeu!

Já que a privada era do senhor Melman, este, especialista ou não, subiu para ajudar o senhor Patrontasch, e os dois puseram-se a procurar um meio de consertar o vaso. Júlia, enquanto isso, carregou os dois pesados baldes para o quintal. Na juventude ela carregou muitos baldes sanitários, e tenho certeza de que se importava menos que eu com a obrigação de carregar nosso refugo. Era mais uma forma pela qual Júlia se viu obrigada a cuidar de nós. Quando nos devolveu os baldes, tinha as faces coradas e as mãos vermelhas de frio. Saíra sem casaco, mas mesmo assim ainda nos reservava um sorriso.

O senhor Patrontasch e o senhor Melman voltaram minutos depois, com um ar desolado. Concluíram que a fossa séptica estava cheia. A causa devia ser o uso por vinte e tantas pessoas durante todo o ano anterior. A única opção era os Beck esvaziarem nossos dejetos no banheiro externo. Júlia disse que não nos preocupássemos. Mas, com os ferroviários morando na casa e as constantes idas e vindas dos amigos de Beck e do namorado de Ala, Adolph, que acabara de voltar em licença, os baldes poderiam ser a nossa morte. Se não fossem despejados, o odor se infiltraria para o andar de cima. Ao sentir o cheiro dos baldes cheios, Júlia poderia vir recolhê-los o quanto antes, mas se fosse avistada pelos ferroviários, pela polícia, pelos Casacos Azuis ou por qualquer dos poloneses que ganhavam o sustento à custa de vidas judaicas, estaríamos mortos.

Os baldes tinham acabado de ser despejados, e a porta de alçapão, fechada, quando se ouviu uma batida na porta. Pensei que fossem os ferroviários voltando do cinema. Eu s ouviria comentar o filme com Beck, Júlia e Ala, por isso ansiava por atentar à conversa. Aquilo era o mais perto que eu poderia chegar de um cinema. No entanto, não ouvi suas vozes e seus conhecidos passos pesados. Quem falava se expressava num alemão frenético, gutural e enérgico. Eu não conseguia distinguir as palavras. Entrei em pânico. Essa era a devassa que todos nós tanto temêramos. Comecei a rezar ao Deus que nos trouxera Zygush e Zósia, e não ao Deus que permitira a matança de todos os judeus de Zolkiew. Segurei as mãos das crianças. Fiquei mirando o teto do subterrâneo como se fosse o próprio céu, e Deus fosse me dizer se viveríamos ou morreríamos. Não importava quantas vezes eu julgasse estar encarando a morte, o pavor nunca diminuía. Só fazia piorar, pois nossa sorte não poderia continuar dia após dia até o final da guerra, com tantas forças conspirando contra ela. Contei seis pares de botas, e então Beck disse a eles que teriam de dormir com os ferroviários. Os homens trouxeram para dentro a equipagem. Eram soldados, sem dúvida. Foram embora dentro de alguns minutos, e Beck bateu no alçapão.

Tinha uma expressão que eu nunca vira em seu rosto. Os seis homens não eram soldados. Ele nos disse:

— Eram SS, e não sei por quanto tempo ficarão aqui. Disseram que o carro deles quebrou e que precisam esperar as peças chegarem.

Embora tentasse transformar minha vontade em aço, para com ela enfrentar cada novo terror, tinha consciência de que aquilo era o fim. Beck parecia concordar comigo. Nenhum de nós disse uma palavra. Teríamos de aceitar, centímetros acima de nossas cabeças, a chegada dos SS como mais uma horrível ironia mortal. Nada havia que pudéssemos fazer. Nem um só ato isolado que nos ajudasse a sobreviver, exceto seguir vivendo como fizéramos até então, enquanto esperávamos para morrer.

Mas Beck tinha mais o que nos contar. Cinco camponeses haviam sido assassinados na floresta em que todos os judeus de Zolkiew foram fuzilados e enterrados no ano anterior. Um camponês sobreviveu e afirmou que os assassinos eram judeus: os srs. Hecht, Hochner, Klein e Fern. Eu sabia que a família Fern tinha fugido para a Rússia. Mesmo temerosa da repercussão, desejei que aquilo fosse verdade. Queria muito que algum judeu estivesse vivo. Não importava quantos colaboracionistas eles houvessem matado, desde que o tivessem feito eles próprios. As mortes dos homens que eles mataram não vingariam, nem em proporção mínima, o que tinha sido feito contra nós.

Beck também nos falou que o pânico crescia por causa do avanço russo, e que guerrilheiros judeus tinham lutado ao lado dos russos na tomada de Dubno, que ficava a algumas centenas de quilômetros de distância, nas proximidades de Brody. Acrescentou que qualquer um que tivesse dado um copo de água a um alemão estava com pavor dos russos. Mais uma vez papai garantiu a Beck que se, e quando, fôssemos libertados, jamais deixaríamos acontecer nada a ele ou a sua família. Mas Beck sabia que as palavras de papai eram apenas um sentimento, uma esperança. Se quisessem fuzilar os Beck, os russos o fariam — ainda que implorássemos ou suplicássemos por eles — e daí passariam ao próximo alemão étnico ou colaboracionista em que lograssem botar as mãos.

Papai e os homens conversaram com Beck sobre a logística do novo regime do andar de cima. Ele nos deu um terceiro balde, o que significava que os baldes só seriam esvaziados uma vez por dia. O problema era de que modo despejá-los, e em que momento. Eu sabia que se os SS vissem Júlia despejar um balde, saberiam que havia judeus escondidos na casa. Melman precisava tentar de novo consertar o vaso sanitário lá de dentro. Beck ficaria montando guarda para os ferroviários e os SS.

Eu rezara por muitas coisas. Por nossas vidas, por Uchka; por mamãe, quando ela estava cuidando de Uchka. Por Zygush e Zósia. E por minha irmã bem-amada. E naquele instante eu pedia a Deus que desse um jeito na nossa privada.

Melman estava lá em cima trabalhando quando Júlia voltou com duzentos gramas de banha, e trazia pão. Mamãe tinha dado a ela parte de nossa roupa de cama para vender, já que o tempo estava ficando um pouco mais quente. Banha! Gordura! Eu não sabia onde ela havia conseguido, mas tinha um sorriso no rosto quando nos entregou os víveres. Mesmo com os SS prestes a voltar para cima de nossas cabeças, eu só conseguia pensar na gordura.

Mamãe começou a cortar batatas para cozinhar. Nós íamos comer purê de batata! Enquanto as batatas ferviam, a senhora Melman chegou com boas notícias. O marido conseguira consertar a privada! Estava só entupida. A esposa lhe deu um beijo de verdade. Foi o primeiro beijo que vi em meses. Naquele momento desviei a atenção para a banha, que espalhei sobre o pão e o purê de batatas. Para Zygush e Zósia, toda velocidade em engolir a comida era pouca. Foi melhor que qualquer banquete de qualquer festividade que tivesse havido em minha existência.

Enquanto comíamos, os homens depressa decidiram que alguém ficaria sempre "de plantão" na parte do abrigo situada sob o banheiro. Quando no andar de cima alguém ia ao banheiro, quase podia nos ouvir respirar no subterrâneo. A sentinela alertaria aos demais para ficarmos quietos. A pessoa que estivesse montando guarda para os que roncavam durante a noite, também deveria ficar de guarda sob o banheiro. Ofereci-me como voluntária. No começo da noite, ao degustarmos nosso purê de batata, julguei estar perdendo o juízo. Começara a achar que a presença dos SS acima de nossas cabeças deveria ser uma circunstância favorável: com os três Beck, os dois ferroviários, os seis SS e Adolph, o namorado de Ala, haveria tamanha agitação que na certa ninguém nos ouviria.

Quando Júlia esteve fora comprando banha para nós, Beck encontrara no lixo, em algum lugar, uma coleção de livros. Ele se mantinha sempre atento para nos conseguir presentes. Lola, Artek e eu éramos leitores vorazes. Líamos com uma rapidez incrível e os passávamos de uns aos outros. Talvez Deus realmente tivesse escrito certo por linhas tortas — com minhas batatas e meu livro, relaxei como havia muitos meses não relaxava.

Foi então que reparei na palha de enchimento dos colchões e vi que em breve teríamos novos hóspedes. Milhões deles. Se não trocássemos o enchimento antes de o tempo esquentar, todos os ovos de pulga em estado latente iriam eclodir. Por outro lado, eu tinha esperança de vivermos o suficiente a ponto de sermos atormentados pelas pulgas e seus camaradas, os percevejos.

Ficar sentada e acordada no escuro, tentando não dormir, dava um estranho sentimento de solidão. Eu ouvia a respiração de cada ocupante do esconderijo. Kuba Patrontasch era quem mais roncava. Toda vez que eu montava guarda, precisava acordá-lo. Como ele conseguia algum momento de sono?! Mas de todos os adormecidos os que eu mais gostava de ouvir eram Zygush e Zósia. No escuro, a respiração calma, curta, rápida das crianças acabava por ser tranqüilizante. Como Uchka morrera e mamãe, de vez em quando, derivava sabe Deus para onde, eu me sentia como se fosse mãe deles, e era com ouvidos de mãe que ficava a escutá-los ressonar. Gostava de cuidar de criancinhas. Qualquer pequeno fator que nos ajudasse a sobreviver me fortalecia, ainda que me deixasse exausta.

Pobre Zósia... Fazia mais barulho adormecida que quando estava acordada. Depois do episódio com o travesseiro, ficou apavorada demais para dizer qualquer palavra. Ou até cochichar. Porém, o que mais a aterrorizava era o barulho que fazia quando ia ao banheiro. Para não produzir aquele ruído no balde ela preferia colocar as mãozinhas entre as pernas e se segurar. Assim, toda noite, antes de pô-la a dormir eu perguntava:

— Você precisa fazer xixi?

Ela aproximava a carinha de meu ouvido e dizia bem baixinho:

— Talvez.

Então eu propunha:

— Por que não tenta, meu bem? Vamos juntas?

Eu pegava a mão dela, e íamos para área a que nos referíamos jocosamente como o "parque", onde estavam nossos baldes. Aliviava-me primeiro, para ela saber que podia fazê-lo.

A casa inteira naquele instante estava em silêncio, exceto os Beck. Eu ouvia os roncos dos ferroviários e dos SS. Conseguia até ouvi-los respirar. Era um milagre que ninguém tivesse nos escutado em todos aqueles meses.

Beck cochichava com Júlia:

— Não sobrou um só judeu na Alemanha. Adolph me contou. Disse que os nazistas estão planejando mandar todos os alemães étnicos de volta à Alemanha para trabalhar... Quer a gente queira, quer não.

Não consegui ouvir a resposta de Júlia. Depois, a quietude. Se os nazistas mandassem os Beck de volta, seria a nossa morte.

Quando mamãe e papai acordaram de manhã, tive que contar a eles. Mamãe respirou fundo e desmaiou. Peguei um pano úmido para reanimá-la. Quando seus olhos se abriam, sempre parecia muito espantada, como se surpresa de ter voltado a si nesse abrigo subterrâneo. Em seguida ficava envergonhada, como se a mulher que desmaiava não fosse mamãe, e sim uma parenta chata que veio passar uma noite na casa e nunca mais foi embora.

Quando os SS e os ferroviários saíram naquele dia, Beck não informou nada da conversa com Júlia sobre a repatriação dos alemães étnicos. Mas ele disse que teve uma conversa perturbadora com Adolph, que agora estava convencido de que nossos hóspedes da SS eram desertores. O pensamento de que saqueadores e assassinos dormiam no quarto ao lado da mulher e da filha lhe parecia horripilante. Eu nunca o vira tão apavorado quanto nós. Detestava minha impotência para ajudá-lo de alguma das maneiras como ele nos ajudara. Beck implorou aos homens que cuidassem de Ala e Júlia se os SS tentassem alguma coisa quando ele estivesse no trabalho. Os homens disseram que o fariam, lógico. Eles já tinham prometido ficar de olho em Ala e Júlia quando Beck e os ferroviários saíssem. Mas, com os SS ali, o que eles poderiam fazer, a não ser morrer com as duas? Beck pareceu um tanto mais calmo e nos garantiu que ia conseguir com a resistência um fuzil para nós. Sabíamos que ele tinha algumas ligações com os guerrilheiros. Nunca nos revelou o que eles eram, nem que envolvimento ele tinha. Mas eu desconfiava de que a ligação e o envolvimento eram relevantes. Beck tinha acesso a muita informação que seria útil.

Quase como quem citasse um fato ulterior ele nos deu uma boa notícia. Os russos se achavam a apenas vinte e cinco quilômetros de distância de Zbaraz, que ficava na Galícia. Nossa Galícia. Patrontasch foi pegar seu mapa, em que marcava todos os avanços russos, e deixou cada um de nós dar uma olhada para soerguer o espírito. Se estava no mapa, forçosamente seria realidade.

Zbaraz ficava a menos de cento e cinqüenta quilômetros de Zolkiew. Eu adorava a cidade. Meu livro favorito de Sienkiewicz, *A ferro e fogo*, era ambientado ali; e seu castelo era um dos mais famosos da Galícia. O autor escrera o livro para inspirar o povo polonês, depois de nosso frustrado levante contra o czar em 1863. Ainda era um chamado às armas a todos os poloneses, para que lutassem pela liberdade. O livro fora inspirador para mim, deixando-me muito orgulhosa de ser uma menina polonesa. Mas naquele momento não me emocionava uma nostalgia literária. Zbaraz situava-se na estrada para Tarnopol, que distava de Lvov apenas cento e vinte e cinco quilômetros. O senhor Patrontasch apontou para um semicírculo que traçara no mapa em torno de Lvov e disse que quando os russos estivessem a trinta e cinco quilômetros de distância nós poderíamos ouvir a música de sua artilharia.

Eu queria examinar o mapa minuciosamente, mas os SS chegavam à casa naquele momento, e Beck voltou depressa ao andar de cima. Comemoramos em silêncio, cada um agora mais cheio de esperança que nos últimos meses. Desde que fôssemos libertados antes de morrer de fome, eu não me importaria de já estar quase no derradeiro suspiro. Sabia que naquele momento todos tínhamos um mesmo e só pensamento: Tarnopol!

Os SS não mataram ninguém enquanto dormiam e ficaram conosco por seis dias. Partiram no sétimo, pouco depois da tomada de Tarnopol pelos russos. Recebida a peça de que precisavam para o automóvel, eles se despediram dos Beck e se foram.

Os SS tinham ido embora, mas os ferroviários pareciam ter criado raiz na cama. Durante muitos dias não houve nenhuma tarefa para eles. Assim, quase não saíam de casa e se mantinham reservados. O único momento em que o senhor Patrontasch podia despejar os baldes era quando eles dormiam. Júlia esperava acordada até a hora mais avançada possível, muito depois de ter certeza de que estavam dormindo. Se eles passassem a maior parte da noite acordados e bebendo, como haviam feito certa vez, ela se levantava cedo, pois sabia que àquela hora ainda estariam adormecidos.

Todos havíamos madrugado, esperando por Júlia. Ninguém conseguia dormir por causa das cãibras no estômago. Ouvi seus pés deslizarem no assoalho acima de nós, embora ela tivesse aprendido a caminhar quase sem fazer ruído. Ouviu-se sua discreta batida na porta do alçapão... Patrontasch abriu-a com a cautela de um cirurgião. A pobre Júlia foi obrigada a se deitar no piso para falar conosco — para ela era dolorido se ajoelhar e quase impossível entrar rastejando, por causa da artrite. Sua voz foi um sussurro apreensivo:

— Todos dormem.

Fiquei olhando Júlia em seu esforço para se erguer, e Patrontasch subiu depressa, calçado com as meias que Lola havia remendado muitas vezes e lembrava uma colcha de retalhos. Melman segurava um dos baldes, pronto a entregá-lo. Patrontasch o apanhou.

Melman estava observando Patrontasch esperar o sinal. Júlia se encaminhou à porta do quarto, que abriu. Olhou para fora e depois acenou para Patrontasch. Ele saiu rápido do quarto e foi pelo corredor até o banheiro. Ouvimos o barulho da descarga e no momento seguinte ele entrou depressa no quarto e me entregou o balde vazio, recebendo de Melman o outro balde cheio. Júlia, à espreita na porta, gesticulou a ele com o gancho do dedo reumático. Patrontasch deslizou pelo corredor, e após dar descarga encaminhou-se de volta ao quarto do casal. Na pressa e no alívio esqueceu-se de fechar a porta do quarto atrás de si.

Sem dúvida o barulho da descarga lembrou a um dos ferroviários, ainda bêbados, que ele também precisava se aliviar. A caminho do banheiro passou diante da porta do quarto. Seu olhar caiu em cheio sobre Patrontasch, ainda parado de balde na mão bem ao lado da escotilha, cuja visão a cama protegia. O ferroviário fitou Patrontasch, curioso, e depois prosseguiu para o banheiro. Por que razão prosseguiu sem perguntar sobre o estranho eu não sei.

De um salto Patrontasch se jogou dentro do abrigo, fechou a escotilha e se virou para todos nós.

— Um dos ferroviários me viu!

As crianças dormiam, mas os demais fomos unidos por uma descarga elétrica que nos galvanizou. Era assim que terminaria nosso mundo. Depois de todas as ocasiões em que escapáramos por um triz e por mero acaso, e após mortes e aflições, sofrimentos e fome, nossas vidas seriam postas a perder por nossos próprios dejetos.

Lá em cima já estava acontecendo. Era como se dezenas de pés estivessem correndo para todo lado, acima de nós, vasculhando cada centímetro da casa. Em nosso esconderijo, todas as famílias se abraçavam, porém cuidavam de não perturbar as crianças adormecidas. Artek agarrou Lola. Até Steckel agarrou a mão da mulher. Meu pobre pai abraçou-se com mamãe enquanto ouvíamos acima de nós — como se tudo estivesse acontecendo em nossas próprias mentes — os ferroviários gritarem e apontarem o lugar onde Patrontasch estivera de pé.

— Eu juro que o vi! Bem no meio do quarto!

Dentro da escuridão iluminada por uma vela solitária meu pai mexia a boca sem cessar, formando palavras que finalmente consegui ouvir em seu silêncio: "Diga só que era um visitante. Um visitante. Um visitante...".

E Júlia disse:

— Um ladrão. Deve ter sido um ladrão!

Um ladrão! Por que ela falou ladrão?! Eu sabia que os ferroviários correriam à delegacia, e em questão de minutos a casa seria revirada por inteiro. Ouvi os pés de Júlia correrem para o guarda-roupa.

Ela escancarou a porta do móvel. Eu já tinha ouvido, não sei quantas vezes por dia, os estalos que aquele armário dava ao ser aberto e fechado, mas naquele dia o ruído foi mais alto que qualquer explosão de bomba. Júlia afastou as roupas no cabide, e caixas caíram ao chão.

Júlia estava quase histérica.

— Eu tinha uns castiçais de prata do meu enxoval. Por segurança os guardava escondido no guarda-roupa.

O outro ferroviário, também no quarto, se agachou no chão, e comentou com sarcasmo:

— É claro, ladrões... Mas não há ninguém embaixo da cama.

Pelo barulho dos passos dele percebi que Júlia não colocara o tapete de volta no lugar, para cobrir o alçapão. Eu escutava o homem exatamente acima de mim. O corpo dele devia ter coberto o alçapão enquanto ele examinava embaixo da cama.

O primeiro ferroviário ainda devia estar apontando o local, onde tinha visto Patrontasch.

— Juro que o vi! Parado bem aí. Era baixo. Cabelos escuros. Olhos escuros. Vestido só de camiseta.

Todos fitamos Patrontasch. O ferroviário o estava descrevendo com precisão. Os homens se aproximaram do armário e depois saíram do quarto procurando por toda parte. O ruído de portas serem abertas e fechadas nos alcançava. Armários eram abertos e fechados. Júlia e Ala os acompanharam, e eles perguntavam se alguma coisa mais tinha sido roubada.

De olhos postos no teto acima de nós, também seguimos o avanço deles. Zygush acordou e começou a dizer alguma coisa, mas meu olhar o fez silenciar de imediato. Ele viu que estávamos todos mortalmente apavorados. Como sempre, foi estóico. Zósia também acordou, mas permaneceu calada.

Júlia mudara de tática.

— Talvez fosse alguém da resistência.

O ferroviário replicou:

— Fosse lá quem fosse, já não está mais aqui.

Júlia se esforçava ao máximo:

— A janela estava aberta. Ele deve ter visto o senhor e pulou para fora.

Eu só conseguia pensar: "Quinze meses neste buraco, para morrer agora com os russos em Tarnopol".

Ala, muito esperta, deu uma risada:

— Mamãe, tenho certeza de que se tratarmos papai muito bem, ele nos comprará outro par de castiçais de prata. Papai sabe o quanto a senhora gostava deles. Mamãe é um pouco apegada aos castiçais, sabe? Ela nunca os usa.

Os dois ferroviários riram do gracejo, mas um deles ainda saiu para buscar a polícia. Esperamos um bom tempo. Em silêncio. Eu queria dizer adeus a mamãe e papai. Aquela poderia ser minha última oportunidade de lhes dizer algo, ou que os amava. Queria falar para as crianças que em breve todos estaríamos com Uchka. Eu não conseguia dizer adeus a ninguém.

Quando os ferroviários voltaram, traziam vários policiais, e todos conheciam Beck. Desde quando, semanas antes, os ferroviários ouviram Lucynski declarar a Beck sua suspeita da presença de judeus na casa, achei que desconfiavam de alguma coisa, apesar de nada ter mudado em sua conduta ou conversa. Era impossível, para mim, controlar o medo que me dilacerava a mente, lançando cada pensamento a conclusões desesperadas que só o terror permanente pode trazer. Enquanto eles revistavam a casa, agradeci a Deus que estivessem falando de ladrões e não de judeus, e depois a conversa se voltou para temas inócuos. Ouvi um dos ferroviários dizer, risonho:

— Ainda que eu tivesse uma arma, não teria atirado no ladrão, mesmo se ele fosse judeu.

Embora eu não pudesse me reunir a eles, por um momento senti gratidão pela flagrante decência desse homem cujo rosto jamais vi. Todos os policiais riram. Ala os convidou a ficar para tomar chá; entretanto, passados alguns momentos eles se foram.

E nós fomos deixados vivos mais uma vez. De novo Beck estava certo. Sua amizade com a polícia alemã vinha pagando dividendos em dias, semanas e meses acrescentados às nossas vidas.

Os ferroviários saíram, e nós pudemos cozinhar nossas batatas e despejar os baldes. Cheguei mesmo a ter chance de ajudar as crianças a fazer suas lições. Quando Beck chegou a casa, mais tarde, ao constatar que os ferroviários continuavam fora, bateu no alçapão. Em vez de demonstrar medo e se preocupar com a própria sobrevivência, disse-nos:

— Não se preocupem com aqueles dois. São gente boa.

Em lugar de recriminar Patrontasch por ter se esquecido de fechar a porta do quarto, Beck prometeu:

— Vocês sabem que eu nunca os deixarei. Morreremos juntos. Seu destino é o meu destino. Ah, tenho que lhes contar o que Ala fez...

Os olhos dele brilhavam quando falava dela.

— Ala telefonou do trabalho para Hans, aquele policial que tem um fraco por ela, e contou a ele do roubo, e que os ferroviários desconfiaram que houvesse judeus na casa. Vocês acreditam?! Ela é muito malandra. E sabem o que o Hans falou? Essa foi sensacional!

Nós esperamos pelo desfecho.

— "Judeus em sua casa?", ele disse. "Esses ferroviários estão malucos. Judeus na casa dos Beck! Eu praticamente vivo com vocês. Ora, tem gente que vê judeu para todo lado."

Esse foi Hans, que se gabava da quantidade de judeus que tinha matado. Não sei como Ala e Beck conseguiam — em quase quinze meses, não perderam a cabeça com os alemães. Nem uma só vez.

— Vocês sabem que não devem se preocupar. — Valentim sorriu. — Beck tem sorte. Beck sempre tem sorte.

Para provar o que dizia, assobiou alguns compassos de *Tudo está bem quando termina bem*.

Talvez Beck tivesse razão e estivesse bem o que terminasse bem. Pois a próxima notícia que ele veio nos dar foi que os russos se achavam a oitenta quilômetros de Lvov. Duas horas de carro, nada mais! Ficamos esfuziantes, aos abraços uns com os outros; o final se aproximava.

Os penetrantes olhos azuis de Beck sempre denunciaram os sentimentos dele, antes mesmo que dissesse uma palavra. Seus olhos tinham o calor de um céu de verão, ou então eram frios como o gelo, voltados para dentro. Naquele dia eu podia ver que o compromisso assumido conosco o estava dilacerando. Valentim admitiu que Ala fora transferida para a Cracóvia e que Júlia queria ir com ela. Papai e o senhor Patrontasch fizeram o possível para convencê-lo de que tudo iria dar certo. Chegaram a declarar a Beck que todos nós daríamos nossas vidas por ele e sua família, sem pensar duas vezes. E era verdade. Eu sabia que eu daria a minha. Beck ficou calado durante um longo tempo. O fato de não ter rido em nossas caras era mais um exemplo de seu decoro. Limitou-se a observar em torno, a ver seu triste arremedo de exército.

— Acham que são capazes de lutar contra os russos? Que russos, que nada; até os canalhas dos ucranianos destroçariam vocês.

Claro que estava certo. Que idéia maluca. Eu não tinha arma; apenas uma colher, um garfo e um prato esmaltado. Meu peso mal excedia quarenta quilos. Na última vez que fui fazer faxina lá em cima, vi-me no espelho por acidente. Embora de aparência melhor que a de alguns dos outros, sabia que na disputa com um ucraniano sanguinário eu teria tanta chance quanto um coelho.

Papai disse, então:

— Vocês poderiam se esconder aqui conosco.

Beck balançou a cabeça e subiu para tratar do assunto com Júlia. Voltou em minutos, dizendo que era definitivo. Ela continuava assustada e iria embora com Ala na segunda-feira. Se Júlia e Ala se fossem, ainda que Beck ficasse para trás, por quanto tempo ele poderia ficar conosco? Com certeza seria obrigado a segui-las, mais cedo ou mais tarde. Talvez até resolvesse ir com elas na segunda-feira, ou alguns dias depois. Ele nos deixaria alguns mantimentos e se reuniria à sua família. Toda vez que voltava da cidade ele nos contava de mais uma família que já tinha fugido. Senti que talvez viesse nos preparando para a possibilidade de sua partida. Repetidas vezes Valentim nos garantiu que jamais nos abandonaria, mas suas promessas não bastavam. Eu temia que ele não tivesse escolha. Entendia-o, sem dúvida, porém sentia mais pavor de sua partida que de qualquer outra coisa. Na presença dele tudo era reconfortante, do som da voz ao ruído dos passos e o assobio, tão conhecidos nossos, no andar de cima. Um dia ele simplesmente sairia porta afora e desapareceria. Não haveria coisa alguma que pudéssemos fazer.

Esperamos aterrorizados pela segunda-feira. Despertou-me o som do pranto de Ala, que talvez estivesse se despedindo do pai. Eu tinha esperança de que ela descesse para dizer adeus. Queria lhe agradecer por tudo o que fizera por nós — só por sua causa continuávamos vivos. Ouvimos uma batida na porta do alçapão. Ao ser aberta por Patrontasch, a porta rangeu e guinchou: apesar de bem trabalhada, sua madeira havia inchado quase de um dia para o outro, com o ar quente de cima e o ar úmido do subterrâneo. Não haveria mais como esvaziar os baldes quando os ferroviários estivessem em casa. Eu esperava que fosse Ala, mas era Beck. Escutei Ala ainda chorando.

— Os trens não virão. Eles não conseguem sair de lá. Os ferroviários não estão em casa, mas não temos muito tempo.

O que Beck queria dizer com isso? Só quando vi Júlia entregando pães e batatas entendi que elas duas iriam se esconder ali no subsolo conosco, se fosse necessário. Beck baixou uns dezoito pães de fôrma, sessenta quilos de batata e um saco de sal. Sal! Era mais precioso que ouro. Em mais de três anos eu não via tanta comida. Beck não nos disse onde conseguira tudo aquilo. Eu não conseguia imaginar, primeiro, todo o dinheiro que custara, e também onde pudera comprar tanto mantimento, mesmo tendo o recurso necessário. Ele voltou a subir e, em minutos, entregava a máquina de costura de Júlia a papai e ao senhor Melman. Eles a guardaram no abrigo traseiro do outro lado do "parque". Era o objeto mais precioso que Júlia possuía. Por um momento acreditei que a comida se destinasse apenas a Júlia e Ala, mas Beck depressa esclareceu que era para todos.

Beck tinha acabado de subir pela escotilha quando o escutei murmurar alguma coisa sobre a cunhada, diante do que Júlia deixou escapar um grito, como se água fervendo tivesse caído em seu rosto.

— Em minha casa?! Em minha casa?! Você e sua puta podem ir para o inferno!

— Mas não podemos dizer "não"! Ela é parente!

— Minha é que não é! Nem sua! Ficou maluco? Ela está saindo com um Casaco Azul. Um ucraniano. Um policial! E acredita que ela vai ficar de boca fechada? Minha vida e a de sua filha nas mãos de uma puta? Você se importa mais com ela que com sua própria filha? Sei o quanto você se importa comigo; mas sua própria filha, que vergonha!

Beck estava calmo. Limitou-se a dizer:

— Prefere vê-la morta?

— Deixe o Casaco Azul cuidar dela. Ela é descendente da aristocracia polonesa! Ele decerto acredita nela. Que mentirosa!

— Era casada com meu irmão!

— Poderia ter sido casada com você! Já agüentei demais! Chega! Ouça o que lhe digo!

Júlia saiu correndo para o quarto de Ala e fechou estrepitosamente a porta. Como Beck poderia ter pensado que Júlia concordaria em deixar a cunhada ficar no esconderijo? Júlia, Klara e a cunhada no mesmo subterrâneo... Com Beck também? Não havia um esconderijo suficientemente grande para os quatro. Eu jamais lera um romance com situações como as que vinha enfrentando todo santo dia.

Beck meteu a cabeça no esconderijo e disse ao senhor Patrontasch:

— Ajude-me aqui. Fale com ela. Vou ficar tomando conta por causa dos ferroviários. Tem que convencê-la, Patrontasch. Ela só ouvirá você.

O senhor Patrontasch sabia que não podia discutir com Beck.

— Suba até aqui. Converse com Júlia. Ficarei tomando conta dos ferroviários.

A mulher de Patrontasch se inclinou para perguntar:

— O que você dirá a ela? O que vai fazer?

— Implorar. Implorar uma vez, duas, três... — E subiu atrás de Beck.

Com os ferroviários ainda fora, precisávamos aproveitar o tempo para cozinhar batatas e despejar os baldes. Então fomos cuidar de nossas tarefas enquanto nosso embaixador saiu para negociar um tratado de paz. Zygush tirou do bolso o canivetinho que ficou atirando na terra o tempo todo. Eu sabia que aquilo irritava todo o mundo, mas era seu único brinquedo, e ninguém tinha coragem de pedir que parasse. Ele sabia quando era seguro brincar com a faca. E as outras crianças tinham o bom senso de não pedir para brincar com ela.

As batatas foram cozidas e comidas, e o senhor Patrontasch ainda não retornara. Quando Beck estava agitado, ficava andando de um lado para o outro. Desde que Patrontasch subira para falar com Júlia, Beck não parava. O piso estalava no mesmo ponto exato a cada vez que passava. Parecia uma valsa: um-dois-estalo, um-dois-estalo. Um-dois-estalo, um-dois-estalo. Entre Beck andando de um lado para outro e Zygush atirando a faca no chão, achei que o abrigo ia explodir. Patrontasch só voltou uma hora depois.

Ele conseguira, e Beck mostrou sua gratidão com vodca. Quando Lola perguntou ao senhor Patrontasch como havia convencido Júlia, ele disse que no começo tentara ser razoável, dizendo que para todos seria mais seguro a cunhada estar conosco no esconderijo. Comentou que a cunhada de Beck talvez ficasse zangada se eles não a deixassem entrar, e no caso seria mais provável que contasse algo ao policial seu namorado. Júlia pareceu não se importar com o que acontecesse a ela, a Beck, a nós, a qualquer outro. Mas então Patrontasch apontou:

— Tivemos nossa vida. Mas pense nas crianças.

Revelou-nos que a seu ver Júlia não iria agüentar muito mais. Até aquele momento ela fora nosso poço que não seca. Não existiam palavras suficientes para descrever sua bondade. Eu amava Beck; ele era nosso santo. Mas não era um santo para sua mulher. Ninguém nunca passou pelo que ela aturava de Valentim Beck.

Não sei se a discussão de Júlia com Beck havia causado efeito sobre Klara. Ou se os sentimentos de Júlia por ela teriam mudado. Só sei que um milagre aconteceu. Klara esteve parada na escotilha pedindo alguma coisa a Beck. Júlia deve tê-los visto e pediu para falar com ela. Sua voz era calma e agradável. Normalmente a visão dos dois conversando teria causado em Júlia um ataque de fúria. Beck não soube o que fazer. Deixou as mulheres juntas e saiu do quarto. Eu não conseguia ouvir o que diziam. Mas era curioso ver tantos olhos e ouvidos treinados na escuta do pavimento de cima. Não teríamos ficado mais imóveis nem que os SS estivessem lá em cima.

Nossa sobrevivência dependia das relações entre aquelas duas mulheres. Qual das duas iria sair batendo a porta? Tenho que admitir que, no fundo, tudo o que eu queria era saber o que elas diziam uma à outra. Eu era abelhuda. Todos éramos. O caso já tinha um ano e dois meses de duração. Nós nunca podíamos falar abertamente sobre ele. Toda a noção que recebi do assunto foram algumas palavras de Lola, havia mais de um ano: "Graças a Deus ele não me escolheu". E foi só. Picamos, fervemos, comemos e digerimos cada metro de terreno tomado ou perdido na guerra; mas a batalha entre Júlia e Klara tinha sido disputada no silêncio. Nem uma palavra foi pronunciada pelas duas ex-melhores amigas. Antes da guerra, um pecado dessa magnitude teria significado repúdio e banimento. Ali, no entanto, a refrega final estava acontecendo no andar de cima.

A maior parte da fúria de Júlia se dirigira a Beck. Porém, acho que ela se sentiu mais ferida por Klara. A infidelidade de Beck era esperada, senão tolerada, por Júlia. Era como a artrite que lhe deformara as mãos. Era inevitável e precisava ser suportada. Mas Klara fora sua amiga. Tão íntima quanto uma irmã. Imagina-se que exista um código entre irmãs; alguma coisa que supere o "na saúde e na doença, na riqueza e na pobreza". Que vá além dos anseios misteriosos de homens e mulheres, anseios que eu não entendia. Esse era o código de que falava meu avô quando advertiu Josek a não manchar a reputação de uma moça. A vida de Júlia, segundo me constava, tinha um fundamento de fé e lealdade. Ela teria sacrificado a vida por Klara, o que ficou evidente todos os dias dos últimos quinze meses. Eu tinha certeza de que quem partiu o coração de Júlia foi Klara, e não Beck.

As pernas de Klara apareceram no alçapão. O irmão dela estava lá para ajudá-la a descer. Ela enxugava lágrimas do rosto. Embora não se pudesse considerar radiante nenhum ocupante do abrigo, durante aqueles primeiros minutos o semblante dela fez lembrar o de uma menina. Tranqüilo. Klara foi para seu lugar e se sentou com as pernas estendidas diante de si e as costas apoiadas na parede. Nada comentou sobre o assunto de que ela e Júlia trataram. E nenhum de nós perguntou. Ela trazia escrito no rosto tudo o que precisávamos saber.

Mais tarde o senhor Beck meteu a cabeça na escotilha e pediu a Zósia que subisse. Ela olhou para mamãe e para mim pedindo ajuda. Eu ouvira a cunhada entrar e me perguntava o que Beck estaria tramando. Mas, com um aceno de cabeça, as duas indicamos a Zósia que subisse. Beck sempre fora uma espécie de tio que a mimava, chamando-a de apelidos carinhosos, acariciando seus cachos loiros com as mãos ásperas, sempre trazendo uma balinha a mais para ela. No abrigo Zósia aprendera duas lições: a virtude do silêncio e a virtude de Beck. O senhor Beck recebeu-a das mãos de Patrontasch.

— Venha cá, Zósia, tem alguém aqui para você conhecer.

Ouvimos quando ele disse:

— Zósia, esta é minha cunhada. O nome dela é Mânia e talvez ela vá ficar com vocês lá embaixo durante um tempo.

Então era assim que se chamava. Parecia tão injusto que tivesse o mesmo nome de minha irmã... Recusei-me a pensar nela como uma Mânia. Em consideração a Júlia, prometi só chamá-la "a cunhada".

Beck prosseguiu:

— De todos lá embaixo, acho que você é quem ela mais gostaria de conhecer.

A voz da cunhada, que eu me habituara a considerar atrevida, suavizou-se de repente:

— Que prazer conhecê-la. Que menina linda você é!

Beck disse baixinho:

— Zósia, pode contar a Mânia como você veio aqui para morar lá embaixo?

Quando escutei aquilo, tudo parou. Os olhos castanhos de Zygush estavam focalizados no ponto sob seus pés. Ele jurara proteger a irmãzinha, e eu sabia que seu desejo era estar lá em cima com ela. Eu estava apavorada por Zósia e zangada com Beck. Como ele podia fazê-la recordar? Ela ficou quieta um momento. Zygush me contara uma parte da história. E Beck tinha reunido a seqüência restante dos últimos dias do gueto, a morte de Uchka e a odisséia dos pequeninos. Mas eu nunca a ouvira contada por Zósia.

A entonação de Beck ficou ainda mais suave:

— Pode contar, querida, está tudo bem.

No último ano ela quase não falara nada, e o pouco que disse mal passava de uma sílaba. Na maioria das vezes, limitava-se a balançar a cabeça: sim ou não. Eu esquecera como sua voz era melodiosa. Ao ouvi-la, lembrei-me da época em que Zósia estava aprendendo a falar. Eu entrava na casa sem bater, e a pequena Zósia ficava repetindo meu nome, enlevada:

— Clarutchka, Clarutchka. — Depois, pulava em meus braços.

Ela começou:

— Mamãe chorava e sorria, e me pegou no colo. Disse que nós íamos ficar um tempo em outro lugar. Ela me carregou para outra sala e subiu as escadas do sótão. Disse para nós que ia ser melhor e mais seguro. Deu-me um pedaço de pão. Então me falou que voltaria logo. Mamãe me deu muito beijo e disse a Zygush que cuidasse de mim, porque ele já era um homem. Disse também que voltava logo e me deu muitos beijos. Aí, foi embora. Mas não voltou, como prometeu. Eu fiquei chorando. Chorei tanto...

Mamãe não conseguiu agüentar, e enterrou o rosto nas mãos. Zygush chorava. Eu também. A voz de Zósia enchia o abrigo com as lembranças de Uchka, que estava tão viva na mente da filha:

— Mas mamãe não voltou. Esperamos dias, e ela nada de chegar. Zygush falou para eu não chorar, mas não conseguia parar. Tinha saudade dela. E muito medo. O tempo todo eu ouvia tiro, e gente gritando, e eu temia que fosse mamãe. Tinha medo de que ela levasse um tiro como todo mundo. Aí chegou tio Dudio, falando que mamãe estava aqui, e que era para Zygush me trazer. Dudio falou para ficarmos tranqüilos, porque íamos ter muitos amigos cuidando de nós. Zygush, antes de sair do sótão, enrolou no corpo todas as roupas de baixo. Tio Dudio começou a rir. Passamos na frente da igreja grande e eu ouviu o povo cantando. Aí a gente chegou aqui. Mas não achamos mamãe. Clarutchka me contou que mamãe estava com tia Rosa e que logo iríamos vê-la. Quero muito ver minha mamãe.

Zósia soluçou, e eu soube que ao descer teria o rosto molhado.

A cunhada comentou:

— Que menina valente! Acho que nunca vi uma menina tão bonita e corajosa.

Então entendi por que Beck levara Zósia para cima. Queria que a cunhada soubesse exatamente a quem estaria traindo se nos denunciasse. Por não confiar tanto assim nela, queria lhe comprometer a consciência antes de permitir que viesse morar conosco.

Beck deu um doce para Zósia e baixou-a para mim. Enquanto eu a ajudava a descer ao abrigo, Zósia disse que a moça era boazinha. A lembrança da mãe dela ainda estava em seus olhos. Neles eu via Uchka.

O clima esquentara de repente, e com o calor chegou a prevista invasão das pulgas. Quando havia luz, pelo menos podíamos catá-las uns dos outros. As crianças eram excelentes na tarefa. Zygush e Zósia se mantinham ocupados durante horas, estreitando os olhinhos, que quase envesgavam de tanta concentração. Pelo jeito como Lola e Artek catavam pulgas um no outro, via-se que um sentimento vinha crescendo entre ambos. Não sei se eu era a única a perceber, mas de todo modo Lola jamais permitiria a si mesma ou a ele se comprometer de alguma forma em nossa minúscula sociedade. Eles encontraram um ao outro, e eu me alegrava pelos dois. Lola se transformara para mim numa espécie de irmã substituta. Toda a felicidade que ela conseguisse encontrar também me alegrava.

No começo de abril, ao trazer comida ao subterrâneo, Beck nos informou que Von Pappen ordenara a todos os alemães que fossem embora. Eles eram necessários na Alemanha para trabalhar. Disse que Beck e Ala estavam isentos por causa do trabalho deles do depósito de bebidas e na agência de correios. Mas Von Pappen lhe falara que se eles quisessem partir, estavam autorizados. No mês anterior Beck nos contara que quase todas as famílias, todos os amigos, todos os conhecidos deles estavam num trem ou noutro. Mas ainda assim os Beck permaneciam ali. Ala sempre ia à estação todas as vezes para ver o trem se dirigir ao leste. Se ela gostava de ver o trem partir, isso me dizia o quanto queria viajar nele.

A guerra iria terminar em questão de meses. Sabíamos disso. No entanto, seríamos descobertos ou libertados primeiro? Era uma corrida para a liberdade ou para a morte. E na medida em que a pressão aumentava sobre os Beck, com as notícias de cada avanço dos russos e a retirada dos alemães, Ala compreendia que também para ela o prazo estava se esgotando. Era livre, jovem, bonita. Embora estivéssemos presos, ela não tinha nenhum motivo para ficar em Zolkiew, a não ser sua bondade.

Quando Beck subiu, fiquei ali sentada, ciente de que, mesmo tendo nossas vidas em suas mãos, eles tinham colocado as deles nas nossas. Como ter coragem de olhar nos olhos de Ala?

Os ferroviários saíram, e nós ouvimos uma batida na porta do alçapão. Quando Patrontasch abriu a escotilha, espantamo-nos ao ver que era Júlia. Tinha nas mãos duas bandejas. Batatas, naturalmente. E então reconhecemos o cheiro de carne. Em algum lugar ela conseguira um pedaço de vitela, que preparou assado. Eu estava morrendo de fome. Queria comer a carne, mas sabia que o preço a pagar seria mais alto que o das maçãs do ano anterior. Batatas. Batatas e pão — era só o que meu estômago conseguia tolerar. Fiquei tentada pelo delicioso aroma da carne assada com os bordos ligeiramente crestados, mas comê-la seria loucura, para qualquer um de nós. Dezoito pessoas com diarréia — que seria o inevitável resultado —, uma casa cheia de nazistas e só ocasiões esporádicas de despejar os baldes.

Na outra bandeja, um pescoço de galinha assado, uma tigela de água salgada, um pouco de ervas amargas e uma tigelinha de maçã misturada com nozes picadas. Todos os ingredientes de um Sêder.* Onde Júlia as encontrara era um mistério. Nós soubéramos que era Páscoa. Papai mantinha com rigor religioso a atualização do calendário. Mas ficamos gratos por Júlia também nos ter lembrado.

Na outra bandeja havia comida. Mesmo com um prato cheio em meu colo, eu mal podia comer, embora soubesse que precisava fazê-lo. Todo dia eu pensava em minha irmã. Cada vez que olhava para Zygush e Zósia, pensava em Uchka. Mas naquela celebração os espíritos deles se achavam mais presentes e palpáveis do que eu podia suportar. Parecia um desses sonhos que dão a sensação de realidade. Era sedutor e apavorante ao mesmo tempo. E, no entanto, eu sentia falta da presença dos fantasmas deles, apesar do custo em sofrimento.

Comemos nossa refeição e nem mesmo explicamos às crianças o significado das ervas amargas e do *charosset*** e das outras coisas na bandeja de Sêder.

Na manhã seguinte, acordamos com o ronco dos aviões e com as bombas fazendo tremer a terra. Os russos estavam bombardeando Lvov. Incrível como as explosões podiam ser fortes a ponto de abalar o solo onde nos deitávamos. Quase em seguida, a eletricidade acabou. Eles decerto atingiram a central elétrica. Nós deveríamos ter ficado eufóricos, mas, como todo o restante, essa vitória tinha conseqüências conflitantes. Os russos bombardeavam Lvov, mas nós podíamos ficar sem luz e sem comida.

---

* Jantar cerimonial evocativo do êxodo judaico e da libertação do cativeiro no Egito. (N. da T.).

** Doce de frutas, nozes, mel, vinho, cravo e canela, de valor simbólico para o judaísmo. (N. da T.)

Mal terminado o bombardeio, Beck voltou para casa, após uma visita pascal à cunhada, e veio ao subterrâneo nos mostrar um fuzil que arranjara para proteção. Era o segundo que ele comprava. Aquilo não nos garantiria segurança, mas contava que a arma desse a Beck a confiança de ficar conosco. Eu me enganei. Olhando para Klara, ele disse:

— Estive pensando no assunto. Não consigo agüentar mais. Esses ucranianos são uns filhos-da-puta. Tenho de entrar para a resistência antes que eles matem todos os poloneses que ainda vivem em Zolkiew. Eu seria um covarde se não o fizesse. Não consigo nem me olhar no espelho. Mas não se preocupem: Maria, a irmã de Júlia, cuidará de vocês.

Maria era incapaz de lidar com um décimo daquilo que os Beck faziam por nós. Eu tinha certeza de que ela desapareceria ao primeiro sinal de problema. Já não me sentia mais como uma pessoa de verdade; era um reflexo de Beck. Se ele estava deprimido, eu ficava deprimida. Se ele estava confiante, eu estava confiante. Se ele queria matar os ucranianos, eu também queria. Se ele tinha esperança, eu tinha esperança. Se não tinha nenhuma, eu também ficava desanimada. Estava com a sensação de que se me olhasse no espelho veria o reflexo dele a me encarar.

Assim que os ferroviários tornaram a sair de casa, papai, o senhor Melman e o senhor Patrontasch foram ao recanto do esconderijo, onde os Steckel estavam vivendo. Enfim os homens resolveram pedir dinheiro ao senhor Steckel. Beck não tinha mais um único *zloty*. Não havia mais nada para vender no mercado negro e não ficara ninguém para comprar. Um pão de fôrma era tão caro que nem Steckel poderia se dar ao luxo de adquiri-lo. Eu não podia entender por que, quando nós passávamos fome, os homens não tomaram o dinheiro do senhor Steckel. Não conseguia imaginar alguém que não partilhasse o que tinha com os demais. Não entendia por que Beck não havia simplesmente dito a Steckel que lhe entregasse o dinheiro que possuía, empregando-o para cuidar de todos ali. Eu sabia que o senhor Steckel estava pagando "aluguel" aos Beck, como nós havíamos feito enquanto nos foi possível. Nem mesmo Beck, que merecia o dinheiro por arriscar a vida pelos Steckel, pedira a ele um *zloty* a mais. Os homens todos eram demasiado *bababatish*, elegantes demais para seu próprio bem.

Se dependesse de mim, eu teria tomado o dinheiro deles em dois minutos. Na ponta do fuzil de Beck, se fosse obrigada a tanto. Cada uma das três famílias tinha crianças pequenas que estavam famélicas. Ainda assim, até aquele momento os homens não tinham pedido.

Papai voltou minutos depois. A princípio o senhor Steckel se recusara cabalmente, mas por fim entregou a eles uma reluzente libra esterlina de ouro. Podia ter sido uma pedra ou um pedaço de carvão — a tentativa de usar essa moeda de ouro para comprar qualquer coisa atrairia à casa todos os policiais, Casacos Azuis e agentes da Gestapo que ainda estivessem em Zolkiew. Qualquer refeição comprada com a moeda teria sido a última ceia. Contudo, os homens olharam para aquilo como uma prece atendida.

Quando Beck desceu ao abrigo e lhe mostraram a libra, recusou-se a comprar qualquer coisa com ela. Ninguém iria tocá-la. Antes da guerra e até uns meses antes, uma libra esterlina teria sido trocada por muito mais *zloty* que o próprio valor. Mas naquele momento o medo vencia até a cupidez. Papai disse a Beck que não se preocupasse com tentar vendê-la. Que desde que ele ficasse conosco, poderíamos agüentar a fome. Beck nada comentou. Não sabíamos o que pensar. Como poderia uma inútil moeda de uma libra esterlina manter os Beck conosco? Meu medo da partida deles era maior que o pavor aos nazistas. Desde que eles ficassem ali, ainda teríamos uma chance.

Enfim, Beck recebeu da mão de papai a moeda e prometeu tentar encontrar alguém confiável para trocá-la por *zloty*.

Na véspera de 18 de abril, o dia em que Mânia fora assassinada, fui dormir consciente do que enfrentaríamos no dia seguinte. Àquela altura fazia calor à noite, e as pulgas eram implacáveis, porém, eu sempre conseguia dormir um pouco, ainda. Mas daquela vez haveria muito pouco sono. Eu sabia que mamãe e papai estavam deitados em silêncio, acordados, ao meu lado.

Pela manhã, dissemos *yahrzeit*, a oração dos enlutados, e quando acendemos em memória de Mânia uma das poucas velas que tínhamos, a mim ocorreu que talvez minha amada irmã tivesse sido a sortuda. O sofrimento dela foi mais breve que o nosso. Mas eu também sabia que Mânia teria lutado pela vida a cada segundo. Minha dívida com ela era sobreviver. Era lutar a todo segundo, como Mânia teria feito. Entregar os pontos profanaria sua memória. Eu viveria por nós duas.

Bateram na porta. Quatro soldados informaram a Beck que ele tinha novos hóspedes. Eles caminharam pela casa, indo de um quarto a outro, fazendo uma pausa antes de prosseguir. Pararam no aposento acima da escotilha. Um deles, postado exatamente sobre o alçapão, disse:

— Este quarto servirá.

Se os soldados ficassem ali, nós poderíamos perfeitamente usar a lata de gasolina. Mas Júlia pediu, em sua entonação doce e sincera:

— Por favor, senhores, se meu marido e eu pudéssemos continuar neste quarto, ficaríamos imensamente agradecidos.

Houve um momento de quietude, e depois a voz amável daquele a quem eu viria conhecer como Norbert respondeu:

— Não queremos tirá-los de seu quarto. Ponha-nos em qualquer lugar. Por nós, tudo bem. E não se preocupe, não iremos atrapalhar a senhora. Passaremos a maior parte do dia fora.

Isso era o que todos diziam, antes de se acostumarem ao conforto, ao rádio de Beck e aos jogos de baralho que prosseguiam, malgrado a mesa de jogo estar sobre areia movediça e as balas passarem assobiando pelas orelhas deles.

14

Estamos apenas começando a sofrer

De 23 de abril a maio de 1944

> *Quinta-feira, 9 de maio. Talvez você ache que quem olha a morte, olho no olho, tantas vezes quanto nós olhamos acaba por se acostumar a isso. Mas conosco acontece o contrário. Quanto maior o risco de morrermos, mais nos apavoramos. A gente quer viver, não importa como. Todo dia olhamos a morte, olho no olho, e cada dia tem sua própria história. Se pelo menos tivéssemos uma sentença, um prazo, uma estimativa do tempo pelo qual vamos sofrer... Estamos sentados aqui e nem mesmo sabemos se será a troco de nada.*

BECK MUDOU OS SOLDADOS para o quarto vizinho ao seu, e Ala mudou-se para o quarto dos pais. Os soldados ficariam dormindo acima do abrigo onde dormiam Lola, Gedalo, Kuba, Artek e os Steckel. Ao contrário dos ferroviários, cujos nomes eu não descobrira nos dois meses em que já estavam conosco, em questão de minutos inteirei-me de que os soldados eram Norbert, Dieter, Richard e Hans. Com seis alemães morando acima de nós, a água, a comida, os baldes, tudo ficou impossível. Quando os soldados estavam em casa, os ferroviários tinham saído, e vice-versa. Era como uma dessas farsas teatrais em que os personagens ficam entrando e saindo de portas, deixando de se encontrar por acaso, numa perseguição absurda, exceto que a comédia que se desenrolava no andar de cima tinha conseqüências letais.

No momento em que a sacola de Norbert bateu no piso, ele começou a mexer no rádio até encontrar uma emissora que tocasse música popular e ópera ligeira. Começou imediatamente a cantar e, de súbito, uma voz clara e vibrante de tenor passou a reverberar pelas tábuas do assoalho. Quando cantam para si, as pessoas, na maioria, sobretudo se houver gente por perto, mostram-se pelo menos um pouco inibidas, mesmo se adorarem a própria voz. Mas Norbert estava cantando para a platéia do balcão. Pelo visto, sabia todas as canções do rádio.

Naquele momento minha vida não poderia ter me parecido mais estranha. Ignorava quem era Norbert, que aparência teria, de onde viera ou se ele se revelaria um daqueles alemães que divertiam os Beck com a proficiência em matar judeus. Tudo que eu sabia dele era que tinha uma voz que as pessoas teriam pagado para ouvir — desde que Mânia cantara em seu concerto de primavera, três anos antes, a música não me comovia a tal ponto. Não queria gostar da voz dele. Não queria me comover diante de um homem que talvez tivesse assassinado judeus, mas não pude evitá-lo. *Você é minha hoje à noite*, *Minha canção dá a volta ao mundo*, *Você é a alegria do meu coração*, *Hoje estou tão feliz* eram canções populares do cabaré alemão, inócuas o suficiente para sobreviver à censura. Eu as escutara no rádio antes da guerra e também ali no esconderijo. Ouvir rádio através das tábuas do assoalho era uma das únicas tréguas que tínhamos, e quando havia música ela representava uma diversão, ainda que passageira. Mas, quando Norbert cantava, eu tinha uma frisa num concerto. Ouvi com medo e em êxtase o ciclo de canções de Schubert *A filha do moleiro*.

Você também chorou,
Seus olhos, tão queridos, estão molhados,
Uma lágrima caiu da janela,
Uma rosa nasceu no gramado.

Todos nós o ouvimos. A canção falava de morte e amor perdido, e eu lutei contra as emoções que ela fazia aflorar em mim. Como um alemão ousava ter uma voz tão bonita, quando tinha o dedo no gatilho de uma arma e em seu campo de visão havia um judeu?

Mamãe ficou tão perturbada pela chegada de tantos soldados para morar no andar de cima que desmaiou. No entanto, nem eu nem papai nos atrevíamos a nos mexer para ajudá-la, temendo que nos escutassem, apesar do barulho lá de cima. A vida no esconderijo me treinara a resistir a quase todos os impulsos naturais que tivesse, portanto fiquei observando o subir e descer de seu peito como se Salka estivesse num sono agradável, e desejei que se recobrasse do desmaio sem fazer nenhum ruído.

Assim que todos saíram, Beck desceu e disse que Deus estava mandando um exército para velar por nós e afastar a suspeita para longe de nossa porta. Por quanto tempo mais eu poderia acreditar na sorte de Beck? Em meio à penumbra, tentei ver se ele acreditava em suas próprias palavras ou se apenas tentava nos animar. Mas não consegui ver seus olhos. Houve uma batida na porta, e Valentim voltou correndo para cima. O ranger da porta do alçapão sendo fechada foi coberto pelo barulho dos pés de Beck apressando-se a abrir a porta. O hotel estava cheio. Eu não via como eles poderiam encaixar mais alguém. Mas não se tratava de hóspedes. Era um policial nazista.

Ele dizia a Beck que o acompanhasse para falar com o chefe de polícia. Imediatamente. Havia meses que Beck não recebia ordem de se apresentar à polícia, e aquele policial era um estranho. Beck foi embora assobiando, mas nós duvidamos de sua tranqüilidade. Uma a uma, razões opressivas desfilaram pelo abrigo. Ele tinha sido delatado por esconder judeus; por se relacionar com a resistência; por vender libras esterlinas no mercado negro; por roubar vodca, e qualquer outro dos pecados de traição. Se não fosse isso, teríamos ouvido risadas, fofocas, um cumprimento amistoso e a razão pela qual Beck fora chamado. Rezei por ele do mesmo modo como rezara por Uchka, Mânia, Zygush e Zósia. Rezei por ele da forma como rezava pelos meus entes mais queridos.

Esperar no escuro por Beck e nosso destino teria sido apavorante demais para suportar. Desde o bombardeio inicial de Lvov na semana anterior, nunca sabíamos se haveria eletricidade ou não. Será que Beck voltaria ileso, ou a polícia arrombaria a porta e nos mataria? Desde o momento em que o levaram, ficamos todos tão nervosos que eu temia que fôssemos enlouquecer.

O senhor Patrontasch voltou a calcular segundos, minutos, horas e dias em sua caderneta. Gedalo estava escrevendo furiosamente, mas não mostrava a ninguém. Lola pusera a mão na boca, reprimindo o riso. Quanto mais todos olhavam para ela, implorando com os olhos que parasse, mais difícil ficava se conter. Lola ficou de cara para a parede até se acalmar. Devia ser histeria, porque nada de engraçado estava acontecendo naquele instante. Os Steckel seguravam entre os dedos as cápsulas de cianeto penduradas no pescoço, como sempre faziam quando nos achávamos sob ameaça. Zósia agarrou um travesseiro, colocou-o sobre o rosto e começou a chorar bem baixinho. E mamãe estava estendida no chão. Pelo menos tínhamos luz nessa manhã.

Quando ficamos sozinhos na casa, perguntei a Lola por que ela rira tanto.

— Eu estava olhando em torno e reparei que todos tinham ficado de cabelo branco ou grisalho; então, parei de me sentir tão mal em relação aos meus cabelos.

Lola tinha razão. Eu não havia reparado antes. Mamãe, papai, os Melman, Artek, Gedalo, os Patrontasch, todos tinham os cabelos grisalhos. Só as crianças e eu mantínhamos alguma cor nos cabelos. Alguns de nós olharam para Lola como se ela tivesse enlouquecido. Mas eu entendi. Ninguém conseguia controlar as loucuras que entravam e saíam em nossas idéias ali no esconderijo. No entanto, a não ser que conseguíssemos exercer autodisciplina e controlar nossos medos e nossas suspeitas, a sociedade que construíramos no subterrâneo se desintegraria. A risada de Lola era o apito da chaleira. Era uma advertência de que as emoções estavam em ebulição dentro dela. Eu sabia o que Lola sentia. Em certas ocasiões, achei que não conseguiria suportar nem mais um minuto. Se havia hóspedes no andar de cima, queria gritar a plenos pulmões e esmurrar o teto, na ânsia de ver tudo terminado. Beck nos contara histórias de judeus que correram para a cerca de arame farpado nos campos e nos guetos. Tal poderia ter sido meu destino, se eu não estivesse no esconderijo.

Beck devia ter encontrado os soldados a caminho, porque voltou para casa em companhia deles, assobiando *Tudo está bem*... Pelo menos soubemos que Beck estava bem e nós ainda não estávamos mortos. Mas seria preciso esperar até os soldados saírem, e em seguida os ferroviários, para descobrir a razão pela qual Beck fora chamado pelo chefe de polícia.

Quando ele finalmente conseguiu descer, contou-nos que além do trabalho regular queriam que montasse guarda na estação ferroviária. Beck ainda era um alemão étnico de confiança e parte vital da máquina de guerra alemã no local. Recebeu uma nova arma e disse que nos daria uma de suas armas na primeira oportunidade que surgisse. Não sei se em nosso esconderijo algum dos homens já havia realmente usado uma arma de fogo, mas Beck ficou aliviado, e nós também. Ele afirmou que os soldados lhe haviam prometido que não causariam incômodo aos Beck, pois passariam a maior parte do tempo no trabalho, que era preparar a retirada do contingente motorizado alemão. Quando ouvi o que eles iriam fazer, soube que estariam ali até o último suspiro. A chegada dos soldados provocou tantas mudanças para nós que, apesar de todo o sofrimento dos últimos dezessete meses, em muitos e novos aspectos nosso martírio apenas acabara de começar.

Era preciso haver uma conspiração das circunstâncias para podermos nos alimentar. Precisaríamos ter eletricidade, os ferroviários e os soldados teriam que ter saído, e os Beck, conseguido encontrar alimento para os dezoito. Portanto, Beck instituiu um sistema de racionamento para todos nós ali embaixo, até os Steckel. Ele disse que conseguiria um quilo de batatas e trezentos gramas de pão por dia. Mas, embora tal quantidade de pão fosse suficiente para nos manter acima do nível da inanição, andava tão escasso que duvidei de sua probabilidade de conseguir tudo aquilo.

Sempre havia um ferroviário ou um soldado em casa; portanto, tornou-se quase impossível despejar os baldes. Os homens foram obrigados a cavar uma trincheira no fundo do esconderijo e cobri-la com um pedaço de madeira. Ali funcionava nosso novo toalete. Eu sabia que o mau cheiro iria nos denunciar. Forçosamente. Dias, semanas, um mês, quem sabia? A trincheira acrescentou mais um nível de inevitabilidade à nossa captura, porém não havia alternativa.

Desde a metade de abril o esconderijo foi se tornando cada vez mais quente, mais úmido, opressivamente úmido. Passamos a usar nossos uniformes de verão. Para as mulheres, combinações com as costas cortadas; para os homens, ceroulas cortadas ou short. O clima se tornara tão quente que, exceto quando estávamos comendo e dormindo, passávamos horas e horas do dia nos abanando com pedaços de papelão, até sentir dolorosas cãibras nos braços e nas mãos. Começávamos abanando com a velocidade de colibris, mas logo esses pedaços de papelão, que não poderiam ter pesado mais que alguns gramas, davam a sensação de serem chapas de ferro.

Quando os ferroviários saíam, os Beck podiam abrir a escotilha para nos dar um pequeno alívio ao calor. Mas dali em diante não haveria sequer aqueles breves momentos de trégua, pelos quais eu esperava com a mesma ansiedade com que aguardava pela comida e a água. O calor era tão opressor que ficava difícil respirar.

O único alívio momentâneo que era o curto intervalo da dormida. Mas os soldados também nos roubaram disso. Tínhamos tal pavor de que pudessem ouvir um ronco, uma tosse, um espirro enquanto dormíamos que fomos forçados a alterar nossos esquemas de sono. Os Steckel, Gedalo, Kuba, Artek e Lola dormiam na parte do abrigo que ficava exatamente sob o quarto de dormir dos soldados. Não havíamos removido os pilares que sustentavam o assoalho, e ele não fora tão escavado quanto o quarto principal. O espaço só dava para se ficar deitado. Lola começara a roncar, e a asma de Kuba foi piorando à medida que o tempo esquentava. Ele disse que era por causa do mofo. Fosse como fosse, Kuba passara a tossir. Alto. E se sua tosse acordasse os soldados? Decidimos que os ocupantes daquela parte do abrigo iriam dormir durante o dia e ficar acordados à noite. Pelo menos quando despertos tínhamos algum controle sobre nossas ações. À noite, um ronco, um espirro, uma tosse poderia significar para todos o fim.

O senhor Patrontasch confabulou com papai, e os dois se inclinaram para mim. Papai me pediu que trocasse de lugar com Kuba. Eu não roncava, portanto para nós seria mais seguro eu dormir no ponto em que ouvíamos os soldados. Um de meus poucos prazeres era dormir abraçada aos pequeninos, mas não tinha dúvidas de que trocaria de lugar. Ninguém jamais questionava coisa alguma que contribuísse para nossa sobrevivência. Eles precisavam de alguém delgado e que não roncasse. Pediram e eu concordei. E foi só. Porém, já que não roncava, pelo menos tive permissão de dormir à noite.

Passados alguns dias da chegada dos soldados, nós começamos a deteriorar. Eu não conseguia imaginar que os poucos minutos por dia em que a porta do alçapão se mantinha aberta fizessem tamanha diferença. A brotoeja voltou como uma praga. Todo o mundo estava contaminado. O estado de mamãe ficou sério, e o meu também. Mas, por alguma razão, a afecção atacou a família Patrontasch com uma agressividade que transformou as costas de cada um deles num tapete de pústulas esfoladas, cor-de-rosa intenso. Não se via um centímetro de pele normal. Em todos nós o dorso era a parte mais seriamente afetada, e a dor nos impedia de dormir de costas. Não havia espaço para dormir de bruços, já que, por mais que se tente não fazer, é preciso abrir os braços pelo menos um pouquinho. E depois que a pessoa resolve dormir de lado, não há mais como se mexer, e a dor nos ombros, quadris e joelhos se torna um sofrimento surdo e constante, a noite inteira. E ninguém se atrevia a se coçar — se as feridas começassem a sangrar, acabariam perigosamente infectadas por causa da umidade e da falta de higiene.

Mas se os Beck nos abandonassem, todo o planejamento, todos os sacrifícios, tudo o que suportáramos perderia o sentido. Para nós não havia escolha senão prosseguir. A fome, a sede e o medo tinham se tornado minha vida. No entanto, tudo se simplificara. Sentia-me numa estação ferroviária, e tudo dependia de qual trem chegaria primeiro: a liberdade ou a morte. O prurido, a exaustão, a dor nos braços de tanto me abanar eram irrelevantes, meras ocupações para mim e minha mente, enquanto esperava para ver que trem eu iria tomar.

Os soldados e os ferroviários tinham ido para o clube dos soldados alemães, na cidade. A força aérea russa estava novamente bombardeando Lvov, e, como não havia ninguém na casa, Beck nos deixou subir, um pequeno grupo a cada vez, para ver os clarões e as explosões.

O céu noturno tinha mais luz do que eu já vira algum dia. Nem mesmo os fogos de artifício soltados pelos russos no 1º de maio chegavam perto da luminosidade do bombardeio que transformava a noite em dia. E quando o bombardeio cessou, e a vidraça por onde eu olhava parou de tremer, o firmamento voltou a ficar escuro, mas o horizonte era uma fímbria de fogo. Eu contemplava o fim do mundo por entre cortinas de damasco ligeiramente abertas. Beck nos fez subir ali para nos dar esperança, tamanha era a consideração que demonstrava. Tendo no rosto o sorriso de um falso deus, ele nos contou que os russos já não podiam tardar muito a cruzar o Dniester, o rio da Galícia que corria dos Montes Cárpatos e passava ao sul de Lvov.

Beck podia mentir aos alemães, mas não a nós. Eu estava sintonizada com seus olhos e sua voz, da mesma forma como um bebê está em sintonia com o rosto da mãe. Também sabia que, no que nos dizia respeito, a mentira era um pedaço de carne podre na boca de Beck, que ele seria impelido a cuspir, por mais que se empenhasse em engoli-lo.

De novo no abrigo, iluminado por luz de vela, pois o bombardeio tornara a cortar o fornecimento de energia, ele nos contou que ficara de novo sem dinheiro e não haveria sequer a prometida ração alimentar. Contou-nos que os ucranianos tinham divulgado um novo ultimato. Todos os poloneses seriam forçados a abandonar Zolkiew até o 1º de maio, dentro de alguns dias, ou morreriam.

À medida que falava, Valentim foi ficando deprimido como eu nunca o vira. Disse-nos:

— Os canalhas ainda estão caçando judeus. Um delator informou à Gestapo que a senhora Bernstein e seus três filhos estavam se escondendo no celeiro de Malachinski.

Mamãe desmaiou. Era muito amiga da senhora Bernstein. Não agüentou descobrir, no mesmo momento, que a amiga estivera viva e escondida, como nós estivemos pelos últimos dezessete meses, e que foi assassinada quando os russos estavam se aproximando.

Beck nos contou que Ala o vinha pressionando muito para irem embora. Tal qual a nossa querida Mânia, Ala queria viver. Já fizera tanto, e quanto mais poderíamos lhe pedir que fizesse? Era uma menina, mal teria três anos a mais que eu. Não queria que ela morresse por mim. Eu não conseguia imaginar o tormento no coração de Beck, visto que todo dia era obrigado a escolher entre nós, estranhos, e sua filha, que era o amor de sua vida. Seria preciso um milagre para o senhor Beck não ir embora com a filha, mesmo que nos tivesse garantido jamais fazê-lo.

Os três dias seguintes foram tormentosos. A eterna escuridão no subterrâneo tornava infinito cada momento. Com qualquer luz que fosse, até mesmo de uma vela, eu poderia ler, ensinar as crianças, costurar, fazer qualquer coisa para manter ocupada a mente. Mas então, sem nenhuma luminosidade senão a do breve período em que acendíamos as velas para poder comer e atender às necessidades fisiológicas, eu ficava — como todos os demais — sem nada para fazer, exceto olhar fixo a delgada lâmina de luz que entrava pelo respiradouro e rezar para a guerra terminar depressa.

Passava o tempo todo escutando o que os soldados diziam. A voz de Norbert perdera o encanto. Ouvia as conversas deles sobre esposas, namoradas e filhos. Distingui o ceticismo de Richard em relação à guerra. Escutei Hans gritar:

— Estou lutando aqui, e os Aliados estão bombardeando minha família!

Como sua mulher e seus filhos moravam em Hamburgo, ele estava furioso com as notícias ouvidas no rádio e nos noticiários sobre o bombardeio daquela cidade. No ano anterior, Hamburgo fora bombardeada por uma esquadrilha aliada de oitocentos aviões. Nas poucas semanas que os soldados passaram na casa de Beck, Hamburgo tinha sido bombardeada três vezes. Eu odiava Hans. Não só por seu anti-semitismo, mas também por sua preguiça. Quando não estava trabalhando, ele ficava a maior parte do tempo na cama. Bastava que houvesse um só alemão ali para não podermos nos mexer, falar, cozinhar, usar o balde. E geralmente esse alemão era Hans.

Ficávamos sentados no escuro ouvindo-os jogar baralho no andar de cima por horas e horas. Era dia de casa cheia. Hans, o policial, estava embriagado e feliz. Encontrara um camarada em Hans, o soldado, enquanto os dois comparavam suas façanhas e se gabavam do número de judeus que mataram. Hans, o policial, entretinha o grupo com seu triunfo mais recente: os Bernstein. Mamãe foi forçada a ouvir Hans, tão ruidoso e turbulento quanto um padrinho de casamento que erguesse um brinde, tornar a contar como os Bernstein imploraram a ele que lhes poupasse a vida. Eram refugiados que moraram perto de tia Rosa na Polônia ocidental e vieram para Zolkiew em 1939. A senhora Bernstein era parente dos Britwitz, que tinham sido vizinhos dos Melman numa das casas que foram destruídas pelo incêndio. A senhora Bernstein nascera em Zolkiew e conhecia mamãe desde que eram meninas. Os russos vinham no encalço de Hans, e, se Deus ajudasse, chegariam à cidade em questão de semanas ou de meses. Mas ainda assim ele se divertia em encontrar e massacrar judeus.

Beck tinha que fingir que ouvia tudo aquilo pela primeira vez, e fez seus cumprimentos calorosos. Sua sinceridade diante da sorte de Hans era convincente. Hans, o soldado, não se deixava superar e recontou os assassinatos de cada um dos setenta e cinco judeus que liquidou pessoalmente. Ele contabilizara. O extermínio de um povo fora reduzido a entretenimento acompanhado de aguardente, salsichas e as empanadas de Júlia.

Eu segurava Zósia no colo. Ela já não chorava mais ao escutar a risada tenebrosa de Hans e os tapinhas de felicitação por suas façanhas. Da vida ela só conhecia essa perseguição, de gente que tentava matá-la, aviltá-la por ela ter uma condição que sua pouca idade não lhe permitia entender. Para Zósia, a condição de judia nada significava. Eu queria escrever, registrar cada palavra, mas não havia luz; logo, era obrigada a ouvir sem ter na mão meu lápis azul.

Ouvia na escuridão e meu rosto tinha a liberdade de expressar a aflição, ainda que silenciosa, e a raiva, ainda que muda. Beck tinha que se sentar frente a frente com os assassinos, dar as cartas, servir as bebidas, a comida, e escutar dando risada, olhando os dois homens nos olhos, enquanto nós permanecíamos escondidos. Por dezessete meses nós só precisamos nos esconder; porém, dia após dia, momento a momento, os Beck ser viam forçados a levar uma vida dupla, Sobretudo Valentim, que agia como o espião mais brilhante no mais sensacional romance de espionagem. Como era possível ele agüentar a pressão? Em comparação à dele, minha coragem não era nada.

Tão logo os soldados e ferroviários saíram para trabalhar, no dia seguinte, Beck desceu ao abrigo. Trazia consigo uma garrafa de vodca e serviu bebidas aos homens. Durante longo tempo não disse nada. Então, falou:

— Eu peço desculpas. Desculpem-me, por favor. Espero que vocês não achem que era sério aquilo que falei ontem à noite. Espero que saibam que não sinto nada daquilo.

Valentim queria que soubéssemos que as palavras que proferira no andar de cima não eram seu verdadeiro eu, que só a nós ele ousava mostrar. Eu tinha muitas perguntas para fazer a Beck. Como conseguia manter a fachada de alemão étnico leal? De onde extraía a coragem? Como podia se comportar com tanta calma e naturalidade diante de nossos inimigos? Eu notava que ele gostava muito de Krueger e Schmidt. Mas e os demais? Os dois Hans? Beck tinha medo? Como conseguia dominar esse medo? Nutria tanta fé assim por Deus? Confiava a tal ponto na própria sorte? Mas, acima de tudo, por quê? Por que arriscara a vida por nós? Às vezes Beck falava de honra. Alegava que os ucranianos e os alemães não tinham o direito de matar judeus. No entanto, em alguma parte eu sentia que havia uma outra razão, talvez oculta. E tinha esperança de que algum dia tivéssemos a chance de falar sobre isso, se eu fosse corajosa o suficiente para indagar.

Tantas coisas andavam acontecendo que eu não conseguia manter atualizado o registro de tudo em meu diário. Beck me dera de presente um caderno novo. À medida que escrevia, as páginas iam rapidamente ficando cobertas do suor que me gotejava do rosto. As anotações ficaram borradas por causa do papel molhado das páginas e era quase impossível escrever de forma legível. Comparado a tudo que ocorria em torno, uma página manchada não parecia importante, mas o caderno era agora minha posse mais preciosa. E se nós morrêssemos e o diário fosse encontrado, eu não queria que ficasse desconhecido um só momento da coragem de Beck.

Dei-me conta de que estávamos na mesma situação do dia do incêndio. Mesmo que houvesse outro lugar onde nos esconder, jamais conseguiríamos chegar a ele. Havia uma multidão nas ruas repletas de soldados alemães, policiais e Casacos Azuis. Se tentássemos fugir, seríamos apanhados em minutos. Eram pouquíssimos os civis. Em cada casa da rua havia soldados hospedados. Na fábrica de papai moravam mais de vinte. E muitos mais se empilhavam perto do cemitério, que desde o incêndio ficara à vista direta da casa. Estávamos na principal estrada que conduzia a Lvov, portanto eram constantes as patrulhas militares e o tráfego. Já não restavam poloneses; por conseguinte, não haveria lugar onde se esconder, e ninguém para nos acolher se tentássemos abandonar o abrigo.

Beck nos revelou que a polícia ucraniana vinha recolhendo armas, prendendo e executando a seu bel-prazer e roubando à vontade as residências e pertences dos poloneses. E como era novamente certa a transferência de Ala para a Cracóvia, Beck disse que iria para a floresta se reunir aos guerrilheiros. Era um patriota e queria pegar em armas para combater os inimigos de seu país. Eu entendia seu impulso, pois me sentia da mesma forma. Se Valentim tivesse me convidado a ir com ele para a resistência, teria ido. Também sabia que sua esperança era que um de nós dissesse "Pode ir, conosco vai tudo ficar bem". Mas ninguém proferiu palavra. Enfim, Klara falou:

— Pois vá, senhor Beck. Mas antes de partir pegue o fuzil e mate todos nós. Mate-nos, por favor.

Todos nós havíamos condenado Klara por sua relação com Beck, mas só o caso deles permitia a ela falar com ele tão sem rodeios. E a relação dos dois o estava mantendo ali conosco e protegido. Não sei se Valentim estava apaixonado por Klara. Talvez ele nos abandonasse, mas jamais a abandonaria. No íntimo de Beck, devia estar sendo travada uma tremenda batalha. Ele era leal a nós, à sua família e ao seu país. Porém, não poderia nos proteger a todos e, ao mesmo tempo, lutar.

Valentim concordou em ficar. Por ora estávamos salvos. Beck nos garantiu que só iria embora se Von Pappen o obrigasse a tanto. Também disse ao senhor Patrontasch que os russos tinham tomado Sevastopol, Odessa e recapturado o resto da Criméia. Assim, os russos poderiam voltar suas forças para norte e oeste. Senti renovada esperança. O deslocamento do poderio militar dos russos em direção a Vinnytsia e o bombardeio de Lvov seriam forçosamente um prelúdio a uma grande ofensiva na Galícia.

Quando os Beck e os soldados tornaram a sair de casa, o senhor Patrontasch levou os baldes ao andar de cima para esvaziá-los. Ao retornar, vi que algo estava errado. Diante de seu relato, toda esperança de sobrevivência que eu nutria desapareceu. O senhor Patrontasch constatou que os Beck haviam empacotado todos os pertences, que foram colocados em fila no corredor. O homem em que eu chegara a confiar tanto quanto em meu próprio pai, e no qual investi toda a minha esperança de sobrevivência, nos olhara nos olhos e mentira para nós. Só havia uma conclusão possível: eles planejavam partir sem nos dizer nada.

15

Estou perdendo a esperança

De 10 de maio a 6 de junho de 1944

> *Quarta-feira, 10 de maio. Novos problemas. Lang, que sempre dizia que ficaria, resolveu ir embora... O senhor Beck diz que não partirá, a não ser forçado, mas não sabemos se um dia ele irá embora sem nos avisar. Pappen deve voltar a qualquer momento. Que faremos se o senhor Beck disser que Pappen lhe deu ordens de partir?*

FOI DECIDIDO QUE O SENHOR Patrontasch falaria com Beck, como sempre fez.

— Estamos preocupados. Será que você mudou de planos?

O senhor Patrontasch tinha certo acesso a Beck. Ele conseguia atenuar o enunciado dos fatos mais assustadores. Naquele momento, contudo, acabara de revelar a Beck nosso temor de que ele houvesse mudado de idéia. Beck sabia muito bem o que Patrontasch queria dizer e o quanto nós todos estávamos aterrorizados.

Sem demora, aplacou nossos medos:

— Se eu disse a vocês que não iria embora, então não irei. Nós tiramos algumas coisas do porão para o caso de incêndio, e foi só. Se estão bombardeando Lvov, eles vão chegar aqui antes que percebamos. É bobagem perder num incêndio tudo o que temos.

O senhor Patrontasch replicou:

— Muito obrigado por nos contar. Sabíamos que haveria uma explicação razoável. Você entende...

Beck o interrompeu:

— Nem pense mais no assunto. — Em seguida, voltou para cima.

Mas suas palavras quase não conseguiram aliviar nossos temores. Eu confiava nos Beck, mas o senhor Melman não conseguiu se convencer. Talvez os medos dele fossem reais ou apenas influenciados pela depressão e o desespero que porejavam de nós como suor. Começávamos a nos desintegrar física e mentalmente. Cabelos grisalhos eram triviais em comparação à pele do senhor Melman se desprendendo como casca de batata, às feridas nos seios de mamãe, aos dentes que caíam, ao sangramento de gengivas, ao reumatismo e às brotoejas que nos afligiam como uma das dez pragas.

Quase toda noite tínhamos convidados até duas ou três da manhã e quase toda tarde a casa se enchia de gente na hora do almoço para ouvir rádio. Beck se tornara muito popular, e todos os seus amigos poloneses lhe pediam conselhos. Como de hábito, o tema da conversa mudou para o assassinato de judeus. Hans, o policial, disse que gostaria de estar na Hungria, pois lá andavam matando judeus como se matava antes por aqui. Ele discutia o assassinato como se fosse um passatempo, comparável a esquiar e buscar o trecho onde a neve era mais recente. Hans, o soldado, discorria sobre pormenores de suas preferências em matéria de matança de judeus e os variados prazeres do garrote, da arma de fogo e da faca. Dieter o interrompeu para dizer que não seria capaz de matar um judeu desarmado, mas que naturalmente o faria se o miserável tivesse uma arma. Ala e Júlia serviam a comida que os policiais tinham trazido para elas prepararem. Norbert observou:

— Às vezes acho que um judeu não merece uma bala. É muito melhor despedaçá-lo.

Não sei como Júlia e Ala não deixaram cair as travessas. Fiquei atônita ao escutar essas palavras dos lábios de Norbert. No começo eu adorava ouvi-lo cantar, mas agora sua voz só evocava imagens de um homem matando despedaçado um judeu.

Depois que Hans foi embora, Norbert começou a bisbilhotar. Perguntou a Júlia quanto tempo havia que eles moravam na casa. Júlia respondeu, neutra:

— Dois anos. Por quê?

— Sei lá... Eu estava deitado na cama quando ouvi um barulho de arrastado, como palha sendo mudada de lugar. E depois juro que veio o som de dois copos batendo um no outro, debaixo de meus pés. E há quem fale de judeus escondidos em abrigos cavados no subsolo das residências, abarrotados de comida.

Júlia deu risada, descartando a idéia:

— Dois anos, e eu nunca escutei nada.

Com sorte, aquilo seria suficiente para convencê-lo. Se desconfiasse de alguma coisa ele iria contar a Hans, o policial. Eu me admirava de como os Beck conseguiam manter sua farsa noite após noite, dia após dia. Um deslize, uma palavra descuidada, uma expressão de mau humor ou de espanto, e todos estaríamos mortos.

Júlia saiu para Lvov em busca de tabaco para vender. Durante sua ausência, o chão começou a tremer, e logo as bombas explodiam. A luz elétrica, que não faltara por alguns dias, foi cortada quase imediatamente. Comecei a rezar para Júlia não ser apanhada no bombardeio. Ela chegou inteira, mas não pôde vir ao alçapão nos dar comida. Dieter estava doente, de cama, e passamos os dois dias seguintes sentados no escuro, sem comer nem beber. O pobre Patrontasch desmaiava de fome. Não havia água nem para lhe umedecer os lábios. Papai sussurrou para mamãe:

— Se ele morrer, teremos que enterrá-lo aqui mesmo.

Eu nunca ouvira meu pai falar com tanta frieza sobre a morte de um amigo. Não havia nada que pudéssemos fazer em relação à falta de comida. A compaixão se transformara num luxo. Se houvesse alimento, teríamos dado a Patrontasch a maior parte, mas não havia.

Só ficaram os detalhes insensíveis do que precisávamos fazer para sobreviver. Não podíamos despejar os baldes, e a primeira trincheira estava quase repleta. Os homens teriam que cavar uma nova, assim que tivéssemos luz. O único lugar onde colocá-la ficava a menos de meio metro do estrado de Lola. Ela não proferiu uma queixa quando papai lhe comunicou onde seria necessário cavar. Era urgente acelerar a tarefa: Norbert dissera a Júlia que sentia cheiro de esgoto e se dispôs a vistoriar a instalação para ela.

Ala voltou para casa sorridente e feliz. Apressou-se em dizer ao pai que, enfim, iria para a Cracóvia. Beck ficou empolgado. Para ela e para nós era ótima notícia — com Ala em segurança, era mais provável que Beck ficasse conosco. Ele também mostrava bom humor, porque as notícias do rádio diziam que a frente russa se aproximava de nós; os Aliados haviam tomado Monte Cassino, ao sul de Roma, e Lvov tinha sofrido mais um bombardeio.

Durante a noite, a temperatura aumentou no abrigo. De tão suados, fedíamos; e a maioria se abanava com máxima velocidade. Fazíamos lembrar a sessão de violinos de uma orquestra que tocasse um movimento alegro. Os ferroviários e soldados, assim como o senhor Beck, tinham saído. Júlia estava sozinha no andar de cima e abrira a porta do alçapão para deixar entrar um pouco de ar. Então, houve uma batida na porta. A batida se transformou em socos na madeira. Em seguida, os golpes vieram acompanhados por gritos repetidos de "Juden, juden", "Onde estão judeus?". Nova onda de suor começou a brotar em todos nós. Júlia e Patrontasch correram para fechar a porta do alçapão, espelhando um ao outro de ambos os lados do assoalho, em seu precipitado frenesi. Zygush, que estivera brincando com seus bonecos de papel e cera, parou no meio do ataque. Todos interrompemos qualquer movimento, exceto o de respirar. Mãos ficaram paradas no ar. Apenas Lola continuou a costurar, como se nada estivesse acontecendo. Minha pobre mãe desmaiou de novo, e não havia nada que pudéssemos fazer. Zósia agarrou um travesseiro e o apertou contra a boca, como passou a fazer sempre que se apavorava, para chorar, em baixo volume, mas em persistentes soluços afogados. Os Steckel agarraram o veneno, que ficaram manuseando, nervosos.

Em meio ao pavor, senti a raiva me percorrer as veias. Eles sempre pensavam primeiro em si mesmos. Eu os odiava por isso.

Tínhamos uma arma e as balas pelas quais Klara implorara a Beck. Artek a apanhou. Em quem ele atiraria? Neles ou em nós? Eu nem mesmo sabia quantas balas havia. A ser arrastada pelas ruas e torturada, preferia ser morta a tiros por Artek. No entanto, não havia tempo de dizer isso a ninguém.

A polícia ucraniana invadiu a casa, aos gritos. Não sei quantos agentes eram, mas suas botas abalaram as paredes do abrigo, das quais fizeram cair terra. Eles vasculharam os quartos, escancararam as portas de armários. Bateram em toda parte com os punhos fechados, buscando paredes falsas; arrastaram móveis em busca de alçapões. Diversos deles desceram os degraus até o porão, onde ficava o depósito de lenha. Era ao lado de nosso abrigo, mas nunca chegamos a abrir uma passagem para lá. Os policiais pareciam ser milhares. O tempo todo gritavam para Júlia:

— Onde estão eles? Diga onde estão e não a mataremos. Sua vaca polonesa! Todos sabem que eles estão aqui. Nós sabemos até quantos são! Vocês tem catorze judeus! A cidade inteira sabe!

Pensei que eles começariam a espancá-la. Fiquei com medo de que Júlia nos entregasse, ou pior, que eles a matassem. Mas ela estava resistindo à pressão, berrando em resposta:

— Aqui não tem judeu nenhum! Nós temos nazistas morando conosco!

Uma voz familiar se reuniu aos gritos. Era Hans, nosso soldado anti-semita, bradando com toda a força de seus possantes pulmões:

— Seus porcos! Como se atrevem a revistar a casa onde estão morando os soldados alemães?!

Os ucranianos berraram:

— Eles estão aqui! Nós recebemos denúncias!

Hans deve ter sacado a arma.

— Seus ladrões filhos-da-puta, bandoleiros de casaco azul! Podem revistar o quanto quiserem, porque aqui não tem ninguém! Mas se eu der pela falta de alguma coisa, vou atrás de vocês e fuzilo na hora!

Apanhado em sua própria arrogância, Hans não tinha idéia do quanto estava próximo de sua própria morte. Os ucranianos eram sanguinários. Se pudessem matar Hans sem sofrer as conseqüências, eles o teriam feito no ato.

— Você vai ver. Vocês, alemães, não sabem de nada. Os malditos poloneses mentem o tempo todo, e, se você se distrai, fodem a sua mãe! Há um esconderijo aqui e outro na fábrica dos judeus filhos-da-puta. E um túnel que leva de um esconderijo ao outro.

De fato, tínhamos pensado em construir um túnel assim. Mas quem poderia ter contado aos ucranianos? As únicas pessoas que acreditávamos cientes desse esconderijo eram os que estavam conosco, além de alguns amigos e parentes, mortos em sua maioria.

Entreolhávamo-nos, desconfiados. Havia semanas que o sobrinho de Beck, Wladek, não aparecia. Tinha-se cogitado de que viesse ficar conosco para evitar a convocação pelos nazistas, que o consideraram desertor quando não compareceu ao alistamento. Wladek esteve algumas vezes na residência, escondendo-se da Gestapo, e sabia a nosso respeito desde aquele primeiro dia de Natal. Apesar de ser um rapaz amável, não era bastante forte para agüentar um interrogatório. Mas, se tivesse sido ele, a polícia teria chegado ao alçapão com dez passadas, a partir da porta da rua.

Hans acompanhou os ucranianos até a fábrica, onde eles encontraram o primeiro abrigo que tínhamos construído, mas nunca usado. Estava vazio, e eles voltaram à casa. Com tudo isso, Lola não perdeu um ponto da costura. Acho que sua calma nos contagiou a todos. Ela prosseguiu costurando como se não houvesse ninguém ali, e se a linha, a agulha e as meias fossem as únicas coisas presentes neste mundo. Patrontasch apanhou a caderneta e começou a calcular e recalcular quantos minutos havíamos passado no abrigo.

Eu tentava adivinhar quem teria nos delatado. Se conseguisse resolver esse mistério, talvez o pesadelo terminasse. Quem sabe se crianças que brincavam na fábrica teriam encontrado o abrigo? Ontem mesmo o senhor Beck nos contara que havia bandos de crianças vadias à caça de judeus. Um dos meninos vira uma abertura suspeita numa parede: uma rachadura pela qual poderia penetrar um raio de luz ou uma lufada de ar. Os garotos chamaram a polícia e ficaram vendo os policiais derramarem gasolina na parede. Enquanto o fogo se espalhava, um grupo de judeus em chamas emergira de um portal oculto. Os nazistas não desperdiçaram balas com eles — ficaram olhando os judeus morrerem queimados.

Por fim, os ucranianos se foram. Hans xingou as mães deles da forma mais grosseira possível. Pediu a Júlia que o informasse se eles voltassem, pois ele e os outros cuidariam deles. Dava para sentir a fúria em sua voz, e soube que Hans queria matar alguém. Já que não havia judeus por perto, os ucranianos serviriam.

Hans voltara para buscar algo que esquecera. Mais uma vez a sorte interviera em nosso favor. Eu não sabia como interpretar o fato. Já tantas vezes tínhamos enganado a morte... quantas mais seríamos salvos? Tinha a sensação de que o destino estava nos provocando. Ficamos sentados num silêncio de estupor quando Hans deixou de casa, assobiando a canção que aprendera com Beck: nosso código secreto *Tudo está bem quando que termina bem*. Teríamos que mudar o código.

Pouco depois, Beck chegou. Júlia ainda nem viera nos ver. Beck deve ter sido informado da operação, pois os dois desceram ao esconderijo. Pensei que fossem nos dizer que aquela fora a gota d'água e que iriam nos abandonar. Mas eles não pronunciaram uma só palavra recriminatória. Em vez disso, tentaram nos acalmar e nos trouxeram pão. Depois de tudo o que haviam passado, lembraram-se de nos trazer pão. Às vezes, minha mente fazia coisas estranhas. Eu cochichei:

— Mamãe, se alguém estiver entediado com a vida, pode vir morar conosco. Aqui sempre tem muita agitação.

Lembrei-me de nosso primeiro Natal no esconderijo. Se os Beck tivessem sabido na época o que o futuro reservava, imagino que nem eles, nem ninguém mais concordariam em nos ajudar. O espírito deles se dobrara, mas quebrara. Pensei na tradição dos Beck de colocar um lugar a mais em sua linda mesa da ceia de Natal, para um conviva inesperado. No caso deles não era um conviva só — eles tinham dezoito. Quando menina, no quintal de nossa casa, observando Júlia bater os tapetes, eu não tinha idéia de quanto era forte sua fé. Não sei se essa fé lhe deu a coragem de nos salvar ou se deu a ela a força de resistir ao próprio medo. O que eu testemunhava nela todo dia era a visão extraordinária de uma mulher que fazia, sem hesitar nem conciliar, o que faziam os santos e seu salvador. Júlia encontraria sua recompensa no céu, sem dúvida alguma. Eu tinha esperança de que ela também a encontrasse neste mundo.

Nós ainda estávamos em choque por causa da revista dos policiais, mas os Beck iriam levar adiante a festa planejada para o vigésimo segundo aniversário do casamento deles. Não sei como conseguiam comemorar o que quer que fosse naqueles tempos lúgubres, mas era um alívio ouvir alguma coisa diferente através das tábuas do assoalho. Os soldados, que passaram o dia na residência, naquele momento ajudavam nos preparativos.

A residência foi se enchendo de convidados. A música tocava alto, e o piso acima de nossas cabeças reboava por causa das danças. Beck cantou várias canções de amor para Júlia, e cada uma recebeu gigantescos aplausos. Até Von Pappen apareceu de surpresa e fez um brinde a Beck como um orgulhoso e leal alemão étnico. Ao ouvir os festejos, ninguém pensaria que do lado de fora havia uma guerra, na qual os convidados estavam interpretando os papéis principais.

A festa durou até as três da madrugada. Só então tudo ficou em silêncio. Os soldados e os ferroviários saíram para trabalhar, e Beck desceu imediatamente ao abrigo. Alguma coisa em sua aparência me assustou. Não sei por que eu nunca notara antes, mas ele envelhecera quase tanto quanto nós. A cabeleira ficara grisalha, o rosto estava contraído e ele tinha a expressão macilenta de uma alma perdida. Fazia cinco semanas que os soldados moravam conosco. Não sei se foi a chegada deles que fez Beck envelhecer. Seu ânimo se mostrava sombrio.

Então Beck fez algo para me convencer de que, como qualquer judeu que correu para a cerca de arame farpado, ele só queria que tudo terminasse. O senhor Steckel tinha dado a Valentim vinte coroas austríacas de ouro para vender. O senhor Steckel calculara que isso permitiria aos Beck gastar sete *zloty* ao dia, que ele considerava suficientes para nos alimentar a cada um durante um mês. Não sei o que precipitou a mudança de sentimento do farmacêutico, nem em que ele baseou seus cálculos. Sete *zloty*, em vista do preço astronômico do pão, não bastavam para alimentar um filhote de cachorro. Mas apesar disso fiquei agradecida. Talvez tenha sido a visão dos desmaios de Patrontasch e das crianças de nosso subterrâneo, com os corpos e rostos subnutridos como os dos velhos dos contos dos Irmãos Grimm, que levou Steckel a adquirir uma consciência, depois de um ano conosco. Ou talvez ele tenha achado mais seguro nos manter vivos do que ser obrigado a enterrar um cadáver atrás do outro, ali embaixo.

Beck vendeu as coroas para o comandante da milícia ucraniana, o próprio homem que praticamente demolira a casa à nossa procura. O comércio de ouro era punido com a morte. O comandante poderia ter fuzilado Beck no ato e depois ter desmontado o imóvel, tábua por tábua, e tijolo por tijolo. Todo o mundo sabia que antes da guerra os judeus costumavam negociar em coroas austríacas. Mas Beck tinha sua própria estratégia.

— Não se preocupem. Zavalinsky me disse que vai derreter o ouro para fazer um anel.

Não havia como discutir com Beck.

— Nós estamos vivos ou não? Tudo o que eu fiz para manter vocês vivos funcionou ou não?

Obviamente, mais tarde naquela noite o comandante veio tomar uns drinques. E na noite seguinte, e na outra. Ele e Hans, que dias antes quase se mataram a tiros, tornaram-se os melhores amigos, compartilhando histórias. Beck tinha razão. Com meia dúzia de alemães, um tenente da polícia alemã e o comandante dos Casacos Azuis vivendo ali, ou pelo menos bebendo e jogando cartas toda noite, quem poderia pensar que dezoito judeus estavam escondidos debaixo do assoalho? Será que a sorte alucinada de Beck e a nossa própria se manteria por um pouco mais de tempo?

Norbert nos deixou, e foi logo substituído por um soldado ainda mais anti-semita chamado Georg, um sujeito mal-educado e ríspido. Então, Beck o tomou sob sua proteção e promoveu outra festa, dessa vez para receber o novo hóspede. Um amigo do novo soldado ensinou todos a dançar. Por três horas eu achei que o piso afundaria sobre nossas cabeças e tive a sensação de que estávamos sentados dentro de uma bateria.

Era 1º de junho, e o calor se tornava cada vez mais opressivo. Mesmo à noite a sensação era de que fazia uns trinta graus. Só nas primeiras horas da manhã um pouco de ar fresco se infiltrava pela abertura nos tijolos e nos permitia algumas horas de sono. Não conseguiríamos sobreviver a outro verão naquele lugar. A questão era simples. Alguns de nós morreríamos de inanição, de cólera, tifo ou de uma infecção provocada pela combinação das feridas em carne viva de nossas costas sangrentas, causadas pelas brotoejas e precárias condições de higiene. Brotoejas! Antes da guerra elas eram tão perigosas quanto as assaduras de fraldas. Mas naquele momento poderiam nos matar.

A frente de batalha estava paralisada havia semanas. Os Aliados tinham tomado Roma, e foi só, apesar de alguns avanços na Romênia. Os homens não conseguiam entender a situação. Por que os russos, depois de dizimarem alemães à vontade, de repente pararam? Cada pequeno avanço era algo a que se agarrar. Mesmo a tomada de uma cidade do tamanho de Kulikow, que não passava de uma igreja e uma padaria, já bastava.

Acima de nossas cabeças, a dança — que penetrara as brumas de minha exaustão e o cobertor de calor que quase me impedia de respirar — tinha se tornado macabra. Uma dança fúnebre, de homens e mulheres ensandecidos, que dançavam só porque o mundo estava se acabando e nada se podia fazer a respeito. Quando finalmente cessou, os passos ainda ecoavam em meus ouvidos, e os dançarinos, como espectros, tinham invadido cada centímetro de mim. À medida que o som foi recuando, percebi que meu coração batia num ritmo quase histérico. Não haveria fim para tal inferno. Por mais que eu quisesse chorar, reprimi as lágrimas. Apesar do tumulto lá de cima, Zósia conseguira adormecer no meu colo. Quando os outros foram dormir, resolvi ficar acordada tomando conta dela — não queria que acordasse assustada e fizesse barulho.

Todos os convidados já tinham ido, mas Hans, o policial, ficou. E Beck nos avisou de sua presença, caçoando:

— Hans, um sujeito grandão e forte como você está com medo de ir andando para casa no escuro?

Enquanto Hans estivesse ali, qualquer ruído no subterrâneo levantaria suspeita, e eu temia que, por muito que ele gostasse dos Beck, seu ódio aos judeus conseguisse suplantar qualquer sentimento de decência. Os dois conversavam, e agora que a casa estava silenciosa a voz de Hans soava tão próxima como se ele estivesse cochichando no meu ouvido, e não no de Beck. Então um outro medo se infiltrou em minha mente. E se Hans suspeitasse de Beck? E se quisesse pernoitar ali?

Mas não era em nós que ele estava pensando. Era em Ala. Avisada de que iria para Varsóvia, em vez da Cracóvia, ela estava com a partida agendada para dentro de alguns dias.

— Ala devia ficar aqui. — Hans suspirou. — Por favor, pense no assunto. Se sua família ficar em Zolkiew, poderei tomar conta de vocês. Ficarão ficar protegidos. Ala estará em segurança.

Beck prometeu pensar a respeito, e eles foram dormir. Se os Beck estivessem a salvo, nós também estaríamos. Nosso inimigo, o mesmo homem que se soubesse de nossa existência nos arrancaria de onde estávamos e nos levaria para o matadouro, tinha um coração que sofria por uma linda garota loira de sorriso cristalino. Não importava que ela não o amasse, e talvez até amasse outro. Era como Cyrano de Bergerac, uma história de amor nobre, não correspondido, altruísta.

Decidi-me a ficar acordada até a partida de Hans. Ouvi quando ele se mexeu, acima de mim, por volta das sete da manhã. Saiu carregando as botas nas mãos até alcançar a porta, e só se calçou do lado de fora, solícito o bastante para não despertar seus anfitriões ou Ala. Quando ouvi no cimento da calçada o ruído de suas botas ferradas, fechei os olhos e peguei no sono.

Despertei com alguém esmurrando a porta da escotilha. As pancadas eram tão vigorosas que abri os olhos assustadíssima e vi Patrontasch abrir o alçapão. O rosto de Beck se inclinou para nós.

O de Júlia, logo atrás do dele. Eu não conseguia ver suas expressões, pois Patrontasch estava na frente e meus olhos não se haviam habituado à luz.

Beck quase gritou:

— A segunda frente! Aconteceu! No norte da França. Ouvi no rádio. Dezesseis mil aviões. Centenas de milhares de homens! Quatro mil navios!

Então tirou a cabeça da frente, e Patrontasch fechou a porta.

A segunda frente. O delírio da excitação e da esperança que se renovavam em nós varreu do abrigo todo o desespero, pelo menos por momentos. Mas o litoral da França ficava a mais de mil quilômetros de distância. Eu não conseguia ver como nossa sobrevivência poderia depender do que Eisenhower fizesse na Europa Ocidental. Ela dependia do que Beck fizesse acima de nossas cabeças, e da presteza com que os tanques russos começassem a passar diante de nossa casa.

Eu queria ficar feliz. Queria ter certeza de que sobreviveríamos. Contudo, ainda que o desejasse, não podia aceitar essa notícia como os outros aceitaram. Acreditaria em nossa sobrevivência no momento em que os alemães fugissem, nós saíssemos da casa e víssemos os grosseiros uniformes verde-oliva dos soldados soviéticos. Até chegar tal momento, eu só poderia rezar.

16

O êxodo

De 4 de junho a 24 de julho de 1944

> *Quarta-feira, 28 de junho. Vi Hela Ornstein! Eu estava fazendo faxina no andar de cima e, ao mesmo tempo, prestando atenção à chegada dos soldados. Fitava a janela quando vi passarem duas garotas a pé, e uma delas era Hela. Fiquei admirada de vê-la caminhar tão segura de si: pelo visto se acostumou a seu papel de não-judia. Decerto, no íntimo não se sentia tão à vontade quanto aparentava, visto que perdeu o pai e a irmã de forma trágica.*
>
> *Lá fora o tempo está lindo, é junho — sinto uma dor no coração quando vejo gente caminhando, livre, desfrutando o tempo maravilhoso, sem temor. Aqui dentro nós estamos vegetando no medo.*

NO MEIO DA NOITE fui acordada pelo trânsito. Caminhões e tanques ficaram horas e horas passando. Quando Beck desceu de manhã, anunciou que o rádio não dizia nada sobre uma ofensiva russa, mas alguma coisa com certeza estava acontecendo. Talvez os nazistas estivessem começando sua própria ofensiva.

Havia algo no ar, uma neblina espessa; mas só saberíamos o que sairia dela quando já estivesse sobre nós. A idéia de que talvez fossem os russos não aliviou minha ansiedade. Só fez aumentá-la. A salvação iminente sempre trazia a sensação correspondente de morte iminente. As duas andavam de mãos dadas, como gêmeas, zombando de nós. E qual o trovejar de pés dançando acima de nossas cabeças durante as festas, ela empurrava para longe qualquer outro pensamento.

Como os soldados e os ferroviários estavam fora, a atividade no abrigo era frenética. Cozinhamos todas as batatas que tínhamos. Patrontasch conseguiu despejar os baldes. E Artek imaginou uma nova invenção: removeu diversos tijolos da chaminé, que ficava no corredor, diretamente em frente à "janela". Teríamos de mantê-los no lugar durante o dia, porque se Júlia estivesse cozinhando o abrigo se encheria de fumaça. Mas à noite, iríamos ter ventilação cruzada! O calor ainda seria sufocante, porém a menor brisa que entrasse já era um triunfo.

Ala foi embora de manhã, mas não pôde descer ao subterrâneo para se despedir porque os soldados se achavam na casa. Hans levou-a à estação na carroça puxada a cavalo. Eu não sabia se voltaria a vê-la algum dia ou se teria chance de agradecer-lhe pelo que fizera por nós. Mas também se apossavam de mim vários pensamentos egoístas: sem Ala para distrair os soldados, levá-los a passeio e entretê-los, seria muito mais difícil para Júlia abrir a escotilha e nos dar comida e água.

Hans continuava a freqüentar a casa dos Beck. Ele e Georg tinham cultivado uma amizade firme. A conversa deles sempre se voltava para o assassinato de judeus. Hans se gabava de ter sido pessoalmente responsável pela "realocação" de trinta e dois mil judeus. Eu estava ciente da pessoa que era Hans, mas ainda assim os números me atordoaram. Se um homem como ele matara tantos, seria concebível que não houvesse sobrado nem um judeu na Europa. Nós talvez fôssemos os únicos. Se em Zolkiew ainda restassem cinqüenta judeus, seria um milagre.

Beck chegou a casa com outro policial e o comandante ucraniano, e se juntou aos festejos. Sentaram-se para beber até as duas da manhã. Beck costumava ser tão eloqüente quando os outros ao expressar seu ódio aos judeus, mas nessa noite ele estava dizendo àqueles assassinos que Deus proíbe matar. Richard, o mais jovem e amável dos soldados, que chamava os Beck de "mãe" e "pai", respondeu que, na guerra, matar não só era permitido como necessário. Ele disse que ainda acreditava que a Alemanha venceria a guerra, e que Beck entenderia o motivo se escutasse o noticiário.

Beck ligou o rádio e se pôs a ouvir a notícia de que os nazistas estavam bombardeando Londres com as bombas V2. Grandes parcelas da cidade já tinham sido destruídas, e civis foram mortos em número incalculável. Fazia semanas que nos noticiários não se ouvia uma palavra sobre qualquer movimento em nossas imediações. Os russos atacavam a Finlândia e a Romênia. O senhor Patrontasch pegou seu mapa e traçou a nova linha do *front* russo, que se movera para oeste de nossa região. Não havia nenhum movimento onde estávamos. No mapa, a frente de batalha lembrava uma linha com um grande semicírculo no meio. Eu tinha esperança de que o tráfego de militares que ainda àquela altura prosseguia fosse uma resposta à ofensiva russa. Porém, com as bombas caindo em Londres, isso devia ser uma contra-ofensiva dos nazistas. Os soldados reagiram ao noticiário cantando canções nazistas e um animado coro de *Deutschland Über Alles*.

Houve ocasiões em que julgamos que seríamos libertados a qualquer momento. Em outras, tínhamos perdido toda a esperança. Mas eu nunca imaginei que ficaria naquele buraco por um ano e meio. Fosse como fosse, achei que terminaria àquela altura. Ainda assim, os meses foram passando depressa, mesmo que cada dia desse a impressão de durar uma eternidade. Então, com aquela notícia, parecia certo que a guerra não terminaria tão cedo.

No abrigo não havia ninguém que pensasse de outro modo. As canções que ouvíamos pareciam ecos do bombardeio de Londres. As notícias também diziam que por vezes os britânicos eram obrigados a passar até três horas no abrigo antiaéreo. Peguei meu caderno e calculei que tínhamos treze mil horas de permanência no subterrâneo. Estava ficando tão alucinada quanto o senhor Patrontasch.

Richard ficou até mais tarde com Beck, após a saída dos demais. Como os dois cochichavam, não consegui escutar a conversa inteira. Richard estavam implorando aos Beck que fossem para Czestochowa, lugar aonde Ala acabou sendo enviada pelos nazistas. Ouvi-o dizer que ela estaria mais segura com os pais. Quem sabia o que iria acontecer? Quando a guerra terminasse, eles talvez não conseguissem encontrar uns aos outros. Ou pior. Não importava o que houvesse ali, Ala estava mais a oeste, onde havia mais segurança. Richard era um patriota nazista e o mais nobre dos soldados. Estava apaixonado por Ala e só conseguia pensar na segurança dela, e na dos Beck. Para nós também não era promissor o fato de que, em mais de uma semana, os Beck não tiveram contato com a filha. Até receberem notícias, lógico, eles ficariam angustiados, perguntando-se se tinham tomado a decisão certa ao deixá-la partir sozinha. Beck sabia que os russos estavam massacrando os alemães étnicos, mas Richard reforçou os medos de Beck com números e nomes de cidades. Sua voz jovem e franca mostrava preocupação pelos Beck, enquanto ele continuava a pressionar o outro a se salvar. Richard não sabia que bem embaixo de seus pés estava a razão pela qual os Beck não partiram no primeiro trem rumo ao leste.

Quando Beck desceu ao subterrâneo pela manhã, todos podíamos ver o efeito que a conversa tivera sobre ele. Sua depressão era tão opressiva quanto o calor. Ele nos deu apenas uma boa notícia: os ferroviários tinham ido embora. No entanto, ainda que me alegrasse por termos dois nazistas a menos acima da cabeça, em vista da escassez de moradia mais nazistas talvez viessem a ser designados para a casa. E se eles fossem parecidos com o novo homem da SS, seria desastroso.

Sem falar aos Beck sobre seu plano, Richard decidiu tentar entrar em contato com Ala. Os soldados possuíam no quarto um telefone militar. Trabalhavam para o Estado-maior, e por isso precisavam estar o tempo todo em contato. Eu me encontrava sentada no corredor, perto da "janela", visto que naquele ponto a temperatura era dois graus mais baixa, quando ouvi o telefone tocar, e Richard gritou:

— *Mutter, Vater, Ala ist am Telefon!*

Meu coração começou a bater depressa. Porque Ala trabalhava na agência postal, Richard conseguiu fazer a ligação. Após o telefonema, ouvi Júlia chorar e chamar Richard de filho repetidas vezes.

Senti-me como se recebesse notícia de minha própria irmã e como se os Beck fossem meus próprios pais, minha família.

O resultado do telefonema foi um desastre. Júlia resolveu ir visitar Ala. Só a viagem levaria três dias de ida e três de volta. Passaríamos no mínimo uma semana tendo Beck para nos cuidar. Tudo seria muito mais difícil. Ficaríamos sem Júlia para cozinhar para nós. Sem Júlia para trazer a comida enquanto Beck distraía os soldados. Quando ele desceu para nos contar a novidade, disse-nos que ficaríamos bem e que ele ia trazer Maria, a irmã de Júlia, para preparar nossa comida. Ainda que suas palavras fossem reconfortantes, sua aparência era terrível. Cada vez que ele descia ao abrigo, parecia mais deprimido. Seu prazo se esgotava, tanto quanto o nosso, e a separação da mulher e da filha lhe roubava a energia e o vigor. Sem Júlia e Ala, Beck não era o mesmo. No trio que eles formavam, quando juntos, havia alguma coisa mística e invencível, que só percebi quando eles estavam separados.

Beck fechou o alçapão e foi trabalhar. Em sua ausência, Norbert voltou. Ouvi os gritos e as risadas com que foi recebido. Ligaram o rádio e começaram a cantar. Meu novo temor era que Norbert, Hans e Georg resolvessem procurar judeus pela casa. Eles tinham parado de andar de botas dentro da residência, hábito que nos permitia lhes seguir os movimentos e agir com a discrição adequada. Por algum motivo caminhavam calçando pantufas e se movimentavam acima de nós como fantasmas. Nunca sabíamos onde se encontravam. Ouvi Georg em diversas ocasiões apagar a luz e desligar o rádio, e ficar parado no meio do cômodo bem acima de nós durante minutos seguidos. Só podia estar tentando nos ouvir. Nós nem respirávamos quando Georg fazia isso. Mais que qualquer outro, ele deixava nossos nervos abalados. O passo, o silêncio, a voz, tudo nele era suspeito e predatório. Georg dava a impressão de estar nos tocaiando no escuro, com a paciência de um tigre faminto à espera de que a presa traísse a própria presença com uma respirada, um piscar de olhos, o roçar da pata numa moita. Ele me dava vontade de gritar. Até os brutamontes, Hans e Norbert, eram menos ameaçadores, pois sempre estavam falando e eram óbvios em suas ações.

O telefone de campo tocou, e logo os soldados começaram a se mexer acima de nós como nunca antes. Estavam arrumando a bagagem! Ficaram gritando entre si sobre a saída para o *front*. Richard desligou o telefone de campanha. Eu não podia acreditar que o momento enfim chegara! Se eles estavam de partida, os russos deviam estar chegando. Se tivéssemos podido nos jogar nos braços uns dos outros, gritar e dançar de alegria, tê-lo-íamos feito. Mas, em vez disso, fomos obrigados a esperar que os soldados se fossem.

Esperamos e esperamos. Eles começaram a andar de um lado para o outro. Passaram-se horas e ainda estavam lá. Richard foi o primeiro a sair. Eu escrevia em meu diário, com as mãos pegajosas de suor, que também porejava de minha testa e escorria abundante pelos braços. Aguardava o momento, com a mão pronta para registrar o êxodo deles. Mas Richard retornou, e eu o ouvi dizer aos demais que fora revogada a ordem de partida. Claro que ninguém se importava nem um pouco com dezoito judeus num abrigo subterrâneo, e os generais em Berlim não cogitando de nós em seus planos. Mas a persistente, oscilante, desesperada loucura de nossa situação me fazia crer no contrário.

Beck estava igualmente frustrado. Não conseguia arrancar de nenhum dos soldados indicação alguma do que estava acontecendo. Eles de repente se tornaram discretos em relação a seus planos. Nem mesmo Richard iria contar a seu "pai" o que o exército nazista em Zolkiew planejava fazer.

A reação de Beck foi se embriagar. Quando os soldados saíram, chamou Klara ao andar de cima. Nós estávamos comendo nossas batatas quando Norbert entrou pela porta. Klara voltou correndo ao abrigo, e Patrontasch fechou atrás dela a porta do alçapão. Norbert tinha esquecido algo, e tornou a sair pouco depois. Ficamos todos à espera de uma batida na porta do alçapão, que acabou não vindo. Klara ficou preocupada: o senhor Beck estaria bem? Ele estivera bebendo, e talvez tivesse apenas adormecido.

Fomos dormir com nossa janelinha aberta. As plantas diretamente do lado de fora da abertura do tijolo se achavam em plena floração, e a brisa da noite soprava, trazendo seu perfume. Era quase agradável deitar de olhos fechados com meus braços em torno da pequena Zósia, sentindo uma brisa suave. Naturalmente minha pele estava em fogo pelas mordidas de percevejos e pulgas, além das brotoejas.

Lá pela meia-noite houve uma batida na porta. Depois disso, novas batidas, que logo se transformaram em socos ruidosos. Todos nós havíamos despertado, mas Beck, pelo visto, não. Os soldados começaram a chamá-lo para que os deixasse entrar, e mesmo assim ele não respondia.

Klara sussurrou:

— O senhor Beck estava com dor de cabeça... uma dor muito forte. Achei que fosse apenas a vodca. Alguma coisa deve ter acontecido a ele. Eu sei!

Os soldados deram a volta na casa e, vindo pelos fundos, passaram a esmurrar todas as janelas, chamando o nome dele muitas vezes. O barulho era suficiente para despertar os mortos. Mas mesmo assim Beck não respondia.

Klara me pediu que subisse com ela. Achei que ela elouquecera.

— Mesmo que eles quebrassem a janela do quarto, só veriam Beck com duas mulheres de cabelos escuros, Clarutchka! Não se atreveriam a incomodá-lo.

Depois de um ano sem saber quais eram os verdadeiros sentimentos de Klara por Beck, naquele momento eu via que eram muito fortes. Concordei.

Papai interveio:

— Ninguém vai abrir o alçapão.

— Mas ele pode ter tido um derrame, ou estar deitado no próprio vômito. Temos que ir lá em cima.

Patrontasch protestou:

— Não! Você ficou doida, Klara?

— Eles talvez queiram atirar em nós, mas não atirariam nele. Nem mesmo Norbert e Hans.

Os gritos e pancadas ficavam cada vez mais altos. A algazarra era suficientemente alta para acordá-lo, mesmo que tivesse desmaiado.

Tínhamos que ajudá-lo. Valentim arriscara a vida por nós todos os dias. Se estivesse morrendo e não fizéssemos nada para ajudá-lo seríamos piores que covardes.

Os soldados socavam a janela que ficava acima da escotilha. Não havia jeito de abrir o alçapão sem sermos vistos. Era tarde demais.

Patrontasch colocou-se na frente de Klara, bloqueando a passagem. Ela encarou, com um lampejo de desdém nos olhos.

— Mãe de Cristo! Esperem aí! — Era Beck.

Todos fizemos uma prece de agradecimento. Pela manhã ele nos contou que caíra no sono enquanto esperava o noticiário no rádio. Estava tão exausto que pensou que as batidas na porta vinham do rádio. Também nos disse que os soldados partiriam naquele dia. Fomos cautelosos ao reagir — não suportaríamos uma nova decepção.

Quando Beck voltou ao andar de cima, o senhor Steckel afirmou que tinha algo importante a nos comunicar. Eu nunca ouvira do farmacêutico mais que duas palavras, portanto fiquei curiosa, sabendo que o assunto devia ser sério. Ele pigarreou.

— Meu estrado fica exatamente embaixo do quarto dos soldados. Na primeira semana deles aqui, Hans, o policial, se gabou com Norbert de ter matado setenta e dois judeus com as próprias mãos. No dia seguinte, quando Norbert chegou a casa, cantou e assobiou como de costume até os Beck virem ao quarto dele cumprimentá-lo. Mas Norbert estava agitado e disse a Beck: "Papai, o maldito policial Hans veio hoje ao escritório me visitar. Ele apertou minha mão; tive que lavá-la umas dez vezes. Eu me senti tão sujo! Papai, fui muito bem tratado aqui. Não quero saber o que acontece em sua casa. Não vejo nada, não ouço nada. E os judeus de Brody... também não fui eu que traí". Norbert achava que, por ser alemão étnico, Beck iria entender. Mas ele não entendeu.

Richard também estava no quarto quando Norbert fez essa confissão ao senhor Beck. Eu gostaria de poder dizer que ficamos atônitos diante da informação de que os soldados nazistas sabiam a nosso respeito desde o começo. Mas de tão cansados que estávamos, de tão exauridos de fome e sede, de tanto calor, encontrávamo-nos embotados e muito próximos da apatia mental e física que precede a desistência. Não conseguimos compreender os fatos. Eu entendi a indignação que eles sentiram quando os Casacos Azuis estiveram vasculhando a residência em nosso encalço e Norbert os chamou de porcos. Foi outro milagre incompreensível. Nossas vidas estiveram nas mãos daqueles soldados. Eles nos protegeram, e nós ignoramos isso. Tivéramos toda a certeza de que Norbert era o mais asqueroso dos nazistas, e descobrimos devíamos a ele nossas vidas. Será que se seu anti-semitismo, como o de Beck, era só um estratagema? Mas não podiam estar protegendo os Beck — na ocasião dessa conversa, eles só haviam passado ali uma semana.

Não me zanguei com Steckel por não nos ter contado. Ele não contou nem mesmo à sua mulher, que parecia mais surpresa que qualquer um de nós. Todos entenderam instintivamente que Steckel tentara nos salvar. Se tivéssemos sabido e baixado a guarda por um momento, essa atitude poderia ter causado nossas mortes, e também da dos Beck. Por não sabermos, não tivemos escolha senão nos manter vigilantes. Pensar que o senhor Beck ouvira, sem compreender, essa garantia da parte dos soldados nazistas era demasiado para nossas mentes enfraquecidas assimilarem. Não conheço ninguém capaz de maior sabedoria que o senhor Steckel não nos relatando a conversa.

E mesmo quando os soldados se despediram de Beck, depois de enfim receberem ordens de marchar, não lhe revelaram que sabiam de nossa presença no subsolo. Hans, o policial, partiu com tanta pressa que nem sequer parou para se despedir de seu querido amigo Beck. Tocou a buzina de seu carro, acenou um adeus e desapareceu.

Após a partida deles, a casa parecia estranhamente vazia. Nós havíamos sobrevivido por dezoito meses. Sobrevivemos às buscas, aos ferroviários, aos soldados, aos SS, aos Casacos Azuis e a tantos outros perigos, que bastava evocá-los para eu me perguntar por que ainda estávamos vivos. Para mim ainda era difícil acreditar que algum dia poderíamos sair do abrigo. Mesmo com o barulho da artilharia e a explosão das bombas a distância, anunciando nossa iminente liberdade, eu não acreditava na inevitabilidade de nossa sobrevivência. Mesmo com a escotilha aberta, e com Kuba e Artek destemidos a rachar lenha no porão. Mesmo com o rádio ligado, e Beck e Patrontasch nos trazendo informes de que os russos estavam tomando Minsk, Pinsk, Borosov, Wilno, Baronowice e Kowel, posições muitíssimo relevantes por fazerem parte de nossa frente de combate, não me atrevia a acreditar em nossa sorte. A casa só se animou quando Júlia chegou, tarde da noite, exausta por ter ficado retida em Lvov um dia inteiro sem ter onde dormir.

Júlia me chamou junto com Lola ao andar de cima para esfregar as manchas deixadas pelos nazistas, limpar os quartos deles, tirar os lençóis e fervê-los para remover as marcas da roupa de cama. Embora sentada com Júlia na cozinha, tendo nas mãos um copo alto e cheio de água fresca que era reabastecida antes de tomado o último gole, eu lutava contra a alegria. Era 11 de julho: o aniversário de Mânia. Dois aniversários desde a morte de minha irmã, que completaria nesse dia quinze anos. Na noite anterior eu sonhara com minha irmã, como em muitas e muitas noites. Em meus sonhos ela sempre estava viva. Costumava vê-la quando olhava pela abertura do tijolo. Mânia nos aguardava. Que direito eu tinha de estar viva quando minha irmã morrera? Se nós vivêssemos, tudo o que eu desfrutasse, pelo resto de meus dias, iria evocar a lembrança, a morte, a coragem e a ausência de Mânia. Jurei dedicar minha vida à memória dela.

Por fim, fomos dormir naquela noite com a escotilha aberta, deixando o calor escapar para cima, em vez de ficar preso no subsolo. Meu último pensamento antes de adormecer foi de que ali embaixo não era tão ruim assim. Era quase fresquinho e, por alucinada que fosse a idéia, eu jurava que sentia uma brisa me passar entre os cabelos.

Acordei com o ruído de tanques e caminhões passando apressados na frente da casa, e Beck olhando para dentro da escotilha e sussurrando:

— Os nazistas! Eles voltaram!

Patrontasch fechou o alçapão no momento exato em que começaram a esmurrar a porta da frente. Quatro soldados informaram a Beck que estavam se mudando para a casa e começaram a arrastar a equipagem para dentro. No mesmo instante o subterrâneo começou a esquentar. Ah, sim, sem dúvida havia uma conspiração em Berlim para nos torturar e nos provocar com a expectativa de liberdade só para arrancá-la de nossas mãos. Estávamos passando fome, sentados no escuro sem luz elétrica, sentindo um calor infernal, à espera da morte.

Os russos bombardeavam as cidades próximas. Quando os SS saíram, corremos para cima e fomos ajudar a preparar a casa para o caso de bombardeio, enchendo sacos de areia para o sótão e as laterais da casa; empacotando todos os objetos de valor, para o caso de incêndio; enchendo com água baldes, bacias e tinas.

O senhor Beck começou a organizar, dando ordens, blasfemando como sempre; o velho senhor Beck, o chefe, o homem que eu amava como a um pai. Eu até preferia seus palavrões — adorava ouvi-lo dizer "Estou cagando em sua mãe!" — à adulação.

As bombas caíam tão perto que as paredes tremiam, os pratos despencavam dos armários, os caibros de madeira chacoalhavam. Minha mãe desmaiou, e os Beck desceram ao subterrâneo para se esconder conosco. Não sabíamos o que estava acontecendo. Durante todo o bombardeio, ouvimos caminhões e tanques passarem trovejando pelas ruas.

Na manhã seguinte ao bombardeio, vimos um sangrento comboio de soldados nazistas passarem por nossa porta. A casa ficou cheia de soldados em fuga do *front*. Eles imploraram aos Beck que fossem embora. Os russos estavam a onze quilômetros de Zolkiew. Apesar do calor, vestimos mais roupas, que tínhamos guardado para o caso de algum dia sairmos daquele buraco.

O bombardeio continuava. Os soldados ficaram no porão onde era armazenada a lenha.

Júlia chorava. Ouviu dizer que nazistas em fuga tinham descoberto alguns judeus que saíram do esconderijo na rua Szeroka. Os soldados os fuzilaram junto com outra família judia que fora escondida por um agricultor polonês. O camponês tinha ido se queixar de que os ucranianos estavam roubando coisas (os pertences da família de judeus no esconderijo), ato que era contra a lei. Submetido a interrogatório, o camponês confessou e foi fuzilado com os judeus que escondera por dezoito meses. Sabíamos que não estávamos fora de perigo.

O Estado-maior, em fuga da frente de combate, tendo ouvido falar da família Beck e sua hospitalidade veio se hospedar na residência. Escutamos tudo o que acontecia no *front*. Os judeus escutando o Estado-maior nazista no andar de cima... Se eles ao menos imaginassem! O coronel nazista se preparava para fugir. Em dado momento, ele disse aos Beck que os russos chegariam à tarde, ou no mais tardar na manhã seguinte.

Sinto-me tão confusa que não consigo me concentrar. Pensamentos de toda sorte me cruzam a mente. Estou feliz por estar viva, mas depois me pergunto: estou feliz por estar viva?

Até que o último alemão saísse de Zolkiew, ainda teríamos medo de deixar o abrigo subterrâneo. O bombardeio começou na sexta-feira, 21 de julho, e prosseguiu por três dias, só parando por algumas horas à noite. Não muito longe da casa os alemães haviam posicionado alguns canhões; por causa disso, o fogo dos russos foi dirigido direto a nós. Uma bomba atingiu a casa, e metade de uma parede externa foi pelos ares. Outra bomba acertou a residência, e parte do telhado desabou. Os Beck tinham ido se esconder no abrigo antiaéreo que os soldados alemães cavaram no quintal. A cada bomba que assobiava sobre nossas cabeças, perguntávamo-nos se seria aquela que atingiria a casa. O solo estremecia a cada bomba que caía, e a terra voava das paredes. O piso acima de nós e os pilares de sustentação vibravam. Ai, meu Deus! A casa corria perigo de desabar em cima de nós!

Fiquei abraçada com Zósia, e mamãe com Zygush, por três dias inteiros. Uma vez por dia, Beck corria para o alçapão e nos dava água. Mas não era suficiente. Com o intenso calor estávamos começando a delirar de exaustão e de sede. A pequena quantidade de água para cada um não conseguia compensar o suor que derramávamos em ondas. Os estrados, a palha, a roupa de cama e até o chão de terra estavam encharcados do suor de nossos corpos. Eu não conseguia dormir, mas entrei num estupor, sem distinguir a noite do dia, que só era aliviado por um ou dois goles de água. Os lábios de Zósia ficaram secos como couro ressequido, e ela perguntou se nós íamos morrer. Respondi que ficaríamos bem e pedi a Deus que não me convertesse em mentirosa. Apesar das explosões, tão regulares quanto nossa respiração, os olhinhos dela me disseram que acreditava em mim.

Para mim tornou-se impossível focar em qualquer pensamento individual, já que idéias insensatas, esquisitas, irrelevantes me assolavam, sem lógica, sem compreensão. Eu estava feliz por estar viva. Mas feliz? Com as bombas explodindo a metros de distância e meu coração explodindo espavorido dentro do peito? Sentia-me feliz por estar viva. Mas, se nós sobrevivêssemos, como eu poderia enfrentar a vida sem minha irmã? Que direito eu tinha? Por que Mânia não pudera ficar conosco? Por confiar no critério de meus pais? Se ela tivesse conseguido controlar seu medo por apenas alguns minutos, estaria naquele momento comigo, torcendo pela chegada dos russos e rezando para que a última bomba lançada do último canhão que atacasse a cidade não viesse cair em nosso colo.

Que sentido a vida teria sem a presença dela? Ali, no esconderijo, tivemos todo o tempo do mundo para ficar de luto, mas porque estávamos tão dedicados a nossos próprios esforços em sobreviver não tínhamos sequer começado a chorar de fato sua morte. Eu queria registrar cada momento, mas não era capaz de me concentrar em nenhum pensamento, pois imediatamente surgia outro para substituí-lo. Lá fora parecia o fim do mundo, e nós éramos os únicos sobreviventes.

E logo passei a ter um só pensamento: queria que o bombardeio acabasse. Não me lembro de mais nada até que o senhor Beck veio esmurrar a porta da escotilha, gritando que os russos tinham chegado.

Um a um fomos saindo do abrigo e caminhamos lá fora. Eu tinha medo de sair. Minha mente me dizia que podia fazê-lo. Os nazistas sumiram. Tínhamos sobrevivido, mas tanto pavor havia em meu corpo que se expor à brilhante e avassaladora luz do sol exigia dele força de vontade.

Estávamos todos deslumbrados e cegados pela luz. Quando olhava para a cena surrealista, eu via manchas diante dos olhos. Os poloneses estavam tão deslumbrados quanto nós ante a visão das ruas bombardeadas e as casas incendiadas. Cadáveres de soldados nazistas juncavam a estrada, enquanto veículos militares e soldados russos subiam a rua. Os homens emaciados, com os fuzis jogados casualmente sobre os ombros, fumavam, riam e acenavam.

Nós nos abraçávamos, em lágrimas. Não conseguíamos contê-las. Que alívio! O senhor Beck apareceu com dois judeus que encontrara. Os irmãos Bernstein estavam vivos! Nós nos abraçamos e choramos. Eles tinham sido escondidos pela mesma senhora Ornstein que saltara do trem com a filha, Hela. A mesma Hela que eu vira um dia, durante uma faxina no andar de cima. Eles podiam passar por poloneses, e por virem de outra cidade conseguiram obter documentos. Os Bernstein tinham aparecido na casa da família. Contamos aos outros o pouco que sabíamos. O senhor Bernstein nos contou sobre uma amiga cuja filha de quinze anos saíra para procurar comida no lixo na semana anterior. Os nazistas atiraram nela. Nós chorávamos a cada história, a cada vida perdida. Chorei de novo por Mânia e Uchka. Por que Mânia não estava aqui comigo?! Por que Uchka não podia ser mãe de seus filhos?! Fosse como fosse, a realidade de estar em segurança e ao ar livre fez suas mortes parecerem ainda mais dolorosas.

Zygush e Zósia, Igo e Klarunia tentaram correr atrás dos soldados que distribuíam doces para as crianças. Mas ao dar alguns passos, eles caíam. Zygush ajudou os outros a se levantar, e eles tentaram correr de novo, mas as pobres pernas atrofiadas eram inúteis. Eles olhavam para as pernas, confusos e chorosos, sem saber qual era o problema com elas.

Tentei correr para Zygush, mas minhas próprias pernas se vergaram debaixo de meu peso. Olhei para nosso grupo de dezoito, nossas famílias: quantas outras pessoas haveria como os Beck, que salvaram dezoito judeus? Aquilo parecia um sonho. Atrás de mim, meus pais que se abraçavam, bem como os Beck, os Patrontasch. Lola abraçava Artek, Kuba e a senhora Melman. No subterrâneo eles me pareciam quase normais, porque era àquilo que eu havia me acostumando. Mas ali, à luz do sol e a céu aberto, pude ver o quanto estivemos próximos da morte. Nossa pele estava translúcida e se dependurava do corpo como uma roupa folgada. Éramos gravetos com pulmões e corações, e pouco mais que isso.

Os Steckel ficaram parados sozinhos e pareciam perdidos.

Levantei-me e caminhei para junto de Zygush e das outras crianças, consolando-as e dizendo que muito em breve elas seriam capazes de correr tanto quanto quisessem. Alguns soldados russos pararam e distribuíram pão para mim e os pequenos, e nós o devoramos como animaizinhos. Os soldados foram obrigados a dizer às crianças que comessem mais devagar, porém a recomendação deles caiu em ouvidos surdos.

Os soldados perguntavam o tempo todo se nós éramos judeus. Tínhamos medo de dizer que sim, até que um deles, de rosto amável, pouco mais que um menino, nos garantiu que não havia problema e que estávamos a salvo. Concordei com a cabeça.

Ao escutar um tumulto, olhei de novo para a casa. O senhor Melman surgiu de dentro dela cambaleando, e mal conseguia segurar a Torá, que entregou a papai. Ele rasgou o envoltório, até que o branco intenso da capa de cetim, o dourado e o prateado das coberturas dos punhos e o fio de ouro dos bordados nos ofuscassem a vista, sob a luz do sol.

Ajudei as crianças a se erguerem, e caminhei em direção ao senhor Melman. Os homens entraram na casa e saíram com coberturas para a cabeça. Começamos a dizer a prece de ação de graças.

De soslaio, observei as irmãs solteiras atravessarem a rua com nossa caixa de retratos entalhada à mão, o único de nossos pertences que elas não tinham vendido. Mas mamãe as abraçou e pegou a caixa de fotos. Era tudo o que nos restava da vida antiga, e naturalmente Mânia estaria ali dentro.

Desmaiei, e quando voltei a mim, momentos depois, fitava as nuvens que flutuavam acima, no brilhante céu azul, cena que eu achava que jamais tornaria a ver.

17

Zolkiew sem Mânia

24 de julho a setembro de 1944

> *De cinco mil judeus sobraram apenas cinqüenta. Somos os únicos que têm pais. Famílias inteiras morreram. Só restaram os solteiros. Todos estão macilentos, não temos o que vestir, nem onde dormir, nem dinheiro para comprar comida... Mal conseguimos andar, nossos pés doem, não estamos habituados a caminhar... Mas somos os que tiveram sorte.*

OS SOLDADOS RUSSOS SE JUNTAVAM em torno de nós como pequenos anjos, sem saber o que fazer conosco, mas com medo de nos deixar. Dividiram suas rações com todos nós e nos forneceram cobertores do exército soviético.

Papai atravessou a rua e achou um casal polonês vivendo em nossa casa. Não os conhecíamos. Perguntaram se podiam sair na manhã seguinte, e papai concordou. As três famílias decidiram passar uma última noite no abrigo subterrâneo. Não sabíamos muito bem o que fazer de nós mesmos. Parecíamos incapazes de alguma tomar decisão sobre o que quer que fosse. O mundo acima do solo nos era estranho e, qual uma família de ogros, recuamos para nosso covil escuro e úmido.

Na manhã seguinte, já tínhamos resolvido que nos mudaríamos de volta para nossa metade da casa, que Lola e Klara ficariam na metade que foi de meus avós. Como a residência dos Patrontasch fora completamente destruída pelo incêndio, eles iriam viver com os Melman. Nossas três famílias não suportavam ficar separadas. Com a morte da irmã do senhor Patrontasch e da família dela no massacre de março de 1943, o imóvel dela no outro lado da fábrica ficara vazio. Em vez de pegá-la para si mesmos, os Patrontasch deram-na de presente aos Beck. Quanto aos Steckel, desapareceram algumas horas depois de nossa libertação. Sem um adeus. Sem nada. Foi como se jamais tivessem existido.

Na primeira noite que passamos de novo em nossa casa, ficamos andando de um cômodo para outro, procurando coisas já não estavam ali, olhando pelas janelas, respirando o ar fresco, sem saber se nossa liberdade era real. Mas, sobretudo, sentindo o vazio ali sem minha irmã. Todo o resto que faltava eram só objetos. Nada daquilo importava, a não ser Mânia. Foi um choque dormir no mesmo quarto que dividira com minha irmã desde o momento em que ela deixou o berço. As cortinas de renda tinham desaparecido, como desapareceu tudo o mais que não estavam pregado no chão ou nas paredes; e até muitos dos que estavam. Era como se nunca tivéssemos vivido lá. Mas nossa presença, nossas lembranças, nossas conversas ainda pairavam no ar. Elas impediram a ação dos ladrões e saqueadores que, quais gafanhotos, assolaram nosso lar vezes sem conta. Estariam elas nos recantos, nos armários ou nas rachaduras da parede? Que importa? Todas estavam ali para nos receber de volta.

Se, no confinamento do subterrâneo e com nossa atenção tão concentrada na sobrevivência, eu tinha julgado que compreendera o significado da perda de Mânia, só comecei a entender o fato cruel de sua morte com o primeiro bocado da primeira refeição que fizemos em nossa própria casa. Vendo meus pais à minha frente, eu queria ser Mânia para meu pai. Eu temia por ele. Com a morte dela, morreu também uma parte de papai, que nunca se perdoaria. Queria ser a filha que ele perdera, mas eu não era minha irmã. Papai cumprira o desejo mais intenso e desvairado de minha irmã: o de sobrevivermos. E nós só tínhamos sobrevivido por causa da coragem dela. Não me atreveria a pensar no que os nazistas lhe fizeram em suas últimas horas, mas não conseguia manter os pensamentos ou o rosto dela fora de minhas cogitações. E por muito que eu quisesse gozar a liberdade e cada lufada de ar, elas me lembravam de que minha irmã já não se encontrava neste mundo.

Durante os dois primeiros dias de nossa liberdade, em meio ao torpor do sofrimento e à desorientação de viver acima do solo, fomos percebendo aos poucos que éramos seres humanos vestidos de andrajos. Que não tínhamos sapatos. Que, como as irmãs solteiras diziam a meu pai, sustentando seu olhar, todos os nossos pertences tinham sido roubados. Assim, não possuíamos nada além de algumas facas, garfos, colheres e pratos de esmalte, bem como roupas puídas e gastas de cama e banho.

Percorremos a cidade recolhendo do lixo o que conseguíamos. Um vestido velho aqui ou ali. Um casaco acolá. Um par de sapatos rasgados e já quase sem solado era um tesouro. Voltamos ao esconderijo para ver se havia alguma coisa de valor. Encontramos uma: um pé de sapato que Rela deixara para trás quando voltou ao gueto para ficar com Josek naquele 1º de dezembro. Era um escarpim de verniz, com salto médio, e um laço no dorso do pé. O calçado me serviu. Levamos o pé de sapato ao sapateiro e lhe pedimos que fizesse o par. Ele disse que lamentava, mas não tinha couro envernizado. Couro envernizado! Para que eu precisaria de couro envernizado? Só precisava de um par de sapatos. O sapateiro conseguiu um pedaço de couro reforçado, e fez um sapato para mim. Quando fui buscar meu novo calçado, ele me deu um pouco de graxa que arranjara. Engraxei furiosamente o novo sapato, sem jamais conseguir que brilhasse tanto quanto o de Rela.

Tendo sobrevivido ingerindo batatas por um ano e meio, mamãe sofreu uma séria crise de vesícula, depois de três dias de alimentação normal. Artek e meu pai atravessaram o quintal levando mamãe nos braços até o hospital, que ficava do outro lado do muro. As árvores frutíferas estavam carregadas de frutas maduras, e a nogueira, de nozes. A grama crescera até a altura dos joelhos e precisava desesperadamente ser aparada.

Mamãe estava esquálida e quase inconsciente, e ao chegarmos ao hospital nos disseram que se encontrava a milímetros de distância da morte.

O doutor Lucynski, presente no momento da chegada dela, caiu no choro ao nos ver vivos. Ficou emocionadíssimo de nos encontrar. Mas, enquanto ele atendia minha mãe, vimos em seu rosto a crescente preocupação. Avisou-nos de que não havia nada que pudesse fazer por ela, a não ser lhe dar morfina para a dor lancinante que sentia e líquidos para evitar a desidratação. Os órgãos de mamãe entravam em falência. Ela pesava quarenta quilos, e seu sistema, por causa da debilidade em que se achava, só tinha uma remota possibilidade de se recuperar da crise. Não posso descrever o sofrimento, misto de fúria, que me tomou quando ouvi tais palavras. Fitei meu pai e o vi transformado num velho. Não havia escolha – eu teria de ser forte por todos nós.

Fizemos uma vigília por minha mãe. Um de nós dois estava sempre com ela, nas vinte e quatro horas do dia. Com muita freqüência estávamos presentes os dois, e mamãe continuava semiconsciente. Eu colhera flores silvestres do nosso jardim sufocado pela grama para fazer um buquê e colocar no quarto dela, mas mamãe mal percebeu as flores, e quando o fez foi só para reclamar que o perfume lhe causava náuseas.

O doutor Lucynski apareceu, e nós saímos com ele do quarto para receber sua última avaliação. Não estava esperançoso e queria que ficássemos preparados.

Encontrávamo-nos tão envolvidos na conversa que não vimos o padre entrar no quarto quando a enfermeira foi trocar o soro de mamãe. O padre usava uma batina preta e carregava uma estola roxa e, num recipiente, os santos óleos usados para a extrema-unção. Mas eu só me dei conta disso minutos depois. Terminamos de conversar com o médico, que nos disse mais uma vez estar fazendo por ela o máximo possível, e entramos no quarto no momento em que o padre fazia o sinal-da-cruz e colocava a estola roxa sobre o peito de minha mãe. Papai e eu ficamos assombrados demais para falar.

O padre mergulhou o dedo no ungüento e fez o sinal-da-cruz na testa de Salka. Os olhos dela piscaram, como um par de borboletas cujas asas estivessem grudadas com cola e não conseguissem se mover. O padre disse:

— Minha filha, você está a ponto de fazer uma longa viagem... devemos nos preparar.

Os olhos dela se desanuviaram e então se abriram, e mamãe falou, sem perder o ritmo proverbial:

— Padre, eu não vou fazer viagem alguma. Acabei de voltar.

Naquele momento ele reconheceu minha mãe e começou a gritar de alegria:

— Senhora Schwartz! Senhora Schwartz, a senhora está viva!

Minha mãe retrucou apenas:

— Até que me provem o contrário.

Salka, o Cossaco, retornara a este mundo. E foi assim que minha mãe voltou à vida. Meu pai e eu começamos a beijá-la e abraçá-la, sem que ela entendesse para que todo aquele estardalhaço.

Mamãe se recuperou durante a semana seguinte, e finalmente voltou para casa. Os sobreviventes de nossa cidade foram saindo de seus esconderijos em estábulos e porões, da permanência ao relento nas matas, de pocilgas onde meus amigos donos da empresa de ônibus tinham passado muitas semanas na lama congelada, com os pés e as mãos cheias de frieiras.

Papai, sentado nos degraus da frente, viu quando passou por ele uma garota, também em andrajos e tão magra quando todos nós naquele momento. Ela voltou e passou por meu pai de novo. Então tornou a passar. Papai tinha o nariz grande, para o qual ela ficou olhando fixo, e depois lhe perguntou se de fato também era judeu. Ela se atirara do trem e se escondera no mato com outra criança, um menino.

O senhor Taffet, meu professor de hebraico, emergiu da mata andrajoso e com os pés enegrecidos de queimaduras de frio. Fiquei surpresa por ele ser capaz de caminhar. No esconderijo, papai tinha uma camisa para usar durante o dia e outra para dormir à noite, que agora eram as únicas roupas que possuía. Mamãe deu a camisa de dormir de papai ao senhor Taffet e nós o levamos ao hospital, cujo controle fora assumido pelos russos.

Dudio, que participara da resistência, emergiu da mata com uma metralhadora e uma cartucheira cheia de balas cruzada no peito.

Nós o abraçamos como a um irmão. Zygush e Zósia ficaram felicíssimos ao ver o tio.

Eu dormia quando ouvi mamãe gritar na cozinha. Achei que talvez fossem saqueadores ucranianos. Corri até lá; mamãe não gritava de medo. Ela escancarou a porta de trás, e, paradas nos degraus, estavam Giza Landau e a mãe, como dois fantasmas que se ergueram do túmulo. Desci correndo os degraus para abraçá-las. Klara Letzer, Genya Astman e tantas outras haviam morrido. Era um milagre encontrar uma amiga viva, de carne e osso, que sorria e chorava por me ver. Nós as trouxemos para dentro, e Giza nos contou que um soldado russo lhes dera carona até Zolkiew, para elas verem o que restava de suas vidas. Quando passavam diante de nossa casa, Giza pensou em bater, mas a mãe desaconselhou. Acreditar que estivéssemos vivos seria demais. Mas Giza insistiu, e elas deram a volta pelo quintal porque ficaram com medo de bater na porta da frente.

Giza narrou sua história. Numa noite de março de 1943 o pai dela, membro do Judenrat com privilégios especiais, levou-a à estação ferroviária, entregando-a a um estranho. O pai disse à filha que aquele homem cuidaria dela. O homem, que Giza mais tarde descobriu se tratar de um negociante de armas da guerrilha, levou-a para o apartamento dele em Lvov. Ali já se encontravam as duas tias de Giza. Dois dias depois, a mãe se reuniu a elas. O pai não conseguiu se salvar. Morreu no massacre de março, quando os SS assassinaram o Conselho Judaico inteiro.

Das histórias relatadas pelos sobreviventes constatei que nós tínhamos passado melhor que a maioria. Inteirei-me de amigos que se esconderam em casas de camponeses e foram traídos nos últimos dias da guerra. Na semana anterior à libertação, uma mulher perdeu a filha, que tinha saído em busca de comida enquanto os nazistas se preparavam para fugir. Mesmo com Zolkiew cercada pelas tropas russas, eles continuavam matando judeus. E foi assim que soubemos quem estava vivo. Durante os primeiros dias da libertação, os sobreviventes entraram caminhando na cidade, sozinhos e aos pares, espantados de ver que mais alguém havia sobrevivido.

Dos cinco mil judeus da cidade, só restavam cinqüenta. Klarunia, Igo e eu éramos os únicas crianças que ainda tinham pais. Nossa casa se transformou no local de reunião de todos os sobreviventes. Os cinqüenta nos agarrávamos uns aos outros como se estivéssemos numa balsa de náufragos no meio do oceano. Artek era um convidado constante na casa de Lola. As três famílias, os Beck e Lola faziam todas as refeições em nossa residência e só voltavam aos Patrontasch para dormir, à noite.

Dois dias após termos saído do esconderijo, houve uma batida na porta. Era Pavluk: tinha numa das mãos, recém-lavados, nossos travesseiros e edredons, que lhe havíamos entregado para guardar; na outra, carregava uma galinha, que trouxera de presente. Empertigado como um pinheiro, postou-se ali, orgulhoso como um pai recente. A mim Pavluk pareceu ainda mais gigantesco que antes de nossa ida para o esconderijo, e as lágrimas que ele tentava conter me revelaram sua gratidão por estarmos vivos. Durante muitos meses antes de nos escondermos eu me havia acostumado, ao sair à rua, a ser olhada como se não tivesse valor. Como se eu fosse nada; ou pior: uma doença. E ver aquele homem manifestar tanta gratidão por nossa sobrevivência era mais importante que comida. Meu pai era seu conhecido, mas para Pavluk eu era uma estranha. Sabia que suas lágrimas não eram só por causa de papai. Vi o modo como olhava para nós. Pavluk disse a papai que faria por nós qualquer coisa que pudesse. Eu sabia que era verdade. Apertou a mão de meu pai e disse adeus. Com a galinha, mamãe nos preparou uma sopa.

Por dias não nos afastamos mais que alguns metros de nossa casa. Eu ainda tinha medo. Os nazistas tinham ido embora, mas a região continuava cheia de ucranianos, saqueadores e bandidos. Beck nos mantinha informados e nos contou dos diversos massacres em que judeus sobreviventes foram brutalmente assassinados. Eu não queria ficar longe de papai e das crianças. Nem dos soldados russos, que passavam para cima e para baixo na rua em frente à nossa casa. Zósia perguntava o tempo todo por Uchka:

— Onde está mamãe? Quando vou ver minha mãe? Quando ela volta?

Ficava sentada nos degraus observando a rua, à espera do retorno da mãe. Mas ninguém sabia de que jeito contar a ela, e mantivemos a história fictícia de que se encontrariam em algum momento.

O pobre Zygush conhecia a verdade, e mantinha silêncio durante todas essas conversas. Ele nunca mencionou a mãe para nós, nem perguntou sobre ela.

Quando mamãe começou a se sentir melhor, resolveu fazer uma reunião em nossa casa para os cinqüenta sobreviventes. Fiquei eufórica de ver todos, mas ao mesmo tempo cheia de tristeza e sofrimento pelos parentes deles que pereceram.

Era uma festa de fantasmas. Não consegui evitar a lembrança de todas as outras festas em nossa casa, que pareciam desabrochar como flores novas no decorrer do verão. Com todos os nossos parentes e amigos, dezenas deles, rindo, comendo e falando como se fosse a última comemoração do mundo. Todos trouxeram o que podiam, em matéria de comida. Tínhamos as rações dos soldados russos. Das hortas dos poloneses que fugiram, mesmo invadidas pelas ervas daninhas, ainda restavam batatas, cenouras, cebolas e outros legumes para serem desenterrados e colhidos. Assim, mamãe conseguiu fazer uma bela sopa.

E, apesar do fato de sermos cinqüenta pessoas de um grupo de cinco mil, ainda nos sentíamos como se fôssemos uma comunidade. Ainda éramos os judeus de Zolkiew. Estávamos comendo em nosso quintal, sentados nos degraus e embaixo das árvores frutíferas, como nos velhos tempos.

De repente senti falta de Zygush. Mamãe entrou em pânico e ficou furiosa. Cuidar das crianças era minha responsabilidade, e eu ignorava em que momento ele tinha escapulido, para onde tinha ido e por quê. Zygush sabia tão bem quanto nós que ainda havia massacres e bandos saqueadores de ucranianos. Aquele menino era um sobrevivente, e tinha consciência do que era permitido e do que não era.

Todos os cinqüenta saíram à procura dele. Perdê-lo àquela altura seria muito mais do que qualquer um de nós poderia suportar.

Buscamos por toda parte. Na cidade, na casa dos Melmans, na fábrica, na residência de Helen, sua amiguinha de antes da guerra, na mesma rua em que morávamos. Ele talvez tivesse ido procurá-la, pois não sabia que ela havia sido deportada com a família. Mas nada de Zygush. Pensei que talvez estivesse no parque e corri para lá, rezando e pedindo que nada lhe houvesse acontecido. Não depois de tudo o que suportáramos.

A meio caminho do parque, ao passar pelos edifícios bombardeados, pelas ruas cobertas de obuses queimados da artilharia e dos tanques alemães, e pelas casamatas e barricadas que guardavam a praça, eu pensei: "Ah, meu Deus, ele fugiu para casa!" Não sei como tive essa intuição, mas saí correndo para lá na certeza de encontrá-lo.

O pomar atrás da residência estava cheio de maçãs maduras, como se elas nem se lembrassem da guerra. Mas eu não tinha tempo a perder na contemplação da beleza das frutas. Quando cheguei à casa de Zygush, vi uma senhora idosa cuidando do jardim. Perguntei por Zygush, e ela me disse que ele trabalhava vigiando as vacas de um fazendeiro local. Apontou para os campos distantes que se estendiam atrás da casa deles. Zygush tinha um emprego? Com oito anos de idade? E não contou a nenhum de nós, nem a mim, nem a mamãe, nem a papai.

Atravessei o campo correndo e o avistei a quatrocentos metros de distância. Zygush tirara a camisa, e seu corpo esquálido queimado de sol já estava bem moreno. Ele segurava um açoite, com o qual desenhava no ar o número oito. Quando me ouviu gritar seu nome, voltou-se e acenou, contente em me ver. Tinha um sorriso de orgulho. Quando cheguei diante dele, antes mesmo que dissesse uma palavra, meu braço e minha mão se projetaram para longe do corpo e lhe deram uma bofetada no rosto. Fiquei tão espantada quando Zygush. Mas não conseguia parar de bater nele. Eu chorava de alívio e de raiva, e levei alguns minutos para me dar conta do que fazia. Nunca batera em ninguém antes, e não conseguia parar de bater no garoto. E Zygush, o menino que nunca chorou, naquele momento chorava. Ele não conseguia revidar, e suas lágrimas me fizeram estacar. Sem poder controlar o pranto, eu o abracei. Fui perdoada no mesmo instante em que seus braços morenos me envolveram o pescoço.

— Você perdeu o juízo?! Quer ser assassinado?! Estávamos mortos de preocupação! Nunca, nunca, nunca saia de casa sem mim, entendeu?! — Horrorizada com o que tinha feito, tornei a abraçá-lo. — Perdoe-me, querido, mas nós não conseguíamos encontrá-lo. Ficamos tão apavorados!

— Achei que você ia ter orgulho de mim, Clarutchka. Nós vamos ter leite. E manteiga, queijo... — foi tudo o que ele disse.

Eu estava orgulhosa de meu menino. Ali naquele campo não ficara o menor sinal de ter havido uma guerra algum dia. As vacas estavam contentes, e a vegetação e as encostas dos morros exibiam seu habitual tapete alto de espigas maduras de cevada, trigo e milho. Aqueles eram os campos que eu avistava do Morro do Paraíso, que visto dali, perdido na neblina de um céu de verão, lembrava menos um morro que de costume.

Zygush não precisava dizer, mas ele se tornara o homem de sua família, e estava fazendo o que um homem faz: cuidando de seus seres amados. Eu queria lhe dizer que ele não passava de uma criança e devia continuar a ser. Mas depois de perder Uchka e Hersch, e de ter suportado o esconderijo, aos oito anos de idade Zygush não era mais uma criança.

Fiquei com ele no campo até o final do dia, e juntos conduzimos as vacas de volta ao estábulo onde dormiam. Zygush apanhou seu balde de leite e, com altivez, carregou-o de volta à nossa casa.

Como todos os demais sobreviventes, nós dedicamos as semanas seguintes a duas tarefas: recuperar as forças e tentar localizar membros da família. Nunca íamos sozinhos a parte alguma; portanto, as três famílias fizeram uma peregrinação ao cemitério no intuito de tentar localizar onde estavam enterrados Mânia e nossos outros parentes.

Passamos pela sinagoga e olhamos para dentro. Não restava nada além de tijolos marcados pelo fogo e enegrecidos, vidraças quebradas, feno velho e lixo. No cemitério, embora só houvesse ali algumas vacas pastando, o simples fato de saber que em algum ponto Mânia se achava enterrada tornou aquele solo sagrado. Também continuamos a perguntar por Tilzer e Schitling, os dois garotos que traíram minha irmã. Perguntamos a dezenas e dezenas de pessoas, mas na certa eles fugiram com os alemães e os outros *volksdeutsche*. Sabíamos que era inútil perguntar, mas continuávamos a fazê-lo.

Recuperamos as forças à custa do processo de viver, de realizar as pequenas tarefas de que sentíamos falta — andar pela casa, falar em voz normal, preparar nossa comida. Escrevemos várias cartas a Rosa, mas ainda não tínhamos obtido resposta. Dudio. Rosa. Manek. Babcia. Eles eram tudo o que nos restava.

E mamãe voltava a ser Salka, o Cossaco, dando-me ordens para que levasse sopa ao hospital para o senhor Taffet e os outros sobreviventes. Naquela época, o Leste Europeu estava cheio de exilados, que vagavam de cidade em cidade à cata de seus amados, na esperança de encontrar pelo menos um parente que vivo, ou apenas tentando voltar a casa para ver se restava algo de suas vidas. Era provável que ali não existisse nada nem ninguém, mas eu entendia os motivos deles para virem. Era tudo o que lhes restava e o único lugar para ir. Passavam por Zolkiew exaustos e famintos, e mamãe acabou ganhando certa fama: "Se você chegar a Zolkiew, vá à casa dos Schwartz, onde terá uma refeição e uma cama". Nós mantínhamos um colchão na sala da frente para os viajantes, que sempre vinham infestados de percevejos. Mamãe rebatizou o cômodo de "suíte dos percevejos".

Ela também se tornou a mãe de Zygush e Zósia, o que era ótimo, pois Zygush tinha recuperado em parte seus antigos modos, e para tomar conta dele ainda eram necessários um chicote e uma cadeira. Zósia, ainda tão silenciosa quanto uma lembrança, ficara morena de sol e agarrada comigo e mamãe, e, temerosa de nos perder de vista, com muita freqüência segurava uma mão ou a um rabo-de-saia.

As autoridades russas abordaram meu pai e os outros homens para pedir que assumissem de novo suas fábricas. Para papai foi uma bênção dos céus. Mas, embora ele estivesse ocupado com um negócio que prosperava, seus olhos jamais voltaram a brilhar como os de mamãe.

Era verão, e embora houvesse uma guerra os campos estavam cheios de grãos prontos para serem colhidos, o que os agricultores traziam em suas carroças. Papai ofereceu trabalho a Beck, que declinou. Estava exausto e feliz de ser cuidado, assim como cuidara de nós. Papai, o senhor Melman e o senhor Patrontasch vinham ganhando dinheiro, e assim passaram a cuidar para que os Beck não precisassem mover uma palha. Mas eles não sabiam o paradeiro de Ala, e muito menos se ela estava viva ou morta. A guerra ainda estava sendo disputada na Polônia ocidental, e não havia serviço de correios nem outra forma de encontrar Ala. Por vezes rememorávamos momentos arriscados que se tornaram quase lendários, mas quando Beck voltava a relatá-los, seus olhos não brilhavam — não se encontrava ali a pessoa com quem ele gostaria de partilhar aquelas histórias de guerra. Toda vez que ganhávamos algum dinheiro, dávamos uma parte a Beck, e ele sempre dizia e repetia a mesma coisa:

— Isto é para Ala.

Desde o primeiro dia de nossa libertação, os comboios atravessavam, um após outro, a cidade de Zolkiew, a caminho do *front*. Toda noite eles acampavam na praça da cidade. Por vezes eram milhares os soldados que armavam suas tendas e acendiam fogueiras para cozinhar.

Os russos sempre foram fascinados por música. Nós e todos os demais habitantes da cidade tínhamos obviamente que inspecionar os militares, que mais lembravam escoteiros que soldados. Na maioria das noites os diversos batalhões organizavam torneios de canto em torno de grandes fogueiras. Cada companhia tinha seu próprio grupo, e em noites de verão todos eles ficavam ensaiando baladas, canções folclóricas, canções de amor, elegias, canções de trabalho, canções militares, canções de Borodin e Shostakovich. E, por mais caótico que possa parecer, as canções e vozes se mesclavam umas às outras num coro harmonioso. Aquela era nossa diversão. Ao crepúsculo, caminhávamos até a praça e ficávamos circulando no meio dos soldados. Eu conhecia algumas das músicas, e de vez em quando os acompanhava no canto, o que nos granjeava sorrisos escancarados desses garotos que estavam distantes de casa, muitos pela primeira vez. Eu nunca antes cantara diante de estranhos, e foi nessa ocasião que percebi que tinha boa voz. À noite, os estragos causados pela guerra se dissolviam nas sombras, e o castelo, as colunatas e os pináculos das torres da igreja eram tão bonitos e reconfortantes quanto sempre foram.

A fonte da Virgem Maria fora consertada, e nela as crianças ucranianas se banhavam e brincavam, rindo e gritando de prazer. Não sobraram crianças judias para brincar, e todas as polonesas haviam fugido com suas famílias.

Eu cantava em coro com os soldados quando avistei uma garota de minha turma na escola. Meiga e muito séria, Nina era um pouco mais velha que eu. Todo o mundo sabia que o pai dela, um coronel, era o oficial mais graduado de Zolkiew. Conseqüentemente, Nina era adulada como uma princesa russa por qualquer adulto que soubesse quem era seu pai. Mas a ela isso não importava. Nunca nos falamos muito na escola, mas eu a considerava minha colega, apesar de não termos contato fora da sala de aula. Nem imagino o que a teria motivado, mas Nina se aproximou de mim e começamos a conversar. Naquele dia nos tornamos grandes amigas.

O exército russo governava a cidade sem interferir muito. Não havia autoridade central, apenas soldados que chegavam e saíam, mas todos eles eram muito amáveis conosco. Nunca me preocupei com o NKVD, a polícia secreta russa. Estávamos livres para reconstruir nossas vidas.

Eu aguardava com ansiedade o começo das aulas, que seria dentro de uma semana, no começo de setembro. Soube do retorno do NKVD quando o camarada Dupak parou em nossa casa para ver se ainda estávamos vivos. Também ele pareceu contente de nos ver. Eu desconhecia sua patente, mas pela aparência do carro e a forma como se trajava ele prosperara na guerra e galgara escalões no NKVD. Cumprimentou-nos calorosamente e deu um presente a meu pai: uma bicicleta.

No dia seguinte, nas horas mortas da madrugada, um carro parou diante da residência em que os Beck estavam morando, perto da nossa, e na mesma rua. Eu ainda dormia. Nós todos, aliás. Era a polícia secreta, e, antes que qualquer um de nós houvesse despertado naquela manhã de verão, os Beck tinham sido presos e levados para a cadeia da cidade, onde ficariam detidos até serem transportados a Lvov para interrogatório.

A notícia da prisão deles se alastrou pela rua com a rapidez de um incêndio. O NKVD tinha encontrado vários fuzis na casa. Beck e Júlia, então conhecidos por todos na cidade por terem sido os heróis que salvaram dezoito de nós, eram espiões alemães. Foram deixados para trás pelos nazistas com a missão de cometer atos de sabotagem. Estavam começando um grupo de guerrilheiros de etnia alemã. Todas essas eram idéias disparatadas, exceto as armas, que Beck insistiu em conservar consigo depois de nossa libertação.

Papai implorara para que Valentim se livrasse dos fuzis. As autoridades era explícitas quanto a isso: quem fosse apanhado com uma arma era culpado de traição. A idéia de que os Beck estivessem prestes a ser fuzilados como traidores ou enviados à Sibéria, depois de tudo o que sacrificaram por nós, era a derradeira e mais amarga ironia de tudo aquilo.

Estávamos decididos a conseguir a liberdade dos Beck, a qualquer custo. Papai e o senhor Melman iam a Lvov quase todo dia, contar nossa história ao exército, à polícia secreta, à administração civil. Eles gastaram em propinas todo o dinheiro que tinham. Mas a situação era irremediável. Os Beck eram v*olksdeutsche*, portanto, criminosos. E foram enviados a um campo de concentração para aguardar julgamento.

Toda manhã nosso primeiro pensamento era para os Beck, buscando respostas, buscando qualquer pessoa que pudesse ajudar. Toda noite íamos dormir tendo fracassado em ajudá-los. Eu rezava por eles como rezara no esconderijo por Mânia, Uchka e as crianças. Mesmo após a libertação eu me sentia mais protegida, mais feliz, mais segura, mais confiante, mais otimista com Beck e seus olhos azuis astutos e sorridentes, e sua confiança impenitente, a algumas casas de distância da minha.

Muitas semanas se passaram sem que tivéssemos esperança alguma de sucesso. Comecei o período letivo, pelo qual havia aguardado com tanto entusiasmo. Mas ele nada significava sem os Beck em liberdade.

18

O diário

Setembro de 1944

EU ESTAVA SENTADA NUM BANCO do parque junto ao rio. Atrás de mim, as muralhas do castelo, intactas, e se avistavam as janelas de minha sala de aula. A grama ficara alta demais, e o parque, cheio de lixo. Bem à frente, acima da estação ferroviária e do pomar, o Morro do Paraíso, imutável e indiferente, ainda contemplava a cidade.

Achava que nunca mais conseguiria ir a seu cume sem Mânia e Uchka. Sentara-me em frente à casa de Nina. Era o maior imóvel da rua da Estação, e sempre fora a residência do oficial superior, nas três últimas ocupações. Possuía um jardim grande, cheio de peônias cor-de-rosa atrás de um gradil de ferro fundido. Naquele momento, no outono, as peônias e outras flores tinham morrido, e o jardim, cheio de hastes secas e marrons, precisava de limpeza e preparação para o inverno.

Aquela era a casa de onde a esposa do oficial alemão previra a vingança dos judeus, enquanto nossa família e nossos amigos eram levados para a estação ferroviária. Não consegui conter o choro ao pensar nos Beck. Eles tinham sido levados para a cadeia Brigitka, em Lvov, de onde seriam deportados para o campo de concentração mais próximo.

Papai fora informado de que os Beck estavam com data marcada para serem julgados por traição e mandados para a Sibéria. Uma vez na Sibéria, não haveria esperança para eles. Mesmo que sobrevivessem à viagem, tudo o que teriam recebido como recompensa por seus anos de coragem e generosidade seria uma vida curta e árdua em um campo de trabalhos forçados.

Da sua varanda, Nina, ao me ver chorando, desceu para onde eu estava sentada, no parque. Perguntou-me a razão de minha tristeza. Eu não sabia por onde começar. Nunca falara sobre os Beck e o esconderijo a alguém que não fosse parente, que sabia e sentia o mesmo que eu. Quando conversávamos sobre o abrigo, não havia necessidade de lágrimas, pois derramáramos muitas em nosso íntimo. Eu não queria revelar a um estranho o que tínhamos enfrentado — e possivelmente não conseguiria. Seria demasiado penoso.

Mas ao falar com Nina, as palavras começaram a jorrar em espasmos, sufocadas entre soluços e a respiração arfante. Mânia. Uchka. As crianças. E as vezes incontáveis, como as folhas caídas a meus pés, em que os Beck nos salvaram e quase perderam suas próprias vidas. E contei da série de viagens a Lvov de papai e do senhor Melman, por vezes passando quase o dia todo, para implorar, subornar e suplicar pelas vidas dos Beck a todos que eles esperavam pudessem ajudá-los. Não tiveram sucesso; enquanto isso, estávamos em liberdade e segurança.

Nina ficou sentada a meu lado, sem nada dizer. Tinha bastante sensibilidade para saber que não haveria consolação que servisse de bálsamo. Depois de longo tempo, rompeu o silêncio:

— Clara, o que vou lhe dizer você não pode contar a ninguém, por favor. Meu pai me mataria, e eles talvez o matassem.

— Pode deixar.

— Você sabe que o julgamento não vai significar nada. Ontem à noite o novo secretário do partido jantou em nossa casa. Ele parece um homem muito bom. Você devia levar seu diário para ele ver. Entregue as anotações pessoalmente. Tem que fazer exatamente como estou dizendo. Ele gosta de garotas bonitas. Use seu melhor vestido. Talvez o secretário leia seu diário.

Fui correndo para casa contar a mamãe e papai o que Nina me aconselhara. Decidi levar Lola comigo, porque mesmo com os cabelos brancos ela ainda era uma moça muito bonita. E também levaríamos Zygush e Zósia. Sabia que eles poderiam fazer chorar o coração mais endurecido.

De um dia para outro, Lola fez vestidos para mim, para Zósia e para si mesma. De manhã, ao acordar, lavei os cabelos, e mamãe os penteou e escovou como não fazia desde nossa entrada no esconderijo. Fez o mesmo com Zósia. Depois de vestida, olhei-me no espelho. Parecia que eu nunca estivera no abrigo subterrâneo. Recuperara todo o peso perdido e tinha a pele morena de ter passado horas e horas ao ar livre, quase todo dia, desde nossa libertação. Os cabelos de Zósia brilhavam, e seu rosto mostrava o tom rosado dos bibelôs de porcelana do armário de louça da senhora Melman.

Lola entrou trazendo um buquê e perguntou, sorrindo:

— Que tal eu estou?

Ela conseguira um pouco de batom e ruge. Qualquer homem teria tido orgulho de andar de braço dado com Lola.

Pegando os quatro cadernos de meu diário, fiz um embrulho com papel pardo e barbante, dei um beijo em meus pais e lá fomos nós, de mãos dadas, para o gabinete do secretário do partido. Ficava em frente ao teatro lírico e tinha sido construído no surto de edificações do imperador Francisco José, no estilo otimista que agradava ao governante. O edifício, como a estação ferroviária e a praça cercada de colunatas, quase sorria de tão convidativo. Na calçada estavam de guarda jovens soldados, alguns somente um ou dois anos mais velhos que eu, que nos fizeram parar assim que entramos pelo portão. Era claro que tinham suas ordens — ninguém devia ser admitido no prédio.

— Se quiserem, vocês podem atirar em mim. Mas eu tenho que vê-lo!

Eles me olharam mim, e depois para os quatro, decidindo o que fazer. Eu sabia que não atirariam em nós.

— Por favor, um homem e sua mulher estão quase sendo executados. Esse casal salvou nossas vidas. — Fiz um gesto mostrando nosso grupo. — E as vidas de outras catorze pessoas. Eles são heróis.

As lágrimas começaram a rolar, e os soldados, percebi, fitavam Lola e as crianças.

— Eu vou levá-los lá dentro.

Até aquele ponto Nina acertara — rezei para que o secretário fosse tão gentil quanto os soldados. Senti que aquele era o momento mais importante de minha vida. E, fosse como fosse, eu precisava encontrar as palavras certas para convencer aquele homem a passar por cima da imensa burocracia da justiça soviética.

Ao ser conduzida ao escritório do secretário, sentia-me apavorada, não tanto pelo secretário e o que pudesse me fazer, mas por temer decepcionar Beck e Júlia.

O cômodo era um gabinete forrado de lambris de madeira escura. O secretário estava sentado atrás de enorme escrivaninha, preparando um charuto. Nina tinha razão — parecia muito amável e, para minha surpresa, não me senti intimidada pelo homem mais poderoso com quem encontrara até ali.

— E então, o que é tão importante que valha o risco de levar um tiro?

Contei a ele sobre os Beck e o esconderijo no abrigo. E de quantas vezes Beck nos salvou, quantas vezes arriscou-se por nós. Também revelei que os Beck tinham tido muitas oportunidades de ir embora, mas ficaram por causa da promessa de jamais nos abandonar. Mostrando-lhe o pacote informei que tudo estava documentado no diário. Ofereci-o a ele, que o colocou sobre a escrivaninha.

— Sei que os Beck são espiões. Valentim Beck foi apanhado com uma arma.

— Por favor, não acredite no que digo, apenas leia o diário. Está tudo escrito nele, tudinho.

Àquela altura eu estava aos prantos. Lola e Zósia também choravam. Zygush, estóico como sempre, tinha a expressão sisuda de um velho.

— Quando entramos no esconderijo, minha mãe me disse que eu tinha que escrever, para manter o registro do que nos aconteceu, em caso de nos matarem. O que os Beck fizeram para nos salvar eu não poderia ter inventado. Valentim sabia o que aconteceria se os russos o prendessem, e mesmo assim ficou. Por favor. Não acredite em mim. Por favor, leia o diário.

O secretário fitou o pacote amarrado com barbante depositado sobre a mesa.

— Vou ler seu diário — garantiu. — Prometo.

Ele nos agradeceu pela visita e pediu ao ajudante que providenciasse um biscoito para as crianças, na saída.

Havia esperança. O secretário não nos avisou se tomaria uma decisão, nem quando o faria. Só nos restava esperar.

Na tentativa de encontrar alguém que pudesse ajudar os Beck, papai e Melman ainda iam diariamente a Lvov. Eles sabiam que era um esforço vão, que o dinheiro deles estava sendo roubado, mas tinham que fazer alguma coisa. Nós não podíamos perder os Beck.

Alguns dias depois, um dos soldados jovens que montavam guarda no gabinete do secretário veio devolver o diário. Os cadernos tinham sido novamente embrulhados no papel pardo e amarrados com barbante. Não havia carta ou mensagem de acompanhamento de espécie alguma. O soldado nos disse que recebera ordem de entregar o pacote.

Se o secretário tivesse intenção de ajudar os Beck, teria escrito. Eu não podia entender que ele não se comovesse diante da coragem dos Beck, ou que pudesse acreditar que Valentim era um espião. Mas aquela era a única conclusão que restava. Depois de tudo o que passáramos, que direito eu tinha de esperar um final feliz com os Beck? Por que o mundo deveria ter alguma lógica? Por que deveriam ter recompensa a coragem e a generosidade, a lealdade e o altruísmo? O mundo mudara e, pelo visto, essas qualidades se tornaram tão raras que qualquer um de seus detentores não podia ser digno de confiança. A alegria sentida com nossa libertação desvaneceu-se como uma lembrança perdida. Eu precisava viver, pois isso era o que Mânia teria desejado. No entanto, o que eu não poderia enfrentar nem entender era a idéia de viver num mundo que destruísse os Beck, verdadeiros santos vivos, tão nobres e corajosos como qualquer santo. Eu só queria que eles voltassem para casa.

Certa noite, eu estava lendo quando ouvi baterem. Olhei pela janela. Beck e Júlia estavam parados nos degraus, esperando para entrar, sorrindo, com péssima aparência. Exaustos, magros, pálidos.

— Mãe, são eles!

Todos sabiam o que significava "eles". Só havia uma espécie de "eles". Corri para a porta e a escancarei. Não podia acreditar. O olhar de Beck dizia: "Para que todo esse estardalhaço?". Abracei-o e a Júlia, enquanto mamãe gritava para que eu fosse buscar os homens. Ela os fez entrar, e eu, atravessando a rua, disparei para a fábrica, aos berros:

— Eles estão aqui! Eles estão aqui!

Quando cheguei lá, papai, Melman e Patrontasch, que tinham escutado nossos gritos de alegria, correram para casa. Em questão de minutos a notícia da chegada deles se espalhara, e nossa casa se encheu com os dezesseis do grupo, com os poucos amigos de Beck que não tinham saído da cidade e muitos outros sobreviventes que ele ajudara. Comida e vodca apareceram do nada, e teve início a primeira comemoração genuína desde o dia da saída do esconderijo. Os Beck, vencidos pela emoção, queriam beijar, abraçar e tocar cada um de nós.

Ao observar o transbordamento de amor e gratidão, tive a certeza de que estaríamos ligados aos Becks para sempre. As famílias Beck, Schwartz, Melman e Patrontasch foram unidas por um casamento sob Deus que jamais poderia ser dissolvido. Independentemente do futuro que nos aguardasse, estaríamos tão interligados como as trepadeiras dependuradas de uma árvore que as sustentasse. Nossa árvore tinha sido os Beck. Júlia sorria sem nenhum constrangimento por causa dos dentes. Beck me encontrou alguns minutos depois e me puxou de lado.

— Clarutchka, eles me contaram sobre o diário. Acho que afinal de contas você acabou dizendo algumas coisas positivas a meu respeito.

Epílogo

A vida continua

De setembro de 1944 ao presente

HOJE, SOU UMA MULHER de oitenta e um anos de idade, que mora na pacata e arborizada Nova Jersey. Tenho um marido maravilhoso, Sol, dois filhos adultos fantásticos, Philip e Eli, e cinco netos, Micki, Tracy, Brian, Jamie e Mindy. Como gostaria que Mânia pudesse tê-los conhecido! Ainda sinto muita saudade de minha irmã. Não passo um dia sem pensar nela. Pergunto-me em que tipo de pessoa ela teria se transformado se tivesse tido a oportunidade.

Sempre olho as fotografias, os únicos objetos de valor que nos restaram da guerra. As fotos escolares de minha irmã e eu em nossos uniformes de marinheiro. Mamãe e Mânia nos Cárpatos, com pinheiros altos e nuvens ligeiras se movendo ao fundo. Mânia, Zygush, Zósia e eu, uns gravetinhos de crianças tentando não fechar os olhos à luz do sol. Tia Giza com maquiagem teatral completa e iluminação intensa, com olhos de guaxinim, excessivamente contornados de lápis preto. Os retratos do noivado de Uchka e Hersch Leib, que parecem gêmeos. Meus avós parecendo muito severos em suas roupas pretas, tão diferentes do turbulento casal que recordo, rindo com freqüência e sempre falando.

E as poucas fotografias que tenho dos Beck. Júlia com um sorriso tímido emergindo dos lábios. Valentim, poucos anos depois da guerra, de cabelos grisalhos e parecendo uma geração mais velho. Lola se pavoneando pela rua com um chapéu parisiense. E Ala aos dezesseis anos, pouco antes da guerra, tendo no rosto o sorriso que encantou dezenas de nazistas e por vezes incontáveis salvou nossas vidas. Era fácil ver por que todos eles se apaixonaram por ela. Qualquer um que olhasse aquelas fotos e não tivesse conhecimento do Holocausto e do destino da maior parte dos retratados só poderia tirar uma conclusão. Que família maravilhosa e feliz! Nas fotografias há mais de trinta de nós.

Havia mais de cinqüenta no clã imediato Schwarz/Reizfeld. Depois da guerra, éramos oito, incluindo Rosa e Manek, que sobreviveram em Aktyubinsk. Num recente casamento em Tel Aviv, os oito se haviam multiplicado, viraram mais de sessenta. Quando penso no Holocausto, não penso nos seis milhões perdidos — mas nos cinqüenta milhões que nunca tiveram oportunidade de nascer.

Em retrospecto, e ao reler meu diário, o fato de oito pessoas de minha família terem conseguido sobreviver parece um milagre, muito mais do que pareceu enquanto eu vivia a situação. Não havia motivo lógico para nossa sobrevivência. Não foi a mera força de vontade que nos salvou. Quantos dotados da mesma força de vontade acabaram morrendo? É claro que tivemos sorte, porém foi mais do que isso. Quantos foram salvos numerosas vezes pela sorte só para morrer no final? Basta ter azar uma única vez.

Quando lembro o elemento que tínhamos, e que outros não tiveram, esse elemento foram os Beck. Tudo o que aprendi sobre o amor, a honra e a coragem aprendi com eles. Depois de tudo o que eles fizeram por nós no esconderijo, sei que nada nesta vida é impossível. Ao deixar o abrigo, há mais de sessenta anos, senti que minha vida já não pertencia somente a mim. Cabia-me a obrigação de levar uma vida digna de ter sido salva.

A guerra terminou em 8 de maio de 1945. No mês anterior os Beck tinham partido para o sul da Polônia. Os ucranianos cuidaram de impedir aos poloneses um futuro em Zolkiew, e os russos nada fizeram em defesa deles. Os Beck foram forçados a partir antes que os assassinassem. Tão pronto foi levantada a proibição de viajar eles tomaram o primeiro trem que saiu da cidade. Nós todos fomos à estação ferroviária nos despedir. Por mais de vinte e oito meses nos encontramos todo santo dia. Eles tinham sido nossa linha de vida e se transformado em parentes nossos. Tínhamos a sensação de que uma parte de nós partia com os Beck. Mas sabíamos que precisava ser assim. O governo polonês lhes prometera uma bela propriedade rural, que pertenceu a um judeu dos seis milhões que morreram na guerra. Rezamos para os Beck ficarem em segurança ali. Como dizer adeus a alguém a quem devemos absolutamente tudo? Declarei a eles o muito que os amava. O muito que significavam para mim. Que qualquer coisa que eu realizasse em minha vida seria em homenagem a eles e em seus nomes, mas nunca seria suficiente para retribuir o que fizeram.

No decorrer do inverno concluímos que para nós nada mais restava em Zolkiew. A cidade que amávamos passara a ser uma lembrança comunitária. Não sobrado uma comunidade judaica. Os ucranianos ainda eram tão anti-semitas quanto antes. Não podíamos praticar nossa religião, e mal conseguíamos ganhar o sustento. Assim, resolvemos ir embora dali e nos juntar a Beck. Os Patrontasch e os Melman já tinham ido para lá.

Quando deixamos a cidade de trem, nos mesmos carros de transporte de gado que outrora tinham ido para Belzec e Auschwitz, senti se arrepiarem meus cabelos da nuca. Ninguém tocou no no assunto, mas eu sabia que todos estavam sentindo o mesmo. Nenhum de nós olhou para trás quando o trem deixou a estação.

Enfim, chegara uma carta de Ala. Ela estava viva e morando na Cracóvia. A primeira coisa que fizemos foi entregar a carta a Beck. Não nos atrevêramos a mandá-la pelo correio, pouco confiável, por temer o extravio. Beck se desmanchou em agradecimentos, como se tivéssemos salvado a filha dele.

Nós nos reuníramos, mas a economia local ainda estava caótica. Não havia oportunidade para meu pai. Passados alguns meses, fomos obrigados a nos mudar. Seguimos para Liegnitz, na Silésia, que fazia fronteira com a Alemanha. Em conseqüência da Conferência de Potsdam, a cidade fora devolvida à Polônia, e noventa e cinco por cento da população local fora repatriada para a Alemanha. Meu pai conseguiu assumir uma moageira de produção de óleo vegetal. As crianças e eu voltamos a estudar. Após as aulas, as outras crianças corriam a abraçar suas mães chamando em voz alta: "Mamãe, mamãe". No primeiro dia, Zósia também saiu correndo e chamando "Mamãe, mamãe" a minha mãe, a quem ela sempre tratara por titia. Mas daquele dia em diante, minha mãe se tornou oficialmente a mãe dela também. Há certos momentos que ficam para sempre com alguém, e a primeira vez que Zósia chamou minha mãe de mamãe foi um deles.

Os negócios prosperavam, e eu progredia nos estudos. A vida parecia normal, mas sabíamos que não era assim. Com o governo comunista e os *pogroms*,* sabíamos que não havia futuro para judeus na Polônia.

Em 1946, no inverno do começo do ano, chegaram à cidade rapazes, na verdade garotos, membros da Bricha, a organização dos sobreviventes do gueto de Varsóvia, judeus da resistência e a Brigada Judaica, que lutara ao lado do Exército Britânico. Estavam circulando pelo Leste Europeu para estimular a imigração à Palestina. Se em 1939 tivesse havido um estado judaico, a comunidade internacional não poderia ter virado as costas ao extermínio de seis milhões de judeus. A idéia de termos nosso próprio país era inebriante. Eles foram diretos e nos disseram que o processo talvez levasse anos; que precisaríamos cruzar fronteiras como clandestinos; que se fôssemos apanhados, podíamos ser enviados a campos de concentração. Não havia garantia de alcançarmos a Palestina. Apesar dos obstáculos, não tiveram dificuldade em nos convencer a participar. Encerrados nossos negócios, no verão de 1946, vimo-nos na carroceria coberta de lona de um velho caminhão militar, cantando canções sionistas para levantar o ânimo. Zygush estava mais que estimulado. Participava da grande aventura de sua vida. Quando penso em retrospecto, minha empolgação era tão grande quanto a dele. Só meu pai não partilhava desse espírito. Ele me preocupava — não era mais o mes-

---

* Massacre deliberado e genocida contra minoria étnica, principalmente judeus, com destruição de vidas e propriedades. (N. da T.)

mo homem de antes da guerra. Eu temia que nunca mais encontrasse a paz. A morte de Mânia lhe roubara a felicidade.

Fomos deixados no meio de uma floresta, na fronteira entre a Polônia e a Tchecoslováquia. Havia uma quota de imigrantes do Leste Europeu, portanto, fomos orientados a destruir todos os documentos de identidade que tivéssemos e qualquer outra coisa que pudesse nos denunciar. Teoricamente éramos trabalhadores turcos a caminho da Alemanha. Quando tirei da mala meu diário, pronta para jogá-lo fora, minha mãe me deteve:

— Só por cima do meu cadáver você joga fora esse diário.

Ela me levou ao banheiro da estação e nós escondemos metade dele sob as roupas dela e a outra metade sob as minhas. Embarcamos em outro vagão de transporte de gado e fomos conduzidos a um campo de deslocados internos na Áustria, perto da fronteira alemã. A saga dos judeus nos campos de deslocados internos — onde ficamos durante anos, com freqüência atrás de cercas de arame farpado — merece sua própria narrativa. Tenho esperança de que algum escritor se encarregue da tarefa. O mundo simplesmente não sabia onde nos colocar.

Os campos tinham sido, na maioria, antigas fábricas com grandes áreas manufatureiras que nos serviam de alojamento. Em cada campo nós éramos mantidos sob a guarda de soldados dos Estados Unidos ou da Grã-Bretanha. Cada um estava cheio de quadros de aviso com milhares e milhares de notas que pediam informação sobre parentes extraviados. Nós lemos cada nota, na esperança de encontrar pelo menos um sobrevivente. Encontramos Inka, a bela prima distante do senhor Melman, que sobrevivera à guerra num convento de freiras. A maior parte dos pisos da fábrica era de pedra, mas havia um de madeira. Todos ansiávamos por vidas normais, por tudo o que nos fora retirado. Os homens se puseram de quatro e enceraram o assoalho usando velas — imaginem o esforço — só para termos uma pista de dança adequada.

Sol Kramer tirou Inka para dançar. Ele era alto, bonito e encantador, de um jeito extremamente direto. Depois de algumas danças, Sol sussurrou para o irmão, que era meu parceiro de dança:

— A gordinha sabe dançar?

Sol e eu dançamos juntos, e desde então nunca mais nos separamos.

O começo de nossa relação foi incerto. Meu pai me perguntou se meu interesse por Sol era sério. Respondi que não fazia diferença, já que ele estava indo para os Estados Unidos e eu me decidira pela Palestina. Não tínhamos passado por tantas agruras para sobreviver à guerra e agora ser separados de nossos pais e irmãos.

Tivemos de nos mudar para outro campo de deslocados, perto de Munique, campo que servia de cenário à imigração ilegal para a Palestina. Eu disse adeus a Sol e depois cruzamos a fronteira austríaca contrabandeados pela Brigada Judaica... O Ba'rahah havia encontrado um sistema engenhoso para acobertar o tráfico. Se vinte judeus saíssem do campo rumo à Palestina, a Brigada Judaica trazia de contrabando para o campo vinte novos judeus, destinados a receber os documentos dos emigrados que tivessem acabado de partir. Minha mãe, meu pai, Zygush, Zósia e eu tínhamos documentos de identidade de três famílias distintas. Eu era uma Weiss. Minha mãe, uma Rosenberg, e meu pai tinha um sobrenome cuja lembrança me foge.

Sol, entretanto, resolvera fazer de mim sua mulher. Para se encontrar comigo, pagou a traficantes profissionais que o levaram da Áustria à Alemanha de contrabando. Estávamos apaixonados, mas me parecia muita sorte eu ainda ter meus pais — não iria deixá-los e me mudar para um país a quase dez mil quilômetros de distância. Nem Sol nem eu iríamos cogitar desrespeitar as mais ardentes esperanças depositadas em nós por nossos pais.

O pai dele e o meu começaram a se corresponder. Por fim, o pai de Sol declarou que, por ter a seu lado a maior parte da família, daria suas bênçãos ao filho para ele viver comigo na Palestina. Meu pai perguntou se eu queria Sol, e nós ficamos noivos oficialmente... pelo correio e por intermédio de nossos pais.

Os campos de deslocados foram uma grande incubadora de namoros. Quase todo dia havia casamentos. E não existia enxoval de cama. No campo inteiro talvez houvesse um par de lençóis. Em sua lua-de-mel, os recém-casados recebiam os lençóis e um quarto particular para passar a noite. Assim foi conosco. Para falar a verdade, não tivemos necessidade dos lençóis. Em matéria de lua-de-mel, o fato de estarmos vivos já bastava.

Conseguimos emigrar para Israel pouco depois que esse território foi declarado estado. Tínhamos escrito para os Melman e os Patrontasch, e eles emigraram para Israel mais ou menos na mesma ocasião que nós. Depois de passar meses vivendo em tendas, as três famílias conseguiram apartamentos na mesma rua. Era uma miniatura de Zolkiew, e nós passávamos o tempo todo indo de um apartamento ao outro.

Prosperamos. Naquela época era impossível ser um judeu em Israel e não se sentir parte da construção de uma nação. Era o perfeito antídoto à tragédia do Holocausto. Cada bairro judeu e cada cidade judia formou associações para celebrar a memória de suas cidades de origem. A nossa não foi exceção, e passamos anos recolhendo histórias e levantando a pista do destino de seus cinco mil integrantes. Meu filho Philip nasceu em 1950, e Eli, em 1954.

No começo da década de 1950 mantivemos contato com os Beck pela assídua correspondência. Cientes da dificuldade de se fazer qualquer coisa na Polônia do pós-guerra, nós incluíamos dinheiro nas cartas. Beck não podia nos dizer como se sentia, mas eu sei o quanto aquele homem, que tinha pela liberdade um amor impossível de expressar, detestaria cada momento da vida sob os comunistas. Durante a guerra ele se transformara em seu eu mais genuíno, salvando dezoito vidas graças à sua rebelião pessoal. Sei que iria adorar o sol de Israel e o azul intenso do mar Mediterrâneo. Acima de tudo, teria gostado dos cafés, onde sempre havia uma boa discussão da qual participar, tanto em seu polonês nativo quanto em hebraico. Eu detestava o fato de os Beck estarem sofrendo no inverno cinzento do comunismo, e gostaria muito que tivessem podido vir conosco. Quando recebemos numa amável carta o pedido de suspensão do envio de dinheiro para eles, entendemos que isso os colocava em perigo, e assim, durante os vinte anos seguintes, nossa comunicação foi breve e esporádica. Quando Júlia escreveu para dizer que Valentim morrera, sentimos que o mundo tinha pedido um dos seus trinta e seis justos. Ficamos arrasados.

Manek, Rosa, a família dela e todos os parentes sobreviventes se instalaram em Israel. Antes da guerra, nós vivíamos como um bando, e em Israel voltamos a nos tornar um bando. Quando Zygush chegou à idade adulta, entrou para a Força Aérea, e Zósia casou-se jovem. Sol se tornou um oficial aprovisionador da polícia israelense. Nós estávamos felizes em Israel, mas chegou um momento em que meu marido começou a ter saudade da família. Havíamos economizado algum dinheiro, e ele foi visitar os pais no Brooklyn. Quando voltou, nada mais parecia estar bem em Israel. Sol ansiava pelos familiares. Ele não era homem de se queixar, e sacrificara dez anos de sua vida, separado da própria família, para que eu e meus amados pudéssemos encontrar a cura e começar uma nova vida. Seu amor altruísta motivou minha decisão de me mudar para os Estados Unidos. Foi muito difícil deixar minha família, sobretudo Zygush e Zósia, que tinham se tornado para mim como um irmão e uma irmã. Eu ajudara a criá-los. Eles eram meus próprios filhos.

Em 1957 chegamos ao Brooklyn, em Nova York. Sol foi trabalhar como gerente de um dos armazéns de propriedade de dois generosos irmãos chamados Sam e Arie Halpern, ambos sobreviventes. Embora na época Sol não falasse uma palavra em inglês, eles o contrataram. Sam se casou com minha amiga e prima Giza Landau, que agora é chamada Gladys. Não sei por que, mas muitas Gizas e Genyas agora se chamam Gladys. Ninguém poderia jamais substituir Mânia, mas em todos os dias de sua vida Gladys procurou ser a irmã que eu perdera. É ela a primeira pessoa a quem telefono todos os dias. Eu a amo como amaria uma irmã.

Em 1959 recebemos uma carta de Ala anunciando que Júlia falecera. Ficamos de luto por seu falecimento e pelo fato de não termos conseguido comparecer ao enterro.

Em 1960, quando Sol e eu tínhamos poupado dinheiro suficiente no trabalho para Sam, abrimos no Brooklyn uma pequena lanchonete — cinco reservados e um balcão. Sol fora terrivelmente mimado pela mãe e, quando nos casamos, ele não conseguia sequer passar manteiga no pão. Quando lhe perguntei de que jeito poderíamos cuidar de uma lanchonete, respondeu:

— Eu aprendi o negócio do varejo alimentício. Acha que não consigo aprender a cuidar de uma lanchonete?

É claro que batizou o negócio com seu próprio nome. Eu gostaria de ter tirado fotos de Sol tentando virar na frigideira os ovos estrelados. Preparava os mesmos pratos que minha mãe fazia — a comida de que a clientela gostava, do período pré-guerra. Minha especialidade era *petcha*, galantina de mocotó de vitela, que fazia a delícia de meus clientes. Era muito trabalhosa de preparar, mas eu não me importava, pois com o baixo custo dos ingredientes a margem de lucro era alta. O mesmo acontecia com as empanadas — farinha de trigo e batatas. Eu gostava muito da lanchonete, com seu cardápio escrito num quadro de giz, e dos clientes que tomavam café da manhã e almoçavam e, quando eu estava ocupada demais, atendiam ao telefone para anotar pedidos de refeições para viagem.

Quando os irmãos Halpern começaram seu negócio de construção em Nova Jersey, no começo dos anos 60, levaram Sol para trabalhar com eles e lhe deram sociedade. Estiveram juntos no negócio nos últimos quarenta e dois anos. Nós tivemos muita sorte em nossa pátria adotiva e somos muito gratos, principalmente aos Halpern, que se tornaram parte da família.

Finalmente, em 1990, o regime comunista caiu. Nossa primeira providência foi entrar em contato com Ala e organizar as coisas para que ela viesse nos visitar. Ala tinha dois filhos; eu, dois filhos e cinco netos. Zygush e Zósia tinham filhos. Nossas famílias voltaram a se reunir. Na primeira vez em que nossos filhos se encontraram, choraram tanto quanto nós. O reconhecimento de devermos aos Beck nossa própria vida deixou os filhos de Ala tão comovidos quanto os nossos. A ligação entre nós era mais forte que um parentesco. Nossas famílias foram colocadas juntas num cadinho e se transformaram numa só. Em cada acontecimento importante, casamento, comemoração ou *bar mitzvah*, nós estávamos juntos.

Em 1995 os Beck foram homenageados em Yad Vashem, em Israel. Ala veio da Polônia; nós e o restante da família, dos Estados

Unidos. Lola, que tinha se casado com Artek, veio de Montreal com seus dois filhos. Ala plantou uma árvore no Jardim dos Justos. Mais que a própria árvore e a honra que representa, as gerações que eles protegeram com seu heroísmo constituem seu verdadeiro monumento. Organizamos em homenagem aos Beck um jantar com mais de duzentos participantes, os sobreviventes de Zolkiew e seus familiares.

Olhando minha vida em retrospecto, posso me orgulhar de ter tentado viver uma vida à altura dos Beck e de minha irmã. Dediquei-me inteiramente à educação sobre o Holocausto. Em 1982 ajudei a fundar o Holocaust Resource Center, que em associação com a Kean University educa a cada ano mil e duzentos professores em história do Holocausto e redução do preconceito. Em anos recentes, temos lutado para combater o genocídio, onde quer que ele ocorra. Eu ainda faço de cinqüenta a cem palestras anuais sobre minha vida e o diário. Nunca me recuso, a não ser que haja algum compromisso de família. Doei meu diário original ao Museu do Holocausto dos EUA, situado em Washington, em cujos arquivos ele está guardado. Ainda me surpreendo ao pensar que o documento todo foi escrito com um lápis azul que Beck me deu em dezembro de 1942.

Nos últimos quinze anos levei três grupos de parentes a Zolkiew, que agora se chama Zhukova, seu nome ucraniano. Os netos dos Beck sempre nos acompanham nessas expedições. A última viagem que fizemos foi no verão de 2005. Tínhamos um ônibus cheio, com trinta sobreviventes e seus filhos e netos, e todos queriam conhecer e ver pessoalmente o legado deles. O ônibus ficou detido na fronteira ucraniana por mais de seis horas. Durante a espera, alguém perguntou se eu me lembrava de alguma das canções que ouvíamos acima de nós, quando estávamos no subterrâneo. Eu me achava sentada ao lado da filha de Rosa, Mânia. Começamos a cantar. Sessenta e cinco anos depois eu ainda recordava as letras e as melodias. As canções que cantara em silêncio, fazendo um dueto com Norbert, tinham ficado impressas em minha mente. Percebi que pela primeira vez na vida eu as cantava em voz alta.

Depois de sessenta e cinco anos, minha casa ainda continua lá. A fábrica foi reconstruída, mas é a mesma. Minha escola. O orfanato. As muralhas da cidade. As igrejas. O castelo. A igreja onde Mânia foi apanhada. Tudo continua lá. A sinagoga implora por restauração. A estrada Lvitsky ainda passa diante da casa, mas agora foi alargada e novamente pavimentada. O jardim ainda fica atrás da casa, porém há novas árvores frutíferas. O cemitério judeu onde Mânia foi enterrada tinha sido usado como mercado durante os anos soviéticos, mas agora está vazio, exceto pelos pneus meio enterrados no chão (é usado como campo de futebol) e uma casa semiconstruída. O dono interrompeu a construção: disse que o campo era mal-assombrado e foi construir em outra parte. Lá no pântano, junto ao cemitério clandestino, os sobreviventes mandaram erguer um memorial. Ali nada mudou. Os salgueiros. As altas espartinas e os melros azuis. Recitar a oração dos mortos naquele local, com a brisa recolhendo as palavras ancestrais antes que elas se retirem ao silêncio, é uma bênção. Não sobrou na cidade um só judeu para fazer uma prece, nem mesmo uma vez por ano.

Do lado oposto da rua, em diagonal com minha casa, fica a residência dos Melman, em frente à igreja de madeira de oito séculos de idade, cujos jardins ainda são cuidados pelas trinetas das zeladoras de quando eu era garota. As cicatrizes e os buracos do imóvel foram cobertos com novo madeirame, gesso e argamassa. A casa é o verdadeiro motivo da visita. Agora os donos são um casal de ucranianos, que nos convida a entrar. Eles nos recebem calorosamente. Estavam à nossa espera. Atravessando a sala de estar e saindo à esquerda se chega ao quarto de dormir. No outro lado da cama o dono da casa se abaixa e ergue uma porta de alçapão feita de madeira e embutida no piso de tábuas. O abrigo subterrâneo ainda continua ali.

Agradecimentos

ESTE LIVRO JAMAIS TERIA SIDO escrito sem o auxílio e a inspiração de inúmeras pessoas. *A guerra de Clara* ganhou vida como parte de um projeto cinematográfico que se baseou nos diários de crianças, no Holocausto e no genocídio contemporâneo. Agradeço a Artur Brauner, que aos noventa anos de idade ainda está imortalizando a experiência judaica na Segunda Guerra Mundial. Trabalhar em seu vigésimo terceiro filme foi uma inspiração. Estou muito grato por ter trabalhado com ele em nossos projetos de filmes do Holocausto.

O apetite de Dee Dee Witman por desafios levou-a a empreender a enorme tarefa de criar o aparato que deu sustentação a meu trabalho em diversos anos anteriores, além da infra-estrutura do projeto Children's Diaries. Também sou muito grato a seu marido, o doutor Gary Witman e seus filhos Samantha, Zachary e Amanda Rose pela tolerância e o carinho demonstrados. Alan Hassenfeld foi o primeiro a enxergar as possibilidades do projeto; sua abrangente generosidade e liderança foi nosso fundamento.

Também gostaria de agradecer ao Rhode Island Holocaust Education and Resource Center e em especial a Selma Stanzler, Ellie Frank e Arthur Fixler. Nossa tarefa não teria sido possível sem a generosidade ecumênica da comunidade de meu estado natal de Rhode Island, e igualmente da generosidade de tantas outras pelo país afora.

As sugestões subjetivas de Agnieszka Holland aos primeiros rascunhos de *A guerra de Clara* ajudaram a ancorar a história na realidade de sua Polônia natal. E sem a participação e a amizade de Zlata Filipovic e Melanie Challenger, e o eloqüente livro de ambas sobre diários infantis, *Stolen voices*, eu jamais teria chegado a nossos maravilhosos agentes e colegas em Susanna Lea Associates. Especificamente, Mark Kessler, Jon Broadbridge and Susanna Lea, a mais sábia e dedicada das pastoras, cujo pensamento abrangente sempre conduziu seu rebanho às pastagens mais viçosas. E especialmente a Katrin Hodapp, musa com M maiúsculo e amiga que orientou a escritura deste livro com inquebrantáveis dedicação, talento e integridade, e que em muitas ocasiões foi obrigada a meter a mão na moita de espinheiros e puxar este escritor para local seguro.

Na Ebury Press eu gostaria de agradecer à nossa editora Charlotte Cole, cuja convicção deu vida própria a *A guerra de Clara* e cuja mão delicada deu forma ao livro com tamanha graça. E agradecer também a Mari Roberts, nossa preparadora de originais, que de tantas situações que salvou poderia estar agarrando no gol para o time do Manchester United.

A Michlean Amir, Vincent Slatt, Caroline Wadell, Nancy Hartman e Andy Hellinger, no United States Holocaust Museum, em Washington, D. C. A Shimon Samet, editor do *Sefer Zolkiew* e a todos os sobreviventes, principalmente Joseph Rosenberg, que escreveu sobre suas experiências naquele livro que é um monumento comovente e factual à cidade e seus habitantes, antes e durante o Holocausto. A Gershon Taffet, professor de hebraico de Clara durante a ocupação nazista, autor de *The Annihilation of the Jews of Zolkiew*, seu relato da história de Zolkiew de antes e durante a guerra. A Andrew Maximov, meu guia em Lvov e Zolkiew, que fez a história recobrar vida. A Konbay Mykhajlo, diretor da Zolkiew Historical Society e seu prodigioso conhecimento da história e da arquitetura da cidade. A Zygush e Zósia por suas recordações. A Lola Patrontasch, pelo uso generoso de seu diário, que nos permitiu recordar com mais exatidão conversas e acontecimentos cruciais em Zolkiew. Ao filho dela, Solly Patrontasch, por suas numerosas fotografias. Aos Dobriks, o casal que reside atualmente na casa dos Melman, e que orgulhosamente colocou seu lar à disposição para quem quiser dar uma olhada no esconderijo subterrâneo. Ao dr. Bruce e Reba Evenchik, a Margo e Eric Egan, aos Toole, John e Dawn, por sua amizade e acolhida. A Ryan, Jena, Johnny, Justin, Nathan e Garret do Lenox Coffee, onde foi escrita grande parte deste livro, pela boa índole demonstrada, e as mais de mil xícaras de café preparado com capricho e necessárias à realização da tarefa. E muito obrigado a Charisse Charbonneau, dona do Lenox Coffee, que me permitiu graciosamente monopolizar durante tanto tempo minha mesa da sorte. Ao marido de Clara, Sol, por me permitir interromper seu jantar quase toda noite durante os dois últimos anos, sem uma palavra de protesto. Ao meu irmão, Morton Glantz e à minha irmã, Freyda Winick-Zeiff, e seus cônjuges, Mary Ann e Norton, pelo entusiástico apoio de tantos anos. E aos meus filhos, Jack e Harper, que mantiveram vivo neste cachorro velho um sentido de maravilhamento.

E Clara. As palavras me falham. Você tem sido mais que uma inspiração. A possibilidade de ajudar a contar sua história foi uma das grandes honras de minha vida. Muito obrigado.

Stephen Glantz

Este livro foi composto em Veljovic Book
e impresso pela gráfica RR Donnelley sobre
papel pólen soft 70g para a Ediouro, em outubro de 2008.